全民阅读
中华优秀传统文化
经典系列
刘苍劲　丛书主编

周礼

邓启铜　诸　华　注释
龙　林　导读
桑锦程　董　杉　配音

北京师范大学出版集团
北京师范大学出版社

图书在版编目(CIP)数据

周礼/邓启铜，诸华注释. —北京：北京师范大学出版社，2019.1
（中华优秀传统文化经典系列）
ISBN 978-7-303-23285-7

Ⅰ.①周… Ⅱ.①邓… ②诸… Ⅲ.①礼仪－中国－周代 ②官制－中国－周代 ③《周礼》－注释 Ⅳ.①K224.06

中国版本图书馆 CIP 数据核字（2018）第 002367 号

营 销 中 心 电 话　010-58805072　58807651
北师大出版社高等教育与学术著作分社　http://xueda.bnup.com

ZHOU LI

出版发行	：北京师范大学出版社 www.bnup.com
	北京市海淀区新街口外大街 19 号
	邮政编码：100875
印　　刷	：保定市中画美凯印刷有限公司
经　　销	：全国新华书店
开　　本	：787 mm×1092 mm　1/16
印　　张	：25.25
字　　数	：480 千字
版　　次	：2019 年 1 月第 1 版
印　　次	：2019 年 1 月第 1 次印刷
定　　价	：64.00 元

策划编辑：祁传华　魏家坚	责任编辑：陈佳宵
美术编辑：王齐云	装帧设计：王齐云
责任校对：陈　民	责任印制：马　洁

版权所有　侵权必究

反盗版、侵权举报电话：010-58800697
北京读者服务部电话：010-58808104
外埠邮购电话：010-58808083
本书如有印装质量问题，请与印制管理部联系调换。
印制管理部电话：010-58805079

继承和弘扬中华优秀传统文化
大力加强社会主义核心价值观教育

  中华文化源远流长、灿烂辉煌。在五千多年文明发展中孕育的中华优秀传统文化，积淀着中华民族最深沉的精神追求，代表着中华民族独特的精神标识，是中华民族生生不息、发展壮大的丰厚滋养，是中国特色社会主义植根的文化沃土，是当代中国发展的突出优势，对延续和发展中华文明、促进人类文明进步，发挥着重要作用。

  中共十八大以来，以习近平总书记为核心的党中央高度重视中华优秀传统文化的传承发展，始终从中华民族最深沉精神追求的深度看待优秀传统文化，从国家战略资源的高度继承优秀传统文化，从推动中华民族现代化进程的角度创新发展优秀传统文化，使之成为实现"两个一百年"奋斗目标和中华民族伟大复兴中国梦的根本性力量。习近平总书记指出："一个国家、一个民族的强盛，总是以文化兴盛为支撑的，中华民族伟大复兴需要以中华文化发展繁荣为条件。""中华传统文化博大精深，学习和掌握其中的各种思想精华，对树立正确的世界观、人生观、价值观很有益处。"

  中华文化独一无二的理念、智慧、气度、神韵，增添了中国人民和中华民族内心深处的自信和自豪，也孕育培养了悠久的文化传统和富有价值的文化因子。传承发展中华优秀传统文化，就要大力弘扬讲仁爱、重民本、守诚信、崇正义、尚和合、求大同等核心思想理念，就要大力弘扬自强不息、敬业乐群、扶危济困、见义勇为、孝老爱亲等中华传统美德，就要大力弘扬有利于促进社会和谐、鼓励人们向上向善的思想文化内容。当前，我们强调培育和弘扬社会主义核心价值观，必须立足中华优秀传统文化，使中华优秀传统文化成为涵养社会主义核心价值观的重要源泉。核心价值理念往往与文化传统与文化积淀息息相关、一脉相承。社会主义核心价值观充分体现了对中华优秀传统文化的继承和升华。"富强、民主、文明、和谐，自由、平等、公正、法治，爱国、敬业、诚信、友善"的社会主义核心价值观，既深刻反映了社会主义中国的价值理念，更是五千年中华优秀传统文化的传承与发展。将中华优秀传统文化作为社会主义核心价值观教育的重要素材，以中华优秀传统文化涵养社会主义核心价值观，是明确文化渊源和民族文魄，树立文化自信和价值观自信，走好中国道路和讲好中国故事的必然要求。

2017年1月，中共中央办公厅、国务院办公厅印发了《关于实施中华优秀传统文化传承发展工程的意见》，将实施中华优秀传统文化传承发展工程上升到建设社会主义文化强国的重大战略任务的高度，力图在全社会形成重视中华优秀传统文化、学习弘扬中华优秀传统文化的氛围。由刘苍劲教授组织广东省上百位专家学者历时三年主编的这套"全民阅读·中华优秀传统文化经典系列"丛书，是广东省贯彻落实习近平总书记关于大力弘扬中华优秀传统文化系列讲话精神的重大举措，是具有广东特色、岭南气派的文化大工程。该套丛书真正体现了全民阅读的需要，每本经典都配有标准的拼音、专业的注释、精美的诵读，使不同阶层、不同文化、不同年龄、不同专业的中国人都可以读懂、读通、读透这些经典。通过客观、公正的导读指导，有机会阅读该丛书的读者都能够在阅读中华优秀传统文化经典中受到历史、政治、科学、人文、道德等多方面的启迪，在阅读中弘扬、在阅读中继承、在阅读中扬弃，从而实现树立社会主义核心价值观的目的。

该丛书质量精良，选题准确，导读科学，值得推荐，是为序。

刘苍劲
2018年6月

周礼正义序

唐朝散大夫行太学博士弘文馆学士臣贾公彦等奉敕撰

夫天育蒸民，无主则乱；立君治乱，事资贤辅。但天皇地皇之日，无事安民。降自燧皇，方有臣矣。是以《易·通卦验》云："天地成位，君臣道生。君有五期，辅有三名。"注云："三名，公、卿、大夫。"又云："燧皇始出，握机矩表计，置其刻日苍牙，通灵昌之成，孔演命，明道经。"注云："拒燧皇，谓人皇，在伏羲前，风姓，始王天下者。"《斗机》云："所谓人皇九头，兄弟九人，别长九州者也。"是政教君臣，起自人皇之世，至伏羲因之。故《文耀钩》云："伏羲作《易》名官者也。"又案《论语撰考》云："皇帝受地形象天文以制官。"伏羲已前，虽有三名，未必具立官位，至皇帝名位乃具。是以《春秋纬》、《命历序》云："有九头纪，时有臣，无官位尊卑之别。"燧皇、伏羲既有官，则其间九皇六十四民有官明矣，但无文字以知其官号也。案《左传·昭十七年》云："秋，郯子来朝，公与之宴，昭子问焉，曰：少皞氏鸟名官，何故也？"杜氏注云："少皞，金天氏，黄帝之子，己姓之祖也。""郯子曰：吾祖也，我知之。昔者黄帝氏以云纪，故为云师而云名。"注云："黄帝，轩辕氏，姬姓之祖也。黄帝受命有云瑞，故以云纪事，百官师长皆以云为名号，缙云氏盖其一官也。""炎帝氏以火纪，故为火师而火名。"注云："炎帝，神农氏，姜姓之祖也。亦有火瑞，以火纪事，名百官也。""共工氏以水纪，故为水师而水名。"注云："共工以诸侯霸有九州者，在神农前，大皞后，亦受水瑞，以水名官也。""大皞氏以龙纪，故为龙师而龙名。"注云："大皞，伏羲氏，风姓之祖也。有龙瑞，故以龙命官也。我高祖少皞挚之立也，凤适至，故纪于鸟，为鸟师而鸟名。"又云"凤鸟氏历正"之类，又以五鸟、五鸠、九扈、五雉并为官长，亦皆有属官，但无文以言之。若然，则自上以来，所云官者，皆是官长，故皆云师以目之。又云："自颛顼以来，不能纪远，乃纪于近。"是以少暤以前，天下之号象其德，百官之号象其征；颛顼以来，天下之号因其地，百官之号因其事，事即司徒、司马之类是也。若然，前少暤氏言祝鸠氏为司徒者，本名祝鸠，言司徒者，以后代官况之。自少暤以上，官数略如上说，颛顼及尧官数虽无明说，可略而言之矣。案昭二十九年，魏献子曰："社稷五祀，谁氏之五官？"蔡墨对曰："少暤氏有四叔，曰重、曰该、曰脩、曰熙，实能金、木及水。使重为句芒，该为蓐收，脩及熙为玄冥，世不失职，遂济穷桑，此其三祀也。"注云："穷桑，帝少暤之号也。""颛顼氏有子曰犁，为祝融；共工氏有子曰句龙，为后土：此其二祀也。后土为社。稷，田正也。有列山氏之子曰柱，为稷，自夏以上祀之。周弃亦为稷，自商以来祀之。"故《外传》犁为高辛氏之火正，此皆颛顼时之官也。案《郑语》云："重、犁为高辛氏火正。"故《尧典》注："高辛氏之世，命重为南正，司天；犁为火正，司地。"以高辛与颛顼相继无隔，故重、犁事颛顼，又事高辛，若稷、契与禹事尧又事舜。是以昭十七年服注"颛顼"之下云："春官为木正，夏官为火正，秋官为金正，冬官为水正，中官为土正。"高辛氏因之，故《传》云"遂济穷桑"，穷桑，颛顼所居，是度颛顼至高辛也。若然，高辛时之官，唯有重、犁及春之木正之等，不见更有馀官也。至于尧舜，官号稍改。《楚语》云"尧复育重、犁之后"，重、犁之后，即羲、和也。是以《尧典》云"乃命羲和"，注云："高辛之也，命重为南正，司天；犁为火正，司地。尧育重、犁之后羲氏、和氏之子，贤者使掌旧职。天地之官，亦纪于近，命以民事，其时官名盖曰稷、司徒。"是天官，稷也；地官，司徒也。又云"分命羲仲"、"申命羲叔"、"分命和仲"、"申命和叔"，使分主四方。注："仲、叔亦羲、和之子，尧既分阴阳四时，又命四子为之官。掌四时者，字曰仲叔；则掌天地者，其曰伯乎？是有六官。"案下"驩兜曰共工"，注："共工，水官也。"至下舜求百揆，禹让稷、契暨咎繇，帝曰："弃，黎民阻饥，汝后稷播时百谷。"注："稷，弃也。初，尧天官为稷。"又云"帝曰契，百姓不亲，汝作司徒"，又云"帝曰咎繇，汝作士"。此三官是尧时事，舜因禹让，述其前功。下文云"舜命伯夷为秩宗"，舜时官也。以先后参之，唯无夏官之名。以馀官约之，《夏传》云司马在前，又后代况之，则羲叔为夏官，是司马也。故分命仲叔，注云官名，盖春为秩宗，夏为司马，秋为士，冬为共工，通稷与司徒，是六官之名见也。郑玄分阴阳为四时者，非谓时无四时官，始分阴阳为四时，但分高辛时重、黎之天地官，使兼主四时耳。而云仲叔，故云"掌天地者其曰伯乎"。若然，《尧典》云伯禹作司空，四时官不数之者，郑云："初，尧冬官为共工。舜举禹治水，尧知其有圣德，必成功，故改命司空，以官名宠异之，非常官也。"至禹登百揆之任，舍司空之职，为共工与虞，故曰"垂作共工，益作朕虞"是也。案《尧典》又云"帝曰畴咨，若时登庸"，郑注云："尧末时，羲、和之子皆死，庶绩多阙而官废。当此之时，驩兜、共工更相荐举。"下又云"帝曰四岳，汤汤洪水，有能俾乂"，郑云："四岳，四时之官，主四岳之事。"始羲、和之时，主四岳者，谓之四伯。至其死，分岳事置八伯，皆王官。其八伯，唯驩兜、共工、放齐、鲧玄四人而已，其馀四人，无文可知。案《周官》云："唐虞稽古，建官惟百。内有百揆、四岳。"则四岳之外，更有百揆之官者。但尧初天官为稷，至尧试舜天官之任，谓之百揆。舜即真之后，命禹为之，即天官也。案《尚书传》云"惟元祀巡狩四岳八伯"，注云："舜格文祖之年，尧始以羲、和为六卿，春夏秋冬者，并掌方岳之事，是为四岳，出则为伯。其后稍死，驩兜、共工求代，乃置八伯。"元祀者，除尧丧、舜即真之年。九州言八伯者，据畿外八州。郑云"畿内不置伯，乡遂之吏主之"。案《明堂位》云："有虞氏官五十，夏后氏官百，殷二百，周三百。"郑注云："有虞氏官盖六十，夏百二十，殷二百四十，周三百六十，不得如此记也。"《昏义》云："三公，九卿，二十七大夫，八十一元士。"郑云盖夏制依此差限，故不从记文。但虞官六十，唐则未闻。尧舜道同，或皆六十，并属官言之，则皆有百。故成王《周官》云"唐虞建官惟百"也。若然，自高阳已前，官名略言于上，至于帝喾官号，略依高阳，不可具悉。其唐虞之官，惟四岳、百揆与六卿，又《尧典》有典乐、纳言之职，至于馀官，未闻其号。夏官百有二十，公、卿、大夫、元士具列其数。殷官二百四十，虽未具显，案《下曲礼》云六大、五官、六府、六工之等，郑皆云"殷法"，至于属官之号，亦蔑云焉。案《昏义》云三公九卿者，六卿并三孤而言九，其三公又下兼六卿，故《书传》云司徒公、司马公、司空公各兼二卿。案《顾命》太保领冢宰，毕公领司马，毛公领司空，别有芮伯为司徒，彤伯为宗伯，卫侯为司寇，则周时三公各兼一卿之职，与古异矣。但周监二代，郁郁乎文，所以象天立官，而官益备。此即官号公革，粗而言也。

目 录

导　读　龙　林 ………… 1

天官冢宰第一 ………… 7

地官司徒第二 ………… 73

春官宗伯第三 ………… 148

夏官司马第四 ………… 221

秋官司寇第五 ………… 281

冬官考工记第六 ………… 344

达观新邑图

导 读

龙 林

《周礼》，初名《周官》、《周官经》，是古文经学最重要的典籍之一。它与《仪礼》、《礼记》并称为"三礼"。在儒家"十三经"中，它是唯一一部阐述儒家理想官制的典籍，对中国古代官制的置建产生过深远的影响。《周礼》涉及范围广泛，举城乡建置、礼乐兵刑、天文历法、宫室车服、农商医卜、工艺制作等几乎无所不包，它是我们了解、认识和研究我国古代官制、政治史、文化史的一把钥匙。

一、《周礼》的成书年代

《周礼》原作者为周公，成书年代在西周，可能是周公摄理政事时所作。现存《十三经注疏》中的《周礼》大概是经过战国后人增删修定而成。

二、《周礼》的结构内容

《周礼》全书约45000字。原为六篇，即《天官冢宰》、《地官司徒》、《春官宗伯》、《夏官司马》、《秋官司寇》、《冬官司空》，第六篇《冬官司空》亡佚，后补入《考工记》以代之。《周礼》结构的特点是体例完整、结构严密。《周礼》全书除《考工记》外，其余五篇都有着整齐的布局和统一的体例。

前五篇的每篇开头都有一段序官。每篇序官开始的文词，是完全相同的五句话，即："惟王建国，辨方正位，体国经野，设官分职，以为民极。"意思是：王者建立都城，要辨别方向，选择和确立国都与宫室的方位，划定国都与郊野的界限和疆域，设官分职，治理天下的人民，使他们都能成为善良高尚的人。这是全书的总纲，也是每篇的总纲，开宗明义，强调了王权至高无上的地位。

《考工记》体例与上述五篇不相同。《考工记》是我国最早的手工艺技术的汇编。其作者佚名，文字简古，非一时一地一人所作。《考工记》的结构可分为两部分：前一部分为总论，论述百工的重要性。后一部分记载了轮人、舆人等当时官营手工业的30种工匠之职，并且详细记载了各种器物名称的尺寸大小及制作过程。

《周礼》涉及的社会制度规范系统极为全面，既有祭祀、朝觐、封国、巡狩、丧葬等方面的国家制度，也有诸如用鼎制度、乐悬制度、车骑制度、服饰制度、礼玉制度等方面的具体规范，涉及从朝廷到乡野整个社会生活的方方面面。《周礼》以记述职官职能来汇集当时的各类制度，是一部阐述国家机构设置、职责分工的法规总集。全书依据职能将政府机构分为六大部分，六篇分别涉及六大部门的职官及其职能。

第一篇：天官冢宰。天官系统包括太宰及以下共63种职官，负责宫廷事务。冢宰，即太宰，为六官之首，被尊为百官之长。天官为治官，主要职掌治典，所谓"乃立天官冢宰，使帅其属而掌邦治，以佐王均邦国"（《周礼·天官冢宰》）。

第二篇：地官司徒。地官系统包括大司徒及以下共78种职官，负责民政事务。地官司徒为教官，主要职掌教典，所谓"乃立地官司徒，使帅其属而掌邦教，以佐王安扰邦国"（《周礼·地官司徒》），还主管土地和户口，负责分配土地，收取赋税。

第三篇：春官宗伯。春官系统包括大宗伯及以下共70种职官，负责宗族事务。春官宗伯为礼官，主要职掌礼典，所谓"乃立春官宗伯，使帅其属而掌邦礼，以佐王和邦国"（《周礼·春官宗伯》），具体掌管吉、凶、宾、军、嘉五礼。吉礼为祭祀之礼，凶礼为丧、忧之礼，宾礼为礼宾之礼，军礼为师旅与征役之礼，嘉礼为喜庆之礼。管理教育、历史文献也是春官的职责所在。

第四篇：夏官司马。夏官系统包括大司马及以下共70种职官，负责军事事务。夏官司马为政官，主要职掌政典，所谓"乃立夏官司马，使帅其属而掌邦政，以佐王平邦国"（《周礼·夏官司马》）。夏官司马所主持的政典，实际是军政，包括：编制军队、出师征伐、训练民兵、校阅部队、征收军赋、管理军需军械，以及掌理国王戎事和田猎等事务。

第五篇：秋官司寇。秋官系统包括大司寇及以下共66种职官，负责刑罚事务。秋官司寇为刑官，主要职掌刑典，所谓"乃立秋官司寇，使帅其属而掌邦禁，以佐王刑邦国"（《周礼·秋官司寇》），具体掌管刑法、司法、治安等。司寇属官中的"大行人"以下数职则主要从事外交与礼宾工作。

第六篇：冬官百工。冬官系统涉及制作方面共30种职官，负责营造事务。由于《周礼·冬官》原文早已亡佚，所以冬官的具体职掌不甚清楚。相传西汉河间献王刘德因六官缺《冬官》篇，遂以《考工记》补入。《考工记》叙述百工及土木建筑之事，因此以《考工记》替补的冬官相当于后世的工部。

三、《周礼》的教育意义

全书以"设官分职"为框架，通过对六大系列官职的三百多个职官职能的记述，全方位汇集了我国古代的政治、经济、军事、法律、文化教育制度，真实记载了我国古代的科技成果，热情讴歌了我国古代人民的聪明才智，充分反映了我国古代的政治家、思想家对国家体制的构想和治国的方略，它对古代封建国家体制的确立、完善具有历史性的深远影响，对当下国家的治理仍有一定的参考价值。

我们学习《周礼》，主要学习其礼法教化、德行教化、职业教化等内容。

1. 礼法教化。所谓礼法，即各种礼仪、礼节。《周礼》中构设了十二条礼仪、礼节法式以教化公民，称为"十二教法"，如用祭祀的礼节教民尊崇天地神祖、崇敬祖先，用乡射饮酒的礼节教人民谦让，用婚姻的礼节教人民亲爱，用礼乐教民和睦等。《周礼》对万民的教化，特别强调读政令和习礼乐。习礼乐是对万民的行为、道德规范的熏陶和训练。

2. 德行教化。《周礼》在施行十二教化对万民进行礼教教育的同时，又颁布乡学教学的"乡三物"，施行德行教化。

"乡三物"的具体内容如下：

一是"六德"，知、仁、圣、义、忠、和

二是"六行"，孝、友、睦、姻、任、恤

三是"六艺"，礼、乐、射、驭、书、数

3. 职业教化。《周礼》根据贵族专制统治的需要，为强化人民的职业意识，构想了"十二职事"，对人民实行职业教化，以使国之民有所事事、安居乐业。

《周礼》中构建的礼法、德行、职业等内容的教化思想，和现今的教育有着大体的相近性。也可以说，《周礼》一定程度上奠定了现代教育的基础，它在教育史上的地位是功不可没的。

礼乐文化作为中国传统文化的核心价值，可以说是保持国家和民族永久魅力和活力、增强民族凝聚力的内在需要。社会有礼、人人有礼、人心和乐，才能成就新时代的"礼仪之邦"。

六卿分职图

夏至致日图

天官冢宰第一

惟王建国①，辨方正位②，体国经野③，设官分职，以为民极④。乃立天官冢宰⑤，使帅其属而掌邦治⑥，以佐王均邦国⑦。

治官之属⑧：大宰⑨，卿一人⑩；小宰⑪，中大夫二人⑫；宰夫⑬，下大夫四人。上士八人⑭，中士十有六人，旅下士三十有二人⑮。府六人⑯，史十有二人⑰，

注释：①惟：助词，用于句首，无实义。王：周天子。建：正。②辨方：辨别四方。正位：确定宫室宗庙的位置。③体国：指把国都城中南北向与东西向分别用九条道路来纵横交叉划分；并把宗庙置于左边，社稷置于右边；把君臣治政之处放在前面，集市放在后面。体：犹言人的肢体划分为四体，引申为划分。国：国都城中。经野：当时规定九夫为井，四井为邑，四邑为丘，四丘为甸，四甸为县，四县为都。这种区域划分类似现在的屯、村、乡镇、县、市的逐级划分。经：丈量里数划分界限。野：国都以外的地区。④极：中正准则。⑤天官：当时把官属按天地、春、夏、秋、冬来划分，冢宰即天官。冢宰：即大宰，古官吏，统领六官，类似于宰相。⑥邦治：治理国家。⑦佐：辅佐。均：公平，均匀。这里指治理天下使之公平。⑧属：编制。⑨大宰：即太宰。相传殷置太宰。周称冢宰，为天官之长。掌建邦之六典，以佐王治邦国。⑩卿：上古爵位分为公、卿、大夫、士，太宰的爵位为卿。⑪小宰：官名。⑫中大夫：古代官名。周王室及诸侯各国卿以下有上大夫、中大夫、下大夫。⑬宰夫：周代天官冢宰的属官。⑭上士：古代官阶之一。其地位次于下大夫，高于中士。⑮旅下士：处理一般杂务的下士。旅，众，一般。⑯府：掌管仓库者。⑰史：掌管文书者。

胥十有又二人①，徒百有又二十人②。

宫正③，上士二人，中士四人，下士八人，府二人，史四人，胥四人，徒四十人。

宫伯④，中士二人，下士四人，府一人，史二人，胥二人，徒二十人。

注释：①胥：做事的小头目，负责带领徒。②徒：供役使的人，这里当指王宫卫士。下文各处所说的"徒"当指一般供役使的人。③宫正：主管宫室之事的官。④宫伯：宫正的属官，主管宫中卿大夫、士的嫡子和庶子，并负责教育引导他们。伯，长。

序官之天宫图

膳夫①，上士二人，中士四人，下士八人，府二人，史四人，胥十有二人，徒百有二十人。

庖人②，中士四人，下士八人，府二人，史四人，贾八人③，胥四人，徒四十人。

内饔④，中士四人，下士八人，府二人，史四人，胥十人，徒百人。

外饔⑤，中士四人，下士八人，府二人，史四人，胥十人，徒百人。

亨人⑥，下士四人，府一人，史二人，胥五人，徒五十人。

甸师⑦，下士二人，府一人，史二人，胥三十人，徒三百人。

兽人⑧，中士四人，下士八人，府二

注释：①膳夫：王宫饮食的总管。②庖人：饲养以及宰杀牲畜的官。③贾：负责采购庖人所需物品的人。④内饔：负责烹饪的官，主要为宫内天子、王后、王子服务。⑤外饔：管理祭祀以及宴会食物的官。⑥亨人：即烹人，专门煮烹肉类的官。⑦甸师：主管天子籍田及供给野物的官。甸，即郊外。师，犹长。⑧兽人：掌管有关狩猎和供献兽物的官。

周礼

人，史四人，胥四人，徒四十人。

渔人①，中士二人，下士四人，府二人，史四人，胥三十人，徒三百人。

鳖人②，下士四人，府二人，史二人，徒十有又六人。

腊人③，下士四人，府二人，史二人，徒二十人。

医师④，上士二人，下士四人，府二人，史二人，徒二十人。

食医⑤，中士二人。

疾医⑥，中士八人。

疡医⑦，下士八人。

兽医，下士四人。

酒正⑧，中士四人，下士八人，府二人，史八人，胥八人，徒八十人。

注释：①渔人：掌供鱼物及相关政令的官。②鳖人：掌供龟鳖及相关政令的官。③腊人：冬季制品（如干肉）的供应官。④医师：总管医药部门的官。⑤食医：负责调配食物的冷热、滋味、营养等的官。⑥疾医：诊断、治疗百姓疾病的医官。⑦疡医：治疗疮疡、跌伤的医官。⑧酒正：酒类总管。

酒人①，奄十人②，女酒三十人③，奚三百人④。

浆人⑤，奄五人，女浆十有五人，奚百有五十人。

凌人⑥，下士二人，府二人，史二人，胥八人，徒八十人。

笾人⑦，奄一人，女笾十人，奚二十人。

醢人⑧，奄一人，女醢二十人，奚四十人。

醯人⑨，奄二人，女醯二十人，奚四十人。

盐人⑩，奄二人，女盐二十人，奚四十人。

注释：①酒人：负责酿酒的官。②奄：通"阉"，阉割过的男奴。③女酒：精通酿酒的女奴之长，从女奴中提拔出众者任命。④奚：女奴。⑤浆人：制作饮料的官。⑥凌人：主管保藏及供给冰块的官。⑦笾人：笾为盛装果脯的竹器，此官职为供给笾中食物的主管者。⑧醢人：醢为肉酱，此官职为制作及供给肉酱的官。⑨醯人：醯为酸醋，此官职为供给调味品的官。⑩盐人：主管供给盐的官。盐，食盐的通称。

幂人①，奄一人，女幂十人，奚二十人。

宫人②，中士四人，下士八人，府二人，史四人，胥八人，徒八十人。

掌舍③，下士四人，府二人，史四人，徒四十人。

幕人④，下士一人，府二人，史二人，徒四十人。

掌次⑤，下士四人，府四人，史二人，徒八十人。

大府⑥，下大夫二人，上士四人，下士八人，府四人，史八人，贾十有六人，胥八人，徒八十人。

玉府⑦，上士二人，中士四人，府二人，史二人，工八人⑧，贾八人，胥四人，

> 注释：①幂人：幂为覆盖器皿的方巾，此官职为专管覆盖之事的官。②宫人：负责宫中清洁、天子沐浴事务的官。③掌舍：专管天子行宫的官。④幕人：专管天子所用帷幕（包括出行时）的官。⑤掌次：具体负责安设帷幕的官。⑥大府：仓库的总管，统领玉府、内府、外府等的官。⑦玉府：专管天子所喜好的金玉、玩好、兵器的官。⑧工：能攻玉者。

徒四十有八人。

内府①，中士二人，府一人，史二人，徒十人。

外府②，中士二人，府一人，史二人，徒十人。

司会③，中大夫二人，下大夫四人，上士八人，中士十有六人，府四人，史八人，胥五人，徒五十人。

司书④，上士二人，中士四人，府二人，史四人，徒八人。

职内纳⑤，上士二人，中士四人，府四人，史四人，徒二十人。

职岁⑥，上士四人，中士八人，府四人，史八人，徒二十人。

职币⑦，上士二人，中士四人，府二

注释：①**内府**：负责收藏贡赋中精品的官。②**外府**：负责钱帛、货物出入的官。③**司会**：负责国家财政收支以及官府业绩考核的总管，统领司书、职内、职岁、职币等官。④**司书**：专管账簿的官。⑤**职内**：专管财政收入的官。内，通"纳"。⑥**职岁**：专管财政支出的官。⑦**职币**：专管国家机关支出剩余经费的官。

人,史四人,贾四人,胥二人,徒二十人。

司裘①,中士二人,下士四人,府二人,史四人,徒四十人。

掌皮②,下士四人,府二人,史四人,徒四十人。

内宰③,下大夫二人,上士四人、中士八人,府四人,史八人,胥八人、徒八十人。

内小臣④,奄阉上士四人⑤,史二人,徒八人。

阍人⑥,王宫每门四人。囿游亦如之⑦。

寺人⑧,王之正内五人⑨。

注释:①司裘:专管毛皮衣制作的官。②掌皮:专管皮革制作的官。③内宰:宫内事务(主要是妇人之事)的总管,统领内小臣、阍人、寺人、内竖等官。④内小臣:王后等女族的侍从。⑤奄:通"阉",宦官。这里把奄称为士,是因为所选用的都是较有德行的人,故称士。而前面所提到的奄并不称士。⑥阍人:看守宫门、负责按时开关宫门的人。⑦囿:御苑。游:行宫。如之:指囿游之门和王宫宫门一样,每个门也要四个人看守。⑧寺人:掌管王后六宫。⑨正内:王后六宫,前一后五,前一即正内。

内竖①，倍寺人之数②。

九嫔。世妇。女御③。女祝四人④，奚八人。女史八人⑤，奚十有又六人。

典妇功⑥，中士二人，下士四人，府

注释：①**内竖：**负责宫内外号令事务的传达，一般用来行冠礼的童子任此职，因为不要求他们懂礼节、行礼节，只要求出入传达快速。竖，未行冠礼的童子。②**倍寺人之数：**是寺人人数的一倍。③**九嫔、世妇、女御：**都是天子的妾，也都是内宫中的女官。周天子嫔九人、世妇二十七人、女御八十一人。④**女祝：**专管王后宫内祭祀祈祷的官。⑤**女史：**专管王后礼仪的官。⑥**典妇功：**专管妇女纺织的官。

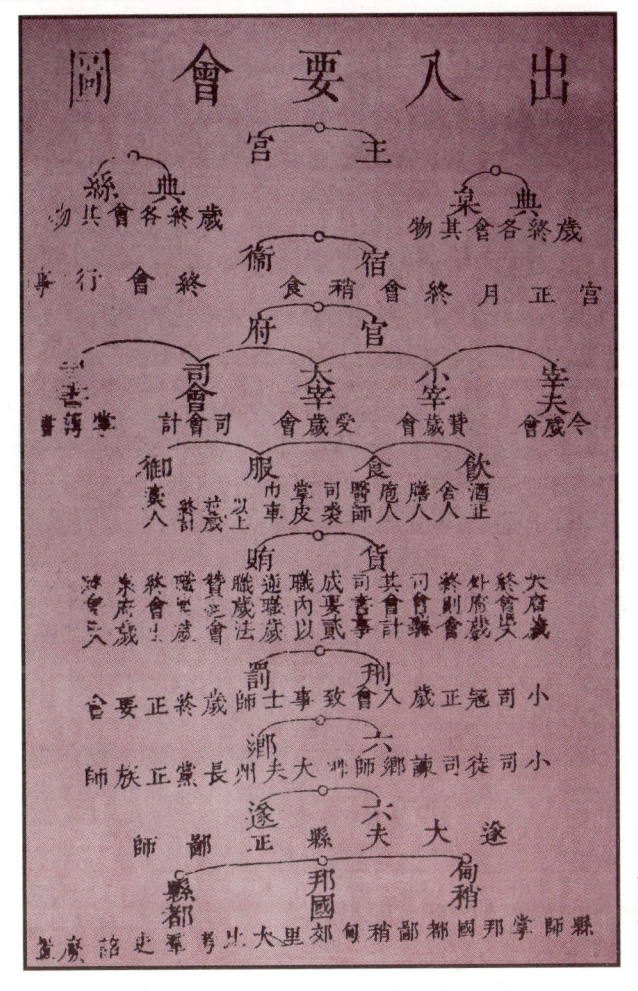

出入要会图

二人，史四人，工四人，贾四人，徒二十人。

典丝①，下士二人，府二人，史二人，贾四人，徒十有又二人。

典枲②，下士二人，府二人，史二人，徒二十人。

内司服③，奄阉一人④，女御二人⑤，奚八人。

缝人⑥，奄阉二人，女御八人，女工八十人，奚三十人。

染人⑦，下士二人，府二人，史二人，徒二十人。

追师⑧，下士二人，府一人，史二人，工二人，徒四人。

注释：①典丝：专管收藏及分发蚕丝的官。②典枲：专管麻草等纺织材料的保管与分发的官。枲，麻。③内司服：专管王后、内外命妇衣物制作与供应的官。④奄：通"阉"。阉割过的男子。下同。⑤女御：非上面所指的八十一女御。此种女御是专门负责服侍王之穿戴的。王如果看上了她们，会幸临她们，所以她们得以与八十一女御同名，也叫女御。下同。⑥缝人：主管王及王后衣服的缝制的官。⑦染人：主管染丝帛的官。⑧追师：专管王后头饰的官。追，古代冠名。

屦人①,下士二人,府一人,史一人,工八人,徒四人。

夏采②,下士四人,史一人,徒四人。

大[太]宰之职③,掌建邦之六典④,以佐王治邦国⑤:一曰治典⑥,以经邦国⑦,以治官府,以纪万民⑧;二曰教典⑨,以安邦

注释:①屦人:专管王及王后鞋类制作的官。②夏采:专管丧事的官。夏即夏翟,一种五彩野鸡,鸡毛被用于丧事。采,文采。③大宰:即太宰。大,通"太"。④建邦:建设国家。⑤佐:辅佐。邦国:泛指王所分封的诸侯国。⑥治典:治理政务的法典,是法之总纲。⑦经:治理,管理。⑧纪:综合治理。⑨教典:施行教育的法典。

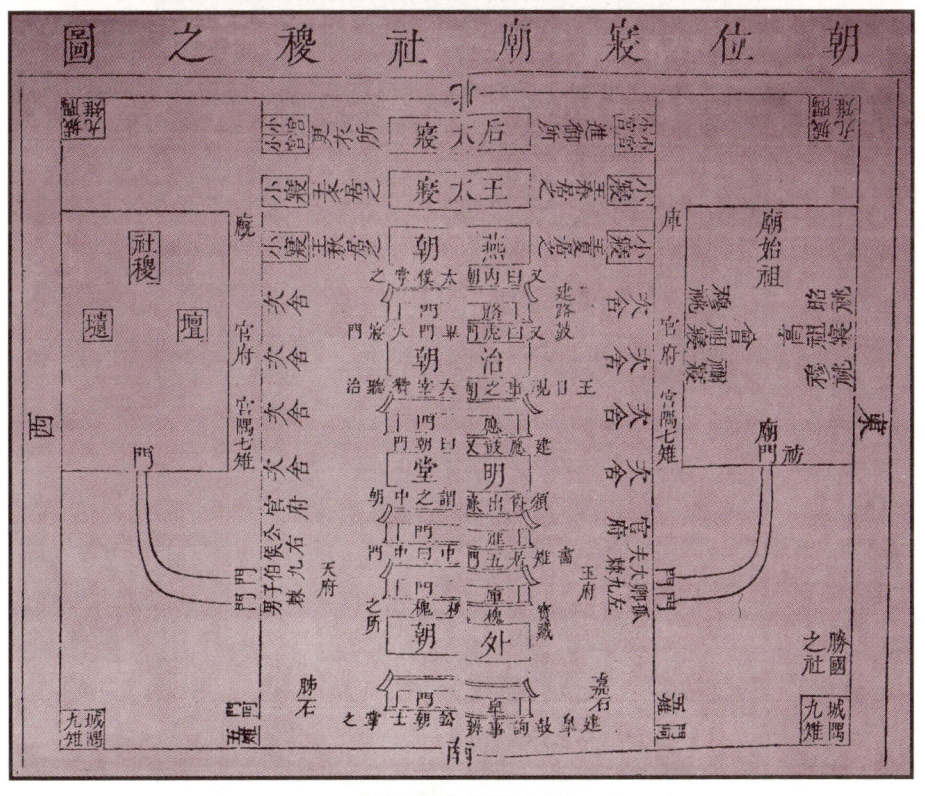

朝位寝庙社稷之图

国,以教官府①,以扰万民②;三日礼典,以和邦国③,以统百官④,以谐万民⑤;四日政典⑥,以平邦国⑦,以正百官⑧,以均万民⑨;五日刑典,以诘邦国⑩,以刑百官⑪,

注释: ①教:教导。②扰:驯服。③以和邦国:用来协调天下各国。④统:统领,统率。⑤谐:使……和睦。⑥政典:关于练兵、兵役、征伐、田猎等事的法典。⑦平邦国:平定天下,使天下服从。⑧正百官:使百官行为端正。⑨均:合理分担(赋役)。⑩诘邦国:指禁止各国不轨行为、叛乱。诘,禁止。⑪刑百官:惩罚犯法的官员。

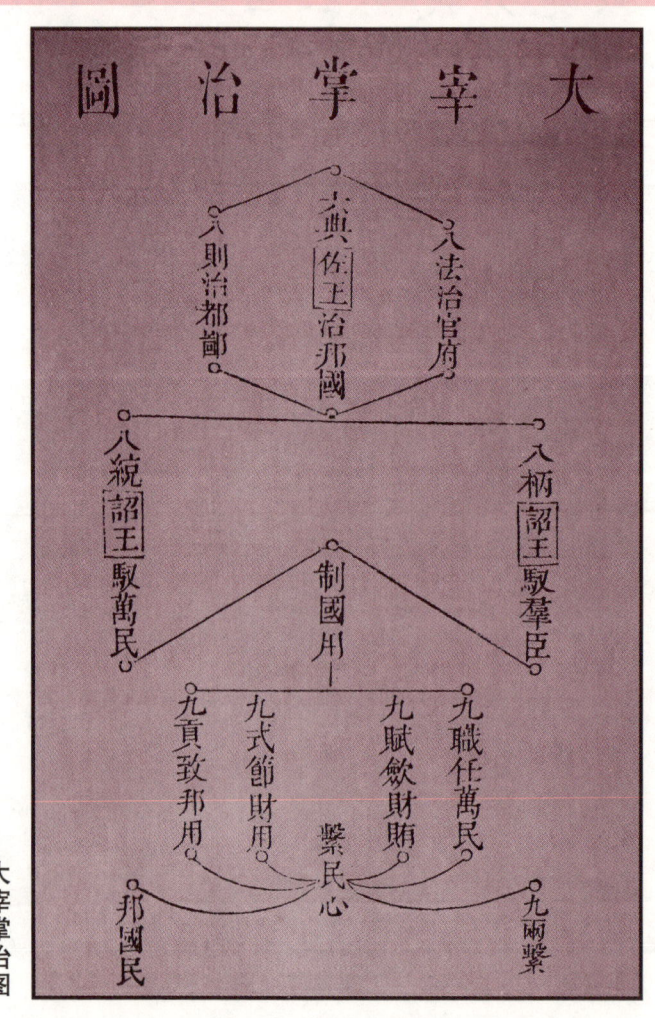

大宰掌治图

以纠万民①；六曰事典②，以富邦国，以任百官③，以生万民④。

以八法治官府⑤：一曰官属⑥，以举邦治⑦；二曰官职⑧，以辨邦治⑨；三曰官联⑩，以会官治⑪；四曰官常⑫，以听官治⑬；五曰官成⑭，以经邦治⑮；六曰官法⑯，以正邦治⑰；七曰官刑⑱，以纠邦治⑲；八曰官计⑳，以弊邦治㉑。

以八则治都鄙㉒：一曰祭祀，以驭其神㉓；二曰法则，以驭其官；三曰废置㉔，以驭其吏㉕；四曰禄位㉖，以驭其士㉗；五曰赋贡㉘，以驭其用㉙；六曰礼俗㉚，以驭其民㉛；

注释：①纠：督察。②事典：关于劳作的法典。③任百官：使百官尽心尽责。④生：使……生息繁衍。⑤八法：指官府总的治理纲领。⑥官属：各级官府的统属关系。⑦举：推行。⑧官职：指六官各有自己的职责。⑨辨：分理。邦：此处指天子王城，与下文"都鄙"相对。⑩官联：官府之间协同办事的职责。⑪会官治：会同处理官府的事务。⑫官常：官府的固定职能。⑬听官治：指各官自行处理分内之事。⑭官成：指官员沿用的相对稳定的办事程序准则。⑮经：治理，管理。⑯官法：官府的法度。⑰正：整顿。⑱官刑：赏罚官员的法规。⑲纠：纠察。⑳官计：考核官府的政绩。㉑弊：裁决。㉒则：法。都鄙：王畿内公卿大夫的采邑。㉓驭：控制。㉔废置：罢黜、选拔（官员）。㉕吏：周代公卿大夫的家臣。㉖禄位：俸禄和爵位。㉗士：学士。㉘赋贡：赋税。㉙用：财物的使用。㉚礼俗：礼仪与习俗。㉛驭：这里指教化。

七曰刑赏，以驭其威①；八曰田役②，以驭其众。

以八柄诏王驭群臣③：一曰爵④，以驭

注释：①驭其威：指显示刑赏的威严。②田役：由于田猎、征伐及劳作所征发的徒役。③柄：权力。诏：帮助。驭：统治，治理。④爵：爵位。指公、侯、伯、子、男、卿、大夫、士这些爵位。

宾与贤能图

其贵①；二曰禄②，以驭其富③；三曰予④，以驭其幸⑤；四曰置⑥，以驭其行⑦；五曰生⑧，以驭其福；六曰夺⑨，以驭其贫；七曰废⑩，以驭其罪；八曰诛⑪，以驭其过⑫。

以八统诏王驭万民⑬：一曰亲亲⑭，二曰敬故⑮，三曰进贤⑯，四曰使能⑰，五曰保庸⑱，六曰尊贵⑲，七曰达吏⑳，八曰礼宾㉑。

以九职任万民㉒：一曰三农㉓，生九谷㉔；二曰园圃㉕，毓育草木㉖；三曰虞衡㉗，作山泽之材㉘；四曰薮牧㉙，养蕃鸟兽㉚；五

注释：①驭其贵：决定群臣的尊贵等次。②禄：俸禄。③驭：控制，制约。④予：赏赐。⑤幸：恩宠。⑥置：官职的安排。⑦驭其行：制约臣下的言语行为。这里指有贤能的就安排给相应的官位。⑧生：供养。这里指臣下立了大功，他们的子孙后代同样受福，国家能很好地供养他们。⑨夺：指臣下如果获罪，不但自身性命不保，连家产也被抄没。⑩废：指臣下如果获罪，若不被杀，就会被流放到边远地区。⑪诛：处死。一说以言语斥责。⑫过：过错。⑬八统：八项施政总纲。⑭亲亲：亲近亲族。⑮敬故：尊敬故旧朋友。⑯进贤：有贤能的人在民间，君主应当招来任用，民众也应当踊跃举荐贤人给君主任用。⑰使能：有技能的人，应当合理利用。⑱保庸：指应当赏赐给有功劳的人相应的俸禄，使他们的心安。保，安，举荐。庸，有功劳的人。⑲尊贵：对于达官贵人，君主和民众都应当尊敬他们。⑳达吏：对于在基层勤恳工作的小吏，不能自荐以升官的，应当提拔他们上来。㉑礼宾：对天子的宾客，天子和臣下都应当礼貌地对待。㉒职：职业。任：使用。㉓三农：指在平原、山地、湖泽地区从事各种耕种的农夫。㉔九谷：指黍、稷、秫、稻、麻、大小豆、大小麦（一说无秫和大麦，而有粱、菰）。㉕园圃：指在园圃种植蔬菜、花果、树木的人。㉖毓：通"育"。㉗虞衡：在山林沼泽工作的人。㉘材：物产。这里指木材。㉙薮牧：沼泽、草地的牧民。㉚蕃：生息，繁殖。

曰百工①，饬化八材②；六曰商贾③，阜通货贿④；七曰嫔妇⑤，化治丝枲⑥；八曰臣妾⑦，聚敛疏材⑧；九曰闲民⑨，无常职，转移执事⑩。

注释：①**百工：**泛指手工业工人和各种工匠。②**饬化八材：**加工各种材料，使之成为器具。珠曰切，象曰瑳，玉曰琢，石曰磨，木曰刻，金曰镂，革曰剥，羽曰析。饬，整治，整顿。③**商贾：**贩运曰商，坐卖曰贾。④**阜通货贿：**流通财货，使商业兴旺，带动各种事业的发展。阜通，使货物丰富，购销渠道畅通。货贿，财货，财物。⑤**嫔妇：**指地位较高、有良好德行的妇女。⑥**化治丝枲：**加工丝麻，使之成为布帛。⑦**臣妾：**地位低贱的奴婢。⑧**聚敛疏材：**收集草木的根与果实。疏材，犹蔬果。疏，通"蔬"。⑨**闲民：**无固定职业者。⑩**转移执事：**可以辗转各地被雇用。

理财之法图

以九赋敛财贿①：一曰邦中之赋②，二曰四郊之赋③，三曰邦甸之赋④，四曰家削之赋⑤，五曰邦县之赋，六曰邦都之赋，七曰关市之赋⑥，八曰山泽之赋⑦，九曰弊馀之赋⑧。

以九式均节财用⑨：一曰祭祀之式⑩，二曰宾客之式⑪，三曰丧荒之式⑫，四曰羞服之式⑬，五曰工事之式⑭，六曰币帛之式⑮，七曰刍秣之式⑯，八曰匪颁之式⑰，九曰好用之式⑱。

以九贡致邦国之用⑲：一曰祀贡⑳，二曰嫔贡㉑，三曰器贡㉒，四曰币贡㉓，五

注释：①赋：赋税。敛：征收。贿：财物。②邦中：国都之中。③四郊：王城之外一百里以内的地区。④邦甸：离国都两百里的地方。下文的家削离国都三百里，邦县离国都四百里，邦都离国都五百里。⑤家削：大夫的采邑。削，本亦作稍，又作鄁。⑥关市：关卡市场。⑦山泽：山地湖泽。⑧弊馀：官府每年剩余的经费。⑨九式：九种使用财物的法规。均节财用：均衡地掌握财物。⑩祭祀之式：指不同的祭祀用不同的财物。如大祭、次祭用大牢，小祭用特牲。⑪宾客之式：指对待不同的宾客用不同的接待标准。⑫丧荒：丧事与赈灾。⑬羞服：饮食、车马、衣服。羞，美味食品。后多作"馐"。⑭工事之式：百工制作器物的用财方法。⑮币帛：馈赠宾客所用礼物。⑯刍秣：牛马等牲畜的食料。⑰匪颁：按惯例向群臣分赐物品。匪，通"分"。颁，赐。⑱好用：因恩好而赏赐给宠臣的物品。⑲九贡：九种进贡类型。⑳祀贡：用于祭祀的贡品。如牺牲、包茅之类。㉑嫔贡：即宾贡，供王接待宾客用的贡物，指皮帛丝麻之属。㉒器贡：宗庙所用器具的进贡。㉓币贡：馈赠所用的贡品。

曰材贡①，六曰货贡②，七曰服贡③，八曰斿贡④，九曰物贡⑤。

以九两系邦国之民⑥：一曰牧⑦，以地得民⑧；二曰长⑨，以贵得民⑩；三曰师⑪，以贤得民⑫；四曰儒⑬，以道得民⑭；五曰宗⑮，以族得民⑯；六曰主⑰，以利得民⑱；七曰吏，以治得民⑲；八曰友，以任得民⑳；九曰薮㉑，以富得民㉒。

正月之吉㉓，始和布治于邦国都鄙㉔，乃县悬治象之法于象魏㉕，使万民观治象，挟浃日而敛之㉖。乃施典于邦国㉗，而

注释：①材：木材。②货：金玉珠石等自然珍品。③服贡：用来制作祭服的贡品。如丝麻织品。④斿贡：即游贡，进贡宴游所用的物品。⑤物：各地所出产的特产。⑥九两：指诸侯联缀万民、不使其离散的九项政治措施。系：联缀。⑦牧：州长。⑧以地得民：靠土地得到民心。⑨长：官长。⑩贵：尊贵的地位。⑪师：有德才而能够教导他人的人。⑫贤：德行。⑬儒：儒士。⑭道：才艺。如诗、书、礼、乐、易、春秋六艺。⑮宗：家族的长辈。⑯以族得民：因宗族关系得到民心。民，这里偏重指族人。⑰主：指公卿大夫。⑱利：宣传君主利于民的政教思想而博得民众信赖。⑲治：指治理乡间。⑳任：信用。㉑薮：专管山林川泽之官。㉒以富得民：让人民富裕而得民心。㉓正月：周代以十月为岁首，故正月为十月。吉：朔日，每月初一。㉔始：开始。和：指调和（即修整）上述之六典、八法之类的治国法典。布：宣布。治：治国法典。邦国都鄙：指国都和天下大小城邑。㉕县：同"悬"，悬挂。治象之法：写在木板上的治国法典。象魏：门阙。此句指把法令布告悬挂、张贴在宫门两旁的高台。㉖挟日：十天。挟，通"浃"，周遍。古代以干支（甲、乙、丙、丁、戊、己、庚、辛、壬、癸）纪日，周遍一轮为十天。敛：收回，收起来。㉗施典：推行治国法典。

天官冢宰第一

建其牧①，立其监②，设其参叁③，傅其伍④，陈其殷⑤，置其辅⑥。乃施则于都鄙⑦，而建其长⑧，立其两⑨，设其伍，陈其殷，置其辅。乃施法于官府，而建其正⑩，立其贰⑪，设其考⑫，陈其殷，置其辅。凡治，以典待邦国之治⑬，以则待都鄙之治，以法待官府之治，以官成待万民之治⑭，以礼待宾客之治。

祀五帝⑮，则掌百官之誓戒⑯，与其具修⑰。前期十日，帅执事而卜日⑱，遂戒⑲。及执事⑳，视涤濯㉑。及纳亨烹㉒，赞

注释： ①牧：一州长官，周代全国分为九州。②监：一国的君主，即诸侯。③参：三卿。参，通"叁"，即三。④伍：五位大夫。古代五人为伍。⑤殷：众多，指每卿之下各设九士，共二十七士。⑥辅：辅助官员，指三卿下的府、史、胥、徒等。⑦则：治国法典。⑧长：指公卿大夫、王之子弟等食采邑者。⑨两：指两卿，采邑内设官之数。⑩正：官员的正职。如冢宰、司徒、宗伯、司马、司寇、司空。⑪贰：官员的副职，如小宰、小司徒、小宗伯、小司马、小司寇、小司空。⑫考：也是副职，位在贰之下，掌管统计等事，如宰夫为大宰之考。⑬待：对待。⑭官成：即小宰的"八成"，见下文。⑮五帝：指四郊与明堂。即东方青帝灵威仰，南方赤帝赤熛怒，中央黄帝含枢纽，西方白帝白招拒，北方黑帝计光纪。⑯誓戒：以失礼之刑警告百官，防止祭祀时有失礼处。⑰与其：督促他们。具：祭祀的物品。修：打扫祭祀场所。⑱卜日：占卜祭日的吉凶。⑲戒：指祭祀前十天，就告诫百官开始斋戒。⑳及：与，和。执事：参与祭祀的人员。如宗伯、太卜。㉑涤濯：洗涤。㉒及：到。纳亨：将祭祀用的动物牵到祭"礼"场所。亨，通"烹"。

周礼

王牲事①。及祀之日,赞玉币爵之事②。祀大神祇亦如之③。享先王亦如之④,赞玉几、玉爵⑤。

注释:①赞:佐助。牲事:牵牺牲。②玉币:奉献给神灵的玉和皮帛。爵:用来装祭祀用的酒的器物。③祇:天地神灵。④享:上供祭品祭祀祖先。⑤几:一种坐具。古人席地而坐时用来靠背。

望祀山川图

大朝觐会同①，赞玉币、玉献、玉几、玉爵②。大丧③，赞赠玉、含琀玉④。作大事⑤，则戒于百官⑥，赞王命。王视治朝⑦，则赞听治。视四方之听朝⑧，亦如之。凡邦之小治⑨，则冢宰听之。待四方之宾客之小治。岁终⑩，则令百官府各正其治⑪，受其会⑫，听其致事⑬，而诏王废置⑭。三岁，则大计群吏之治⑮，而诛赏之⑯。

小宰之职，掌建邦之宫刑⑰，以治王宫之政令，凡宫之纠禁⑱。掌邦之六典、八法、八则之贰⑲，以逆邦国、都鄙、

注释：①**朝觐：**诸侯春见天子称朝，夏见称宗，秋见称觐，冬见称遇。**会：**诸侯不定期地朝见天子。**同：**四方诸侯同时朝见天子。②**币：**丝帛。**玉献：**进贡给天子的珍宝。**玉几：**天子见诸侯时的家具用品。**玉爵：**天子宴飨诸侯时用的酒器。③**大丧：**天子、王后或世子去世。④**赠玉：**棺柩入墓后，送给死者的玉。**含玉：**置于死者口中的玉。含，通"琀"。⑤**大事：**一般指祭祀和战争。因上文已提过祭祀，此处应指战争。⑥**戒：**警戒，警告。⑦**治朝：**朝臣处理政务的地方。⑧**四方之听朝：**天子巡狩各地处理政务。⑨**小治：**小的政事。⑩**岁终：**一年结束。⑪**正其治：**整理文书档案。⑫**会：**各级官府一年的账目。⑬**致事：**汇报一年的工作情况。⑭**诏：**呈报。**废置：**指有业绩的可以继续任用，其爵位可以提升；没业绩的要罢免，其爵位要相应降低，甚至废除。⑮**治：**政绩。⑯**诛赏：**或惩罚或奖赏。⑰**建：**公布。**宫刑：**宫中的刑法。⑱**凡宫之纠禁：**指宫中所有的纠察之官与禁制。⑲**则：**治国法典。**贰：**副本。

官府之治①。执邦之九贡、九赋、九式之贰,以均财节邦用②。以官府之六叙正群吏③:一曰以叙正其位④,二曰以叙进其治⑤,三曰以叙作其事⑥,四曰以叙制

注释: ①逆:接受其考核。都鄙:王畿内公卿大夫的采邑。②均财节邦用:平衡、节制王国的财用。③叙:尊卑的次序。正群吏:指使众官吏尊卑有序,有条不紊,不至于混乱。④位:上朝时百官的位次。⑤治:指政绩战功文书之类的事情。⑥作其事:指有关任务的决定。

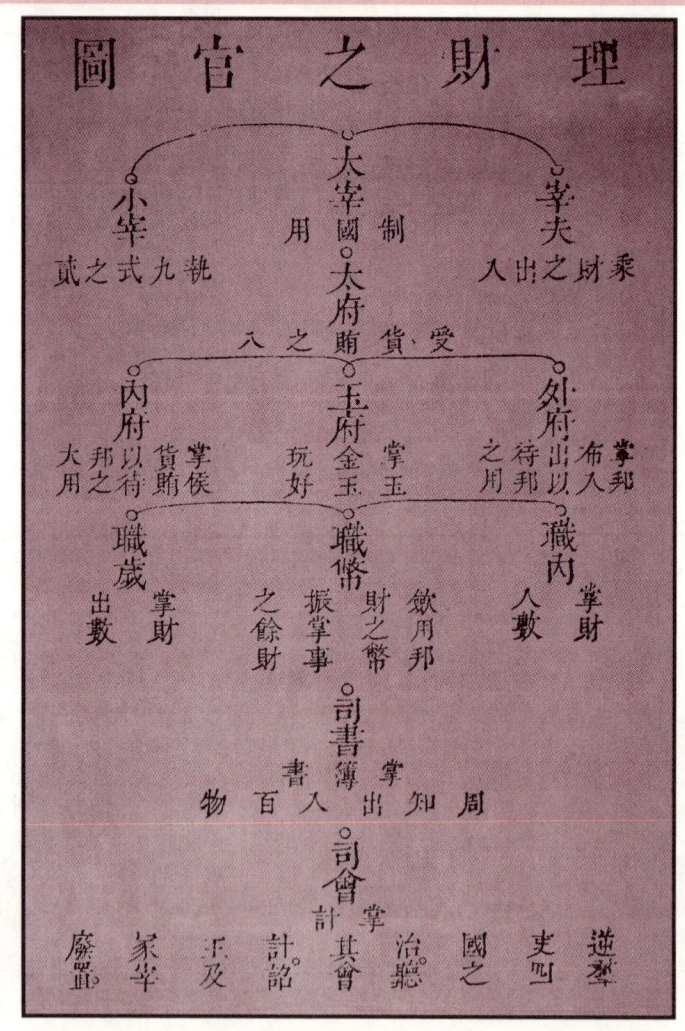

理财之官图

其食①，五日以叙受其会②，六日以叙听其情③。

以官府之六属举邦治④：一曰天官⑤，其属六十⑥，掌邦治⑦，大事则从其长⑧，小事则专达⑨；二曰地官，其属六十，掌邦教⑩，大事则从其长，小事则专达；三曰春官，其属六十，掌邦礼⑪，大事则从其长，小事则专达；四曰夏官，其属六十，掌邦政⑫，大事则从其长，小事则专达；五曰秋官，其属六十，掌邦刑⑬，大事则从其长，小事则专达；六曰冬官，其属六十，掌邦事，大事则从其长，小事则专达。

注释：①制其食：决定俸禄的多少。②受其会：指年终岁末所进的会计文书，也要按一定尊卑次序来领受。③听其情：指诉讼之类的情况，也要按尊卑次序来听断。情，实情。④举邦治：以属官佐王，邦治得举。⑤天官：指冢宰，即太宰。⑥属：属下，下级。⑦掌邦治：掌管王国治理大事。⑧大事则从其长：指重要的事情要经过该部门上属官长的审核。如膳夫，是膳食部门的官长，膳食乃王之所食之事，是大事，那么其下属庖人、内外饔、亨人，凡事都要请示膳夫。⑨小事则专达：指没有多大关系的事情，没有官长可咨询，那么负责做此事的人可自行处理。如官人掌舍，所做的不是大事，没有官长可咨询，那么这类人的事情大多由这类人从头到尾自行解决。⑩教：教化。⑪礼：礼仪。⑫政：政务。⑬刑：刑法。

周礼

以官府之六职辨邦治①：一曰治职②，以平邦国③，以均万民④，以节财用⑤；二曰教职⑥，以安邦国，以宁万民⑦，以怀宾客⑧；三曰礼职⑨，以和邦国⑩，以谐万民⑪，以事鬼神⑫；四曰政职⑬，以服邦国⑭，以正万民⑮，以聚百物⑯；五曰刑职⑰，以诘邦国⑱，以纠万民⑲，以除盗贼；六日事职⑳，以富邦国，以养万民，以生百物㉑。

以官府之六联合邦治㉒：一曰祭祀之联事，二曰宾客之联事，三曰丧荒之联事㉓，四曰军旅之联事，五曰田役之联事㉔，六曰敛弛之联事㉕。凡小事皆有联。

注释：①辨邦治：意即其职不同，办的事就有分别。②治职：负责治理的职务。③平：治理。④均万民：平衡百姓的负担。⑤节财用：节约使用经费。⑥教职：负责教化的职务。⑦宁：安抚。⑧怀：安定。这里指细致周到地安置。⑨礼职：负责礼仪的职务。⑩和邦国：让各诸侯国友好相处。⑪谐：安顺。⑫事：祭祀。⑬政：政务。⑭服：使……服从、听从。⑮正：端正行为。⑯聚：聚集。百物：各地进贡的物品。⑰刑：刑法。⑱诘邦国：禁止各国的叛乱。诘，禁止。⑲纠：督察。⑳事：有关事务，当指与经济方面有关的事务。㉑生：使……生长。㉒六：指下面所提到的六事。联：多个官府联合办公。合：协作处理。㉓丧荒：指君王丧葬和灾荒年的救济。㉔田役：征发徒役以田猎。周代时经常借用田猎的形式来练兵。㉕敛：征税。弛：施散，散发。

天官冢宰第一

以官府之八成经邦治①：一日听政役以比居②，二日听师田以简稽③，三日听闾里以版图④，四日听称责以傅别⑤，五日听禄位以礼命⑥，六日听取予以书契⑦，七日听卖买以质剂⑧，八日听出入以要会⑨。

以听官府之六计⑩，弊群吏之治⑪：一日廉善⑫，二日廉能⑬，三日廉敬⑭，四日廉正⑮，五日廉法⑯，六日廉辨⑰。

以法掌祭祀、朝觐、会同、宾客之戒具⑱，军旅、田役、丧荒亦如之。七事者，令百官府共供其财用⑲，治其施舍⑳，

注释：①成：办公的程式和法规。经：治理。②政：军政。役：徭役。比居：征兵的花名册。比，考核。③师田：出师征伐与田猎。简稽：检阅核对。指检查士兵、兵器、簿书之类。④闾里：乡里。这里指乡里的土地、户口、争论等问题。版图：户籍与地图。⑤称责：举债。责，"债"的古字。傅别：借贷契约。⑥礼命：礼命文书，册封的命令。⑦取予：一种贷款，没有利息。书契：类似于今天的合同。契，取物凭证。⑧质剂：买卖凭证。⑨出入：支出与收入。要会：会计簿，一年的称会，一月的称要。⑩听：评判。⑪弊：评价。治：政绩。⑫廉：廉洁。善：善于办事。⑬能：推行政令。⑭敬：忠于职守，有敬业精神。⑮正：公正无私。⑯法：依法行事。⑰辨：遇事不疑惑，能明辨是非。⑱法：礼法。朝觐：朝指古代诸侯春天朝见天子，觐指古代诸侯秋天朝见天子。这里均指朝见天子。宾客：指招待宾客。戒具：警戒时的供应。⑲共：通"供"，供应。财用：财物用品。⑳治其施舍：管理免除徭役的人，如贵者、老者、疾者、服公事者。施：解除，免除。舍：免除。

周礼

听其治讼①。凡祭祀,赞玉币爵之事、裸将之事②。凡宾客赞裸③,凡受爵之事,凡受币之事。丧荒,受其含襚币玉之事④。月终,则以官府之叙受群吏之要⑤。赞冢宰受岁会,岁终,则令群吏致事⑥。正岁,帅治官之属而观治象之法⑦,徇以木铎⑧,曰:"不用法者⑨,国有常刑⑩!"

注释: ①**听其治讼**:听取陈述和争议并加以判决。②**裸将**:裸送,即送裸,行裸礼。裸,把酒从茅草束上浇下去,用以敬神。将,送。③**宾客**:指宾客(一般指诸侯)来朝见天子。④**含**:通"琀"。古代放在死者口中的珠、玉、米、贝等物。**襚**:赠给死者的衣服。⑤**叙**:次序。**要**:指以每月来计算的总账。下面的"岁会"则以一年来算。⑥**致事**:汇报政绩。⑦**治象之法**:悬挂的法令文告。⑧**徇**:巡行。**木铎**:周代木舌铜身的摇铃。⑨**不用法**:不遵守国家法令。⑩**常刑**:固定的刑法。

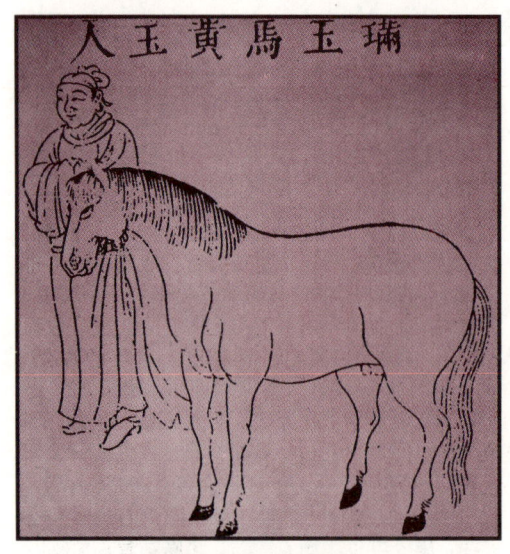

璘玉马黄玉人图 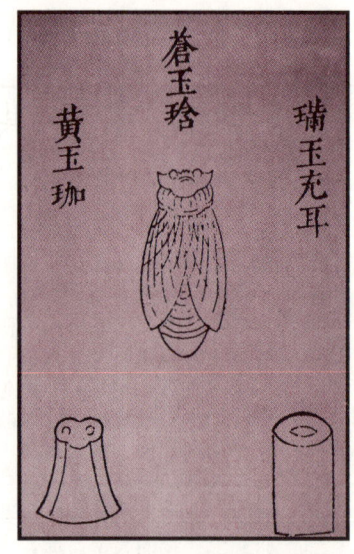   **苍玉琀黄玉珈璘玉充耳图**

乃退，以宫刑宪禁于王宫①。令于百官府曰："各修乃职②，考乃法③，待乃事④，以听王命。其有不共(供)⑤，则国有大刑！"

宰夫之职，掌治朝之法⑥，以正王及三公、六卿、大夫、群吏之位⑦，掌其禁令⑧。叙群吏之治⑨，以待宾客之令⑩，诸臣之复⑪，万民之逆⑫。掌百官府之征令⑬，辨其八职⑭：一曰正⑮，掌官法以治要⑯；二曰师⑰，掌官成以治凡⑱；三曰司⑲，掌官法以治目⑳；四曰旅㉑，掌官常以治数㉒；五曰府，掌官契以治藏㉓；六曰史，

天官冢宰第一

注释：①**宫刑**：宫中刑法。**宪禁**：悬挂公布。②**各修乃职**：各自尽职尽责。乃，你，你们。③**考乃法**：遵守你们所应遵守的法规。④**待乃事**：处理好自己的工作。⑤**共**：通"供"。供职，忠于职守。⑥**治朝**：指路门（古代天子宫中最内的门）外的朝会，是较常用的治政场所。⑦**正**：正确确定。**三公**：太傅、太师、太保。**六卿**：六官的正职，即大宰、大司徒、大宗伯、大司马、大司寇、大司空。**位**：所站的位置（王则是所坐的位置）。⑧**掌其禁令**：掌握有关禁令，即以这样的禁令来察看各人行动举止是否符合礼仪。⑨**叙群吏之治**：指按照群吏的尊卑等级次序，让他们按照各自的治职来处理公务。⑩**待**：处理。**宾客之令**：朝聘宾客的陈诉和请求。⑪**复**：奏章。⑫**逆**：上书。⑬**征令**：征召和命令。⑭**辨**：分别，区别。⑮**正**：官长，当指六卿。⑯**治要**：指年终时考核属官的政绩。⑰**师**：指小宰、宰夫之类。⑱**官成**：官府的既定办事程序。**治凡**：指每月月底考核属官的政绩。⑲**司**：当指上士、中士之类。⑳**治目**：指每天考核官员的工作。㉑**旅**：当指下士。㉒**官常**：官府的常务。**治数**：指考核官员工作的数量及质量。㉓**官契**：官府的文书簿籍。**治藏**：管理档案文书及器物。

掌官书以赞治①；七日胥，掌官叙以治叙②；八日徒，掌官令以征令③。掌治法以考百官府、群都县鄙之治④，乘其财用之出入⑤。凡失财用物辟名者⑥，以官刑诏冢宰而诛之⑦。其足用、长财、善物者⑧，赏之。

以式法掌祭祀之戒具与其荐羞馐⑨，从大太宰而视涤濯⑩。凡礼事，赞小宰比官府之具⑪。凡朝觐、会同、宾客⑫，以牢礼之法掌其牢礼、委积、膳献、饮食、宾赐之飧牵⑬，与其陈数⑭。凡邦之吊事⑮，掌其戒令，与其币器财用凡所共供者⑯。

注释： ①官书：官府公文。赞治：帮助起草文书。②官叙：官府事务的轻重缓急。治叙：按照一定顺序安排人员处理事情。③官令：官府的指令。征令：指听从官人的召唤驱使。④考：考核。群都县鄙：指所有的都鄙、县鄙。⑤乘：计算。⑥失财用：指使官家财产流失。物辟名：账目所列和实物有出入。辟名，虚假谎报账目。⑦诏：告。诛：惩罚。⑧足用：财物充足而不多用。长财：指生财有道。善物：管理财物有方。⑨式法：祭礼之仪式。戒：戒令。具：祭器。荐羞：祭祀所用的供品。羞，同"馐"。⑩视涤濯：检查祭器的洗涤情况。涤濯，洗涤。⑪赞：佐助。比：考核比较。具：指呈送的祭品。⑫宾客：诸侯派卿大夫聘问。⑬牢礼：供应祭祀时用的牲牢之礼。牢，一牛、一羊、一猪都具备的叫一太牢或一牢。委积：供给宾客旅途使用的物品。膳献：飞禽和四季珍美新奇的物品。宾赐之：疑为衍文，后人所加。飧牵：供应给宾客的牲畜，已杀者为飧，未杀者为牵。⑭陈数：指这些物品的陈列。⑮邦之吊事：指王者吊唁诸侯（路途较远，一般派人前往代劳）和诸臣。⑯共：通"供"，供给。

天官冢宰第一

大丧、小丧①，掌小官之戒令，帅执事而治之②。三公、六卿之丧，与职丧帅官有司而治之③。凡诸大夫之丧，使其旅帅有司而治之④。

岁终，则令群吏正岁会⑤；月终，则令正月要⑥；旬终⑦，则令正日成⑧，而以考其治⑨。治不以时举者⑩，以告而诛之⑪。正岁，则以法警戒群吏，令修宫中之职事⑫。书其能者与其良者⑬，而以告于上⑭。

宫正：掌王宫之戒令、纠禁⑮。以时比宫中之官府次舍之众寡⑯，为之版以待⑰，

注释：①**小丧**：夫人、世子以下之人的丧事。②**执事**：有职守之人，官员。③**职丧**：官名，属春官。**官有司**：下属的官员。④**旅**：宰夫下属的士。⑤**群吏**：大宰的下属。**正**：犹定，这里是考核评定的意思。**岁会**：一年的政绩统计。⑥**月要**：一个月的政绩统计。⑦**旬**：十天。⑧**日成**：一旬的政绩统计。成，指以"日"为单位来计算。⑨**以考其治**：指根据会、要、成三者的考核来评定官员的政绩。⑩**治不以时举**：指要处理的公务不能按时处理好。⑪**告**：指呈报有关上司。⑫**修**：处理，办理。⑬**书**：记下。**良**：指政绩优异的。⑭**上**：当指小宰、大宰。⑮**纠禁**：纠察和禁止。指发生了违犯宫中法规的事就纠察，未发生时就明令禁止约束，防患于未然。⑯**以时**：按季节。**比**：考查。**次舍**：宫中值宿者工作与休息的地方。**众寡**：值宿的人的人数以及他们的工作情况。⑰**版**：登记册。周代没有写字的纸，都写在木片或竹片上。**待**：指等待考查。

夕击柝而比之①。国有故②，则令宿③，其比亦如之。辨外内而时禁④，稽其功绪⑤，纠其德行。几其出入⑥，均其稍食⑦，去其淫怠与其奇邪之民⑧，会其什伍而教之道艺⑨。月终则会其稍食⑩，岁终则会其行事。凡邦之大事⑪，令于王宫之官府次舍，无去守而听政令⑫。春秋，以木铎修火禁⑬。凡邦之事跸宫中庙中⑭，则执烛。大丧，则授庐舍⑮，辨其亲疏贵贱之居⑯。

宫伯：掌王宫之士庶子⑰，凡在版者⑱。掌其政令，行其秩叙⑲，作其徒役

注释：①柝：巡夜时所敲击的器具，类似于后代报更用的木梆。比：校比。指通过击柝提醒偷懒或随意走动的人，以让他们尽职尽责。一说指守备警戒盗贼。②故：指意外情况。③宿：指在宫中守卫。④外内：宫内、宫外的人。时禁：人员不能在禁止的时候出入。⑤稽：考查。功绪：已办成的事和正在办理的事。⑥几：严格检查。⑦稍食：薪俸。⑧淫怠：言语或行为放荡。奇邪：奸诈刁滑。民：这里指官吏的家属。⑨会：会和，聚会。什伍：五人为伍，十人为什。这样组织宫中子弟是为了让他们语言相通，身心彼此熟悉，以便更好地融洽相处。道艺：技艺，指六艺（礼、乐、射、御、书、数）。⑩会：总计。⑪大事：指战争或祭祀。⑫去守：离开工作岗位。⑬以木铎修火禁：指在宫中摇木铎巡行，提醒火灾的防范。⑭事：指祭祀盛典。跸：禁行人通过。⑮庐舍：守孝时建于坟墓旁的房屋。⑯辨：分别。⑰士庶子：宿卫王宫的公卿大夫的子弟，有爵为士，无爵为庶子。⑱版：名册，这里指登记在册的。⑲行其秩叙：指按照一定的情况来决定他们的受禄次序和才艺高低的排序，而这一定的情况当然主要指他们在宫中轮流宿卫的情况。秩，俸禄。叙，才艺高下。

之事①，授八次八舍之职事②。若邦有大事，作宫众③，则令之④。月终则均秩⑤，岁终则均叙。以时颁其衣裘⑥，掌其诛赏。

膳夫：掌王之食饮膳羞⑦，以养王及后世子。凡王之馈⑧，食用六谷⑨，膳用六牲⑩，饮用六清⑪，羞用百有又二十品⑫，珍用八物⑬，酱用百有又二十瓮⑭。

注释：①作其徒役之事：指士庶子由太子所役使，太子用到他们之时就可随时调遣。②八次、八舍：王宫中宿卫及宿卫者休息的地方。③作：调动。宫众：指士、庶子。④令：指挥。⑤均：等同，调和，调节。⑥以时：按季节。颁：颁发。⑦食：饭。饮：酒浆。膳：牲肉。羞：同馐，加入了佐料的肉、菜。下同。⑧馈：给尊贵者进献的食物。⑨食：饭。六谷：粳米、黍、稷、粱、麦、苽。⑩膳：肉食。六牲：牛、羊、猪、犬、马、鸡。⑪六清：即六饮。水、浆、醴、酏、酏、醫。⑫有：通"又"。用在整数与零数之间。⑬珍用八物：指用八种烹调方法做出的珍奇美味。⑭瓮：陶制容器。用于盛食物或他物。

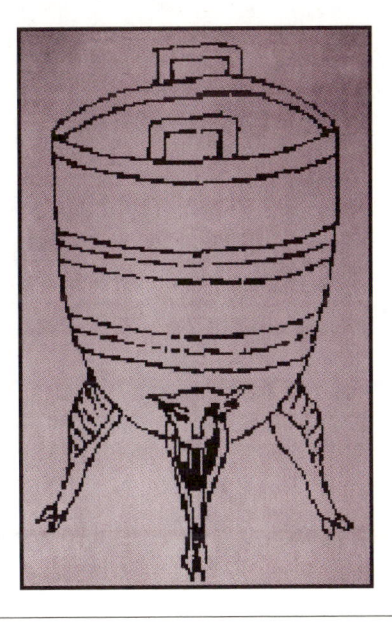

牛鼎图　　羊鼎图

周礼

王日一举①，鼎十有又二②，物皆有俎③。以乐侑食④，膳夫授祭⑤，品尝食⑥，王乃食。卒食⑦，以乐彻于造⑧。王齐斋⑨，日三举⑩。大丧则不举⑪，大荒则不举⑫，大札则不举⑬，天地有灾则不举⑭，邦有大故则不举⑮。

王燕食⑯，则奉膳赞祭⑰。凡王祭祀、宾客食，则彻王之胙俎⑱。凡王之稍事⑲，设荐脯醢⑳。王燕宴饮酒㉑，则为献主㉒。掌后及世子之膳羞馐。凡肉脩之颁赐皆掌之㉓。凡祭祀之致福者㉔，受而

注释：①举：正餐，周天子的正餐称朝食，王后与王一同进餐，必杀牲。②鼎：古代炊器，又为盛熟牲之器，多用青铜或陶土制成。③俎：砧板。指十二只鼎所煮的肉都有各自专用的砧板。④乐：音乐。侑：劝食。⑤授祭：指把祭祀先人用的牲肺捧献给王。⑥品：遍。⑦卒：终，结束。⑧彻：撤除，撤去。造：指厨房。⑨齐：通"斋"。古人在祭祀或其他典礼前整洁身心，以示庄敬。⑩日三举：指在王斋戒的日子里，每餐都要杀牲，每餐都用大牢。⑪大丧：指王、王后及世子去世。如先王去世，新王为之倚庐，吃稀粥，但不会杀牲。⑫大荒：凶年，谷不熟。此时赈济都来不及，不会杀牲取肺祭祖。⑬大札：大瘟疫。⑭天地有灾：指日食、山崩、地震等。⑮大故：重大的事故。多指对国家、社会有重大影响的祸患，如灾害、兵寇、国丧等。⑯燕食：指日中与日夕的进食。⑰奉膳：指送上朝食时所做的、但没有吃完的饭菜。赞祭：帮助王用牢肉来祭祖。⑱胙俎：主人饮食之俎。胙，通"阼"，东阶，主人的位置。俎，古代祭祀宴飨时陈置牲口的器具。⑲稍事：有小事而饮酒，别于有大事而设礼食。稍，小。⑳荐：进献。脯：干肉。醢：肉酱之类的食物。㉑燕：通"宴"。此句指王和群臣设宴饮酒。㉒献主：天子与群臣饮酒时不亲自献酒，而由膳夫代行，代行者称献主。㉓脩：干肉条。此句说王用来赏赐给群臣的肉和干肉条也是由膳夫掌管。㉔致福：群臣祭祀后，送祭祀所用之肉给天子。

膳之①。以挚(赞)见者亦如之②。岁终则会③，唯王及后、世子之膳不会。

庖人：掌共(供)六畜、六兽、六禽④，辨其名物⑤。凡其死生鲜薧之物⑥，以共(供)王之膳与其荐羞之物及后、世子之膳羞(馐)⑦。共(供)祭祀之好羞(馐)⑧，共(供)丧纪之庶羞(馐)⑨，宾客之禽献⑩。凡令禽献⑪，以法授之⑫，其出入亦如之⑬。凡用禽献⑭，春行羔豚⑮，膳膏香⑯；夏行腒鱐⑰，膳膏臊⑱；秋行犊麛⑲，膳膏腥⑳；冬行鲜羽㉑，膳膏膻㉒。岁终则会，唯王及后之膳禽不会。

注释：①受而膳之：指把肉接受下来并作为王的肴馔。膳，烹调。②挚：通"贽"。见面礼。③会：总计。指总计赏赐给群臣的物品。④共：通"供"，供应。下同。六畜：指马、牛、羊、狗、猪、鸡六种家畜。正在养的时候叫畜，准备杀的时候叫牲。六兽：指麋、鹿、熊、麐、野猪、兔六种野兽。六禽：雁、鹑、鷃、雉、鸠、鸽。⑤名物：名称与毛色。⑥鲜：生的、新鲜的食品。薧：干的，腌制的。亦指干的或腌制的食物。⑦荐：准备。⑧好羞：难得的珍味。羞，通"馐"。⑨丧纪：丧事之祭。庶羞：众多的菜肴。⑩宾客之禽献：赠送给宾客的禽类。⑪令：命令兽人。此句指命令兽人去猎取赠给客人的禽兽。⑫以法授之：指按照法定数目通知兽人，即告知兽人所应猎取的禽兽数量。⑬其出入亦如之：指兽人送入禽兽和庖人送出禽兽都应当按照礼法来进行。⑭用禽献：以禽兽制作食物献给王。⑮春行羔豚：春天用羔和豚。行，使用。羔，小羊。豚，小猪。⑯膳膏香：用牛油烹调。膏香，牛脂。⑰腒：腊鸡。鱐：腊鱼。⑱膏臊：狗脂。⑲犊：小牛。麛：小麋鹿。⑳膏腥：猪脂。㉑鲜：鱼。羽：鹅。㉒膏膻：羊膏。

内饔：掌王及后、世子膳羞之割亨（烹）煎和之事①，辨体名肉物②，辨百品味之物③。王举④，则陈其鼎俎⑤，以牲体实之⑥，选百羞（馐）、酱物、珍物以俟馈⑦。共（供）后及世子之膳羞（馐）。辨腥臊膻香之不可食者⑧。牛夜鸣则庮⑨；羊泠（零）毛而毳⑩，膻⑪；犬赤股而躁⑫，臊⑬；鸟皫色而沙鸣⑭，狸⑮；豕盲眡（望）视而交睫⑯，腥⑰；马黑脊而般（斑）臂⑱，蝼⑲。凡宗庙之祭祀，掌割亨（烹）之事。凡燕饮食亦如之。凡掌共羞、脩、刑（铏）、膴、胖、骨、鱐⑳，以待共膳㉑。凡王之好赐肉脩㉒，则饔人共之㉓。

注释：①亨：通"烹"。和：以五味（酸、苦、辣、咸、甜）调和。②体名：牲畜宰杀后分为数块，各有名称，称为体名。肉物：切成大块的、烤过的肉。③百品味：各种菜肴。④王举：指王进朝食杀牲盛馔的时候。⑤俎：古代祭祀宴飨时陈置牲体或其他食物的礼器。⑥牲体：带骨的牲肉。实：指把牲体放在鼎里煮后又拿出来放在俎上。⑦百羞：泛指各种菜肴。酱物：用醋、酱腌制的菜肴。珍物：珍奇的食品。俟：等待。馈：进食于人。⑧腥臊膻香：腥指鸡肉气味，臊指狗肉气味，膻指羊肉气味，香指牛肉气味。这里指从气味上辨别出不能进食的变质肉。⑨庮：朽木般的臭味。⑩泠：通"零"，零落稀疏。毳：毛纠结。⑪膻：指羊的气味。⑫赤股：大腿内侧没有毛。躁：行进时急促。⑬臊：腥臭的气味。⑭皫色：羽毛无光泽，颜色不纯。沙鸣：啼叫时声音嘶哑。⑮狸：腐臭的气味。⑯盲眡：抬头才能平视。盲，通"望"。交睫：眼睫毛相交错。⑰腥：指肉中生有小瘜肉，像饭中有夹生米粒。⑱般臂：指马的前足呈花斑状。般，通"斑"。⑲蝼：蝼蛄般臭味。⑳共：当为具。脩：腊肉。刑：通"铏"。膴：指有菜的肉汤。膴：古代祭祀用的大块鱼肉。胖：胁侧薄肉，夹脊肉。骨：带骨的肉。鱐：干鱼。㉑共：准备齐全。㉒好赐：天子给臣子的特别赏赐。㉓饔人：古官名。掌切割烹调之事。

外饔：掌外祭祀之割亨[烹]①，共[供]其脯、脩、刑[铏]、膴②，陈其鼎俎，实之，牲体、鱼、腊③。凡宾客之飧饔④、飨食之事⑤，亦如之。邦飨耆老、孤子⑥，则掌其割亨[烹]之事。飨士庶子⑦，亦如之。师役⑧，则掌共[供]其献、赐脯肉之事⑨。凡小丧纪⑩，陈其鼎俎而实之。

亨[烹]人：掌共[供]鼎镬以给水火之齐[剂]⑪。职外内饔之爨亨[烹]煮⑫，辨膳羞[馐]之物。祭祀，共[供]大[太]羹、铏羹⑬。宾客亦如之。

甸师：掌帅其属而耕耨王藉⑭，以时入之⑮，以共[供]粢盛⑯。祭祀，共[供]萧茅⑰，共[供]

注释：①外祭祀：祭祀天地、山川、社稷等外神，与祭祀宗庙的内祭祀有区别。②脯：干肉。脩：腊肉。刑：通"铏"，指肴菜的肉汤。膴：古代祭祀用的大块鱼肉。③腊：干肉。④飧饔：供给宾客的食物。⑤飨食：主人招待宾客用餐。⑥飨：宴请。耆老：有声望的老者。孤子：殉国者的后代。⑦士庶子：王宫中官吏的子女。士指正妻所生的孩子，庶子指小妾所生的孩子。⑧师役：出师征伐和田猎。⑨献：给有功的将帅献酒。⑩小丧纪：王的子弟、内诸侯的丧事。⑪鼎镬：指把肉用镬煮熟后盛于鼎，加以调和。镬，用来煮肉及鱼腊之器。给水火之齐：指加水的多少和掌握火候大小。齐，同"剂"。多少之量。⑫职：主。爨：灶。⑬大羹：不添加调料和菜的肉汤。大，通"太"。铏羹：添加盐等调料的肉汤。⑭属：下属。耕耨：耕田除草。亦泛指耕种。王藉：天子举行藉田礼的土地。藉田，古代天子、诸侯征用民力耕种的田。每逢春耕前，天子、诸侯躬耕藉田，以示对农业的重视。⑮以时入之：按农时进献农产品。⑯粢盛：盛于器皿以供祭祀的谷物。⑰萧茅：艾草和茅草。

野果蓏之荐①。丧事，代王受眚灾②。王之同姓有罪③，则死刑焉④。帅其徒以薪蒸役外内饔之事⑤。

兽人：掌罟田兽⑥，辨其名物⑦。冬献狼⑧，夏献麋，春秋献兽物⑨。时田⑩，则守罟⑪。及弊田⑫，令禽注于虞中⑬。凡祭祀、丧纪、宾客⑭，共(供)其死兽生兽。凡兽入于腊人，皮毛筋角入于玉府⑮。凡田兽者，掌其政令。

渔人：掌以时渔为梁⑯。春献王鲔⑰。辨鱼物⑱，为鲜薧⑲，以共(供)王膳羞(馐)⑳。凡祭祀、宾客、丧纪、共(供)其鱼之鲜薧。凡

注释：①蓏：瓜类。荐：祭物，祭品。②代王受眚灾：指遇到丧事时，向藉田之神祈祷，代替王接受上天的惩罚，以消除后患。③罪：作恶或犯法的行为。④死刑：指由甸师执行死刑。据传此种人不在市朝刑杀，因甸师在疆场有屋舍，所以就到那里刑杀。⑤薪蒸：柴木。大木称薪，小木称蒸。役：指供给。外内饔：即外饔和内饔。事：指需求。⑥罟：网。此处作动词用。田：狩猎。⑦名物：指猎物的名称和毛色。⑧冬献狼：据说狼的油脂性较温热，适宜冬天食用；而下文的麋鹿油脂性凉，适宜夏天食用。⑨兽物：指各种野兽。春、秋两季温度适宜，所以可以献各种野兽。⑩时田：四季田猎。⑪守罟：指负责看守猎网，一有野兽被网套住就逮住，以免其挣脱网逃逸。⑫弊：结束。⑬注：犹聚。虞中：在田猎处选择一块平地，于四角树立虞旗，把捕获的野兽集中于此地。⑭丧纪：丧事。宾客：指招待宾客。⑮玉府：专管天子所喜好的金玉、玩好、兵器的官。⑯以时渔：按照季节捕鱼。梁：筑于水中用以捕鱼的坎子。⑰王鲔：大的鲔鱼。⑱鱼物：各种鱼类。⑲为鲜薧：加工鲜鱼和干鱼。⑳共：通"供"。供应。羞：同"馐"。

渔者，掌其政令。凡渔征①，入于玉府。

鳖人：掌取互物②，以时籍鱼鳖龟蜃③，凡貍物④。春献鳖蜃，秋献龟鱼。祭祀，共供蠯、蠃螺、蚳⑤，以授醢人⑥。掌凡邦之籍事。

腊人：掌干肉，凡田兽之脯腊膴胖

注释：①**渔征**：从渔民处征收的赋税。②**互物**：有甲壳的水中动物。③**籍**：用长叉刺取。**蜃**：大蛤。④**貍物**：生长于泥泽的水生动物。貍，通"埋"。⑤**蠯**：狭长的河蚌。**蠃**：通"螺"。螺蛳。**蚳**：蚁卵。⑥**以授醢人**：交给醢人以制作祭祀时所用的醢。醢，即肉酱。

扠网图

钓鳖图

之事①。凡祭祀,共供豆脯、荐脯、膴、胖②,凡腊物。宾客、丧纪,共供其脯腊,凡干肉之事。

医师:掌医之政令,聚毒药以共供医事③。凡邦之有疾病者、疕疡者造焉④,则使医分而治之⑤。岁终,则稽其医事⑥,以制其食⑦。十全为上⑧,十失一次之⑨,十失二次之,十失三次之,十失四为下。

食医:掌和王之六食、六饮、六膳、百羞馐、百酱、八珍之齐剂⑩。凡食齐视春时⑪,羹齐视夏时⑫,酱齐视秋时⑬,饮齐视冬时⑭。凡和⑮,春多酸,夏多苦,秋多辛⑯,

注释:①脯腊:干肉。腊,小物全干。膴:无骨的干肉。胖:胁侧薄肉,夹脊肉。②豆脯:疑当作"羞脯",与下文的"荐脯"相对应。未饮未食的叫荐,已饮已食的叫羞。另:脯乃盛于笾之物,笾是古代祭祀和宴会时盛果脯的竹器,形状像木制的豆,但不是豆。荐脯:干肉片。③聚:收集。毒药:味道、气味猛烈的药。一般主要指辣和苦的药。医事:治疗所用。④疕疡:生在头上的疮叫疕,长在身上的疮叫疡。造焉:指到医师这里来医治。⑤分:指分配他们到相关的医生那里。⑥稽:考核。医事:医疗的业绩。⑦以制其食:据此制定他们的俸禄标准。食,月俸,一个月的收入。⑧十全为上:指能把病人的病都治好的,就是上等医生。⑨十失一:指在数量上有十分之一没治好。⑩和:调和。齐:同"剂"。⑪凡食齐视春时:凡是食物都要按照春天的气温做成,即要温。齐,齐一。视,犹比。⑫视夏时:指食物要热。⑬视秋时:指食物要凉。⑭视冬时:指食物要寒。以上四种食物的温度都是以季节的温度来说明。⑮和:指调和味道。⑯辛:指辣。

冬多咸，调以滑甘①。凡会膳食之宜②，牛宜稌③，羊宜黍，豕宜稷，犬宜粱④，雁宜麦，鱼宜苽⑤。凡君子之食恒放焉⑥。

疾医：掌养万民之疾病。四时皆有疠疾⑦：春时有痟首疾⑧，夏时有痒疥疾⑨，秋时有疟寒疾⑩，冬时有嗽上气疾⑪。以五味、五谷、五药养其病⑫；以五气、五声、五色视其死生⑬。两之以九窍之变⑭，参之以九藏（脏）之动⑮。凡民之有疾病者，分而治之。死终⑯，则各书其所以⑰，而入于医师⑱。

疡医：掌肿疡、溃疡、金疡、折疡之

注释：①**调以滑甘**：加入滑润、甘甜的食品。②**会**：相成，调配。**宜**：指最适宜的。③**牛宜稌**：牛肉宜配合粳米。稌，粳米。④**粱**：精细的小米。⑤**苽**：一般生于池沼中的一种植物，今名茭白。可入食。⑥**君子**：指公、卿、大夫和王的子弟。**恒**：都。**放**：仿效。⑦**疠疾**：时气不和引起的疾病。⑧**痟首疾**：头痛。痟，酸疼。⑨**痒疥疾**：引起发痒的疥癣之类的病。⑩**疟寒疾**：由于天气时冷时热引起的疾病。症状是发冷发热，热后大量出汗，头痛，口渴，全身无力。⑪**上气疾**：气喘病。⑫**五味**：醋、酒、饴蜜、姜、盐。**五谷**：麻、黍、稷、麦、豆。**五药**：草、木、虫、石、谷。**养**：治疗。⑬**五气**：五脏（肺、心、肝、脾、肾）之气。**五声**：宫、商、角、徵、羽。**五色**：青、赤、黄、白、黑。**视其死生**：观察他能不能够治好。⑭**两**：指其次要观察。**九窍**：人的耳、鼻、目、口、尿道、肛门。⑮**参**：通"叁"，即三，指第三要观察。**九藏**：指心、肝、胃、肺、脾、肾、膀胱、大肠、小肠。藏，同"脏"，内脏。⑯**死终**：治疗后死亡。⑰**各书其所以**：登记下死亡的情况。⑱**入**：送给。

祝药劀杀之齐[剂]①。凡疗疡②，以五毒攻之③，以五气养之④，以五药疗之，以五味节之⑤。凡药，以酸养骨，以辛养筋，以咸养脉，以苦养气，以甘养肉，以滑养窍⑥。凡有疡者，受其药焉⑦。

兽医：掌疗兽病，疗兽疡。凡疗兽病，灌而行之⑧，以节之⑨，以动其气，观其所发而养之⑩。凡疗兽疡，灌而劀之，以发其恶⑪，然后药之⑫，养之，食之⑬。凡兽之有病者、有疡者，使疗之⑭，死则计其数⑮，以进退之⑯。

酒正：掌酒之政令，以式法授酒材⑰。凡为公酒者⑱，亦如之。辨五齐之名⑲，一

注释：①肿疡：红肿而没有溃烂。溃疡：红肿且带脓，已经溃破。金疡：刀枪之伤。折疡：因碰撞而形成的外伤。祝药：敷药。祝，当为注，谓附著药。劀杀：割除腐烂的肉。劀，即刮，刮去脓血。杀，谓以药食其恶肉。齐：通"剂"。②疗：止病曰疗。③五毒：五种猛烈的药物。攻：治。④五气：当为五谷。气音谷。⑤五味：酸、苦、辛、咸、甘。节之：指增加疗效。⑥滑：滑石。⑦受其药：指都从疡医那里取药。⑧灌而行之：给牲畜灌服药后，使之走动以便药力见效，从而观察它究竟哪个部位生了什么病。⑨节：调节。⑩所发：病症所在。⑪发：去除。恶：指脓血和坏死的组织。⑫药：敷药。⑬食：喂。⑭使疗之：指医师派兽医去治疗。⑮死：指兽类经过治疗而死去。⑯以进退之：指按照治疗的情况决定增加或减少兽医俸禄。⑰式法：指酿酒的方法。酒材：酿酒的原料。⑱为公酒：为乡间公事酿造酒。⑲五齐：未经过滤的酒称为齐，以酿造时间、清浊程度分为五等，称为五齐。

一曰泛齐①，二曰醴齐②，三曰盎齐③，四曰缇齐④，五曰沈齐⑤。辨三酒之物⑥，一曰事酒⑦，二曰昔酒⑧，三曰清酒⑨。辨四饮之物，一曰清⑩，二曰医⑪，三曰浆⑫，四曰酏⑬。

注释：①泛齐：渣滓泛浮于上的酒。②醴齐：一种做熟时酒与渣滓浑然一体的酒。醴，微甜。③盎齐：白色的浊酒。④缇：微红。⑤沈：即下沉。⑥物：材，指酒的种类。⑦事酒：有事而临时酿造的酒。⑧昔酒：要用较长时间才能酿就的酒。⑨清酒：一种在冬天酿造，到夏天才酿成的酒。⑩清：去掉渣滓的醴酒。⑪医：用黄米酿造的较清的酒。⑫浆：一种微酸的酒。⑬酏：一种甜酒。

羲和酒荒图

掌其厚薄之齐①，以共(供)王之四饮三酒之馔②，及后、世子之饮与其酒。

凡祭祀，以法共(供)五齐三酒③，以实八尊④。大祭三贰⑤，中祭再贰⑥，小祭壹贰，皆有酌数⑦。唯齐酒不贰，皆有器量⑧。共(供)宾客之礼酒⑨，共(供)后之致饮于宾客之礼，医酏糟⑩，皆使其士奉之⑪。凡王之燕(宴)饮酒⑫，共(供)其计⑬，酒正奉之⑭。凡飨士庶子⑮，飨耆老孤子⑯，皆共(供)其酒，无酌数⑰。掌酒之赐颁⑱，皆有法以行之⑲。凡有秩酒者⑳，以书契授之㉑。酒正之出㉒，日入其成㉓，月入其要㉔，小宰听之。岁终

注释：①厚薄之齐：指各种酒类度数高低的配方。②馔：陈设或准备食物。③法：常规，常理。④实：充实，充满，填塞。尊：指壶尊、著尊等酒器。⑤三贰：添三次酒。贰，添酒。⑥再：两次。⑦酌数：添酒的数量。⑧器量：指酒器也有一定的数量。⑨礼酒：天子招待朝聘宾客所用的酒。⑩医酏糟：未过滤掉糟滓的酏。酏，一种甜酒。⑪奉：送。⑫燕：通"宴"。⑬共其计：指计算好足够的数量。⑭酒正奉之：酒正亲自送去。⑮士庶子：侍卫王宫的公卿大夫的子女。⑯耆老：故老。耆，古时称六十岁的老者为耆。孤子：为国牺牲者的遗孤。⑰无酌数：没有数量上的限制。⑱赐颁：指赏赐臣下。⑲皆有法以行之：指都有一定的法规提供给酒正，酒正依据此法规决定赏赐的数量。⑳秩酒：定期向老臣供应的酒。㉑以书契授之：指发给老臣领取酒的凭证，老臣凭此证领取。㉒出：分发酿酒原料及用酒的数量凭证。㉓日入其成：指酒人每天计数，每十天就把总数呈报给酒正。成：指十天的总数目。㉔月入其要：指每月月末，酒正要总计酒人上报的数目，然后呈报给小宰。

则会①,唯王及后之饮酒不会。以酒式诛赏②。

酒人:掌为五齐三酒③,祭祀则共(供)奉之,以役世妇④。共(供)宾客之礼酒、饮酒而奉之⑤。凡事共(供)酒⑥,而入于酒府⑦。凡

> **注释:** ①**岁终则会:** 指每年年末,小宰要总计账目呈报大宰。②**以酒式诛赏:** 指按照酒部门的法规模式进行考核,有所依据地惩罚或奖励。诛,惩罚。③**为:** 制造。④**以役世妇:** 指酒人属下的女奴由世妇指挥差遣。**世妇:** 宫中女官,王之妾。掌管女宫戒令和祭祀的有关事宜。⑤**饮酒:** 食毕用于漱口的酒。**奉:** 指酒人亲自送到酒正那里。⑥**凡事共酒:** 指有事用酒。⑦**酒府:** 酒正之府。酒正属下设有两名人员专门保管酒。

甘酒嗜音图

祭祀，共供酒以往①。宾客之陈酒亦如之②。

浆人：掌共供王之六饮，水、浆、醴、凉、医、酏③，入于酒府。共供宾客之稍礼④。共供夫人致饮于宾客之礼⑤，清、醴、医、酏、糟，而奉之⑥。凡饮共供之⑦。

凌人：掌冰，正政岁十有又二月⑧，令斩冰⑨，三其凌⑩。春始治鉴⑪。凡外内饔之膳羞馐，鉴焉⑫。凡酒浆之酒醴亦如之。祭祀，共供冰鉴；宾客⑬，共供冰。大丧，共供夷槃冰⑭。夏颁冰⑮，掌事⑯。秋，刷⑰。

笾人：掌四笾之实⑱。朝事之笾⑲，其实麷、蕡、白、黑、形盐、膴、鲍鱼、鱐⑳。馈

注释：①共酒以往：供应所用的酒，派人送去。共，通"供"。②陈：陈列。王送食物给宾客，按规定在堂上要陈列若干壶酒。亦如之：指也是派人送去。③凉：以水和酒。④稍礼：超过十天朝聘之礼后，主国给朝聘宾客的廪食。⑤夫人：天子的妃嫔。天子有一王后、三位夫人、九位嫔妃、二十七位世妇、八十一位女御等。⑥奉：指交给酒正。⑦凡饮共之：指也供应平时所需的饮料。⑧正：通"政"。⑨斩冰：敲取冰块。⑩三：三倍。凌：指所需的窖藏的冰。⑪鉴：古器名。形似大盆，有耳。青铜制，盛行于东周。或盛水，大的可作浴盆；或盛冰，用来冷藏食物；有时借为照影之物。⑫鉴：以鉴盛冰。⑬宾客：指王招待宾客送食品时。⑭夷槃：置于停尸床下的大木盘。盘中盛放冰块。⑮颁冰：指王把冰块分赐给群臣。⑯掌事：指凌人负责具体分发的事。⑰刷：刷洗冰窖，准备用于冬天藏冰。⑱四笾：宗庙祭祀时分四次进献的笾。笾为竹编品。⑲朝事之笾：祭祀时第一次所用的笾。朝事，早晨的祭祀。⑳麷：炒熟的麦子。蕡：麻籽。白：炒熟的米。黑：炒黑的黍子。形盐：形状像虎的盐块。膴：古代祭祀用的大块鱼肉。鲍鱼：烘干的鱼。鱐：一种已析干的海鱼。

食之笾①，其实枣、栗、桃、干䕩、榛实②。加笾之实，菱、芡、栗、脯③，菱、芡、栗、脯④。羞[䙴]笾之实，糗饵、粉餈⑤。凡祭祀，共[供]其笾荐羞[䙴]之实⑥。丧事及宾客之事，共[供]其荐笾羞笾。为王及后、世子共[供]其内羞[䙴]⑦。凡笾事，掌之。

醢人：掌四豆之实⑧。朝事之豆，其

注释：①馈食之笾：进献熟食时所用的笾。②干䕩：晒干的梅子。䕩，干梅之属。榛：似栗而小。③菱：菱角。芡：一年生水草，茎叶都有刺，开紫花，果实叫芡实，外皮有刺。种子的仁可以吃，也可以制作淀粉。④菱、芡、栗、脯：原句重复一遍，表示所盛装的食物要加倍。⑤糗：炒熟后捣碎的米粉。饵：用米粉蒸的糕。餈：用糯米煮的饭或用糯米粉、黍米粉制成的糕饼。⑥荐：进献。羞：同䙴。下同。⑦内羞：房中之羞。羞，通"䙴"。⑧四：指四次进献。豆：多为木制，用以盛有汤汁的食物。实：指食物。

笾图　　　　　　　笾巾图

周礼

实韭菹、醓醢①，昌本、麋臡②，菁菹、鹿臡③，茆菹、麋臡④。馈食之豆，其实葵菹、蠃醢⑤，脾析、蠯醢⑥，蜃、蚳醢⑦，豚拍、鱼醢⑧。加豆之实，芹菹、兔醢⑨，深蒲、醓醢⑩，箈菹、雁醢⑪，笋菹、鱼醢。羞[饈]豆之食⑫，酏食、糁食⑬。凡祭祀，共荐羞之豆实，宾客、丧纪亦如之。为王及后、世子共[供]其内羞[饈]。王举⑭，则共[供]醢六十瓮，以五齐[齌]、七醢、七菹、三臡实之⑮。宾客之礼，共[供]醢五十瓮。凡事⑯，共[供]醢。

醢人：掌共[供]五齐七菹⑰，凡醢物⑱。以共[供]祭祀之齐[齌]菹，凡醢酱之物⑲。宾

注释：①菹：腌渍而成的咸菜。醢：肉汁。②昌本：昌蒲的根。麋臡：麋肉酱。臡，带骨的肉酱。③菁：大头菜。鹿臡：鹿肉酱。④茆：水葵，菜名。麋：獐子。⑤葵：秋葵，菜名。蠃醢：螺蛳酱。⑥脾析：切成碎粒的牛肚。蠯醢：蛤蜊酱。⑦蜃：大蛤蜊。蚳醢：蚁卵酱。⑧豚拍：小猪的肋条肉。拍，司臂，肩胛。⑨芹菹：酱芹菜。⑩深蒲：生于水中的蒲，可食用。⑪箈：箭竹笋。⑫羞：通"饈"。下同。⑬酏食：将脂肪切成小粒，与米合煮成的稠粥。糁食：用相同分量的牛肉、羊肉、猪肉切成肉末与米合煮而成。⑭举：进餐。⑮五齐：昌本、蜃、脾析、豚拍、深蒲。齐，通"齌"，细切成碎末。七醢：醓、蠃、蠯、蚳、鱼、兔、雁。七菹：韭、菁、茆、芹、葵、箈、笋。三臡：麋、鹿、麇。⑯凡事：指凡是有事需要肉酱。⑰齐：通"齌"。细切成碎末。菹：腌渍而成的咸菜。⑱醢物：经醋调味的菜肴。醯，即醋。⑲醢酱之物：指用于祭祀的齌、菹都用醋和肉酱调味。

客亦如之。王举①，则共供齐菹醢物六十瓮②，共供后及世子之酱齐齑菹。宾客之礼，共供醢五十瓮。凡事，共供醢。

盐人：掌盐之政令，以共供百事之盐③。祭祀，共供其苦盐、散盐④。宾客，共供其形盐、散盐⑤。王之膳羞，共供饴盐⑥，后及世子亦如之。凡齐事⑦，煮鹽以待戒令⑧。

幂人：掌共供巾幂⑨。祭祀，以疏布巾幂八尊⑩，以画布巾幂六彝⑪。凡王，巾皆黼⑫。

宫人：掌王之六寝之修⑬，为其井匽⑭，除其不蠲⑮，去其恶臭。共供王之沐浴。凡寝中之事，扫除、执烛、共供炉炭⑯，凡劳事。四方之舍事⑰，亦如之。

注释：①举：进餐。②瓮：陶制容器，用于盛物。③百事之盐：做各种各样事情所需要的盐。④苦盐：自然形成的颗粒状盐。散盐：即海盐。⑤形盐：人工制成的有形状的盐。⑥饴盐：微甜的盐，一说为岩盐。⑦齐事：需要用盐调和五味的事。⑧煮：炼制。鹽：未经炼制的粗盐。⑨巾幂：覆盖盛有食物的器物的布。⑩疏布：粗布。⑪画布：绘有云气纹的白布。六彝：六种酒器。⑫黼：用白、黑二色画成的斧状图形。⑬六寝：天子休息的房间。据说当时的王有六个寝殿。⑭井匽：即屏匽，设于隐蔽处的厕所。⑮蠲：清洁。⑯执烛：夜晚持火照明。⑰四方之舍事：指天子巡狩至各地所居客舍中的清扫等事。

周礼

掌舍：掌王之会同之舍①。设梐枑再重②。设车宫、辕门③，为坛壝宫④，棘门⑤。为帷宫⑥，设旌门⑦。无宫，则共(供)人门⑧。凡舍事，则掌之。

幕人：掌帷、幕、幄、帟、绶之事⑨。凡朝觐、会同、军旅、田役、祭祀，共(供)其帷、幕、幄、帟、绶。大丧⑩，共(供)帷、幕、帟、绶。三公及卿大夫之丧，共(供)其帟。

注释：①会同：诸侯按时会见王叫会，平时相会叫同。②梐枑：安放于宫门前的禁戒设施。再重：谓内两重设之。③车宫：四周以车排列为宫。辕门：古代帝王巡狩、田猎的止宿处，以车为藩，出入之处，仰起两车，车辕相向以表示门，称辕门。④为坛壝宫：在平地筑土为坛，四周堆土修成围墙。壝宫，天子外出，在平地休息住宿时设置的一种有土围墙的临时宫室。⑤棘门：门口竖立两戟，谓之棘门。⑥帷宫：四周以布帷来遮蔽。⑦旌门：门口竖立两面旗帜，称为旌门。⑧无宫，则共人门：指如果中途作短暂停留，无须堆土张帷，就派人站立于两旁作大门。共，通"供"。⑨幄：帐篷之中的小帐篷。帟：平设于幄内天子座上的缯帛，防止尘土落下。绶：连接帷、幄的丝带。⑩大丧：天子、王后或世子的去世。

疏布巾图 　　画布巾图 　　厕图

掌次：掌王次之法①，以待张事②。王大旅上帝③，则张毡案④，设皇邸⑤。朝日、祀五帝⑥，则张大次、小次⑦，设重帟、重案⑧。合诸侯⑨，亦如之。师、田⑩，则张幕，设重帟、重案。诸侯朝觐、会同，则张大次、小次。师、田，则张幕设案。孤卿有邦事⑪，则张幕设案。凡丧，王则张帟三重，诸侯再重，孤卿大夫不重。凡祭祀，张其旅幕⑫，张尸次⑬。射，则张耦次⑭。掌凡邦之张事。

大府：掌九贡、九赋、九功之贰⑮，以受其货贿之入⑯，颁其货于受藏之府⑰，颁其贿于受用之府⑱。凡官府都鄙之吏

注释：①次：帷幕搭设的简单住所。②以待张事：指准备设置帐幕等事。③旅：祭祀。上帝：最高的神灵。④毡案：铺上毛毡的床。⑤皇邸：五彩羽毛装饰的屏风。⑥朝日：朝拜太阳。五帝：上帝之外的五位天帝，一般指苍、赤、黄、白、黑五天帝。⑦次：帐篷。⑧重帟：平设于幄内天子座上的双层缯帛。重案：铺有双层席的床。⑨合诸侯：诸侯朝见王或与王会合。⑩师、田：诸侯跟随王出征打仗或狩猎。⑪孤卿：六卿中最尊贵的冢宰。邦事：随侍天子或者代天子处理大事。⑫旅幕：众多帐篷。旅，众。⑬尸次：更衣的小帐篷。⑭耦次：参与射礼者休息时使用的小帐篷。耦，指两个人。行射礼时是一对一对地举行。⑮九功：九职之民做成的事。贰：副本。⑯货贿：指赋税财物。金玉曰货，指物之善者；布帛为贿，指物之贱者。⑰颁：交给。受藏之府：收藏天子所用物品的库房，如玉府、内府等。⑱受用之府：收藏邦国常用物品的库房，如职内、职币、职岁等。

及执事者①，受财用焉②。凡颁财，以式法授之③。关市之赋，以待王之膳服④；邦中之赋，以待宾客⑤；四郊之赋，以待稍秣⑥；家削之赋，以待匪颁⑦；邦甸之赋，以待工事⑧；邦县之赋，以待币帛⑨；邦都之赋，以待祭祀⑩；山泽之赋，以待丧纪⑪；币馀之赋，以待赐予⑫。凡邦国之贡，以待吊用⑬；凡万民之贡，以充府库⑭；凡式贡

注释：①官府：指京城官府。都鄙：京城外的大小城邑。执事：暂时管事的官员。②受财用：接受分发的财物。③式法：既定的规章制度。④关市：关卡和市场。待：犹给。膳服：饮食服饰。⑤邦中之赋：国家的地亩税收。⑥稍秣：即刍秣，喂养牛马的禾谷。⑦家削之赋：距离都城二百里至三百里之间的地税。以待匪颁：供作王按岁时赏赐群臣之用。⑧邦甸：距离国都一百里到二百里的地方。以待工事：供作工匠制造器物之用。⑨邦县：距离国都三百里到四百里的地方。以待币帛：供作出使诸侯馈送礼物之用。⑩邦都：指比上面几个地方更远的地方。⑪丧纪：丧事。⑫币馀：平时费用支出后。赐予：指常赐以外的特殊恩赐。⑬邦国之贡：九职之民贡献的物品，尤其是珍宝。吊：指吊祭诸侯。⑭万民之贡：九职之民奉献的物品，主要指各地土产。

椀俎图

房俎图

之馀财，以共(供)玩好之用①。凡邦之赋用②，取具焉③。岁终，则以货贿之入出会之④。

玉府：掌王之金玉、玩好、兵器⑤，凡良货贿之藏⑥。共(供)王之服玉、佩玉、珠玉⑦。王齐(斋)⑧，则共(供)食玉⑨。大丧，共(供)含(琀)玉、复衣裳、角枕、角柶⑩。掌王之燕衣服、衽席、床笫⑪，凡亵器⑫。若合诸侯，则共(供)珠槃、玉敦⑬。凡王之献金玉、兵器、文织、良货贿之物⑭，受而藏之。凡王之好赐⑮，共(供)其货贿。

内府：掌受九贡九赋九功之货贿、良兵、良器⑯，以待邦之大用⑰。凡四方之

注释：①式贡之馀财：各种赋税收入开销后的余财。**玩好**：玩赏与爱好。②**赋用**：即用赋。③**取**：领取。**具**：备办，准备。④**入出**：收入和支出。**会**：统计。⑤**兵器**：武器和车辆、旗帜等。⑥**良货贿**：精美的物品。金玉为货，布帛为贿。⑦**服玉**：冠冕所用的玉。**佩玉**：身上所佩戴的玉。**珠玉**：圆珠形美玉。⑧**齐**：通"斋"。斋戒。⑨**食玉**：吃的玉屑。周代人认为玉为阳精之纯者，食之可御水汽。⑩**含玉**：死者含在口中的玉。玉，通"琀"。**复衣裳**：人刚死时招魂所用的衣裳。**角枕**：枕头。**角柶**：兽角制成的勺子。⑪**燕衣服**：即天子的睡衣，与礼服、朝服、祭服相对。**衽席**：铺在床上的席条。**床笫**：用以支承床席的竹垫或木板。⑫**亵器**：盛大小便的器物。⑬**珠槃**：饰有珠玉的木盘。**玉敦**：饰有玉的敦。敦为会盟时盛牲血的器皿。⑭**文织**：有图案的丝帛。⑮**好赐**：赏赐所喜欢的臣下。⑯**兵**：武器。**器**：车辆、旗帜等。⑰**邦之大用**：国家的重要场合，如祭祀、宾客、丧纪、会同等。

币献之金玉、齿革、兵器①，凡良货贿入焉②。凡适四方使者③，共(供)其所受之物而奉之④。凡王及冢宰之好赐予⑤，则共(供)之。

外府：掌邦布之入出⑥，以共(供)百物，而待邦之用，凡有法者。共(供)王及后、世子之衣服之用。凡祭祀、宾客、丧纪、会同、军旅⑦，共(供)其财用之币赍、赐予之财用⑧。凡邦之小用⑨，皆受焉。岁终，则会⑩，唯王及后之服不会。

司会：掌邦之六典、八法、八则之贰⑪，以逆邦国都鄙官府之治⑫。以九贡之法，致邦国之财用⑬；以九赋之法，令田野之财用⑭；以九功之法，令民职之财用⑮；以

注释：①币献：诸侯朝聘时进献的币帛及金玉珍物。齿革：象牙和皮革。②入：交给内府。③适四方：出使各国。④奉：指送给使者。⑤冢宰：六卿之首。好赐予：天子给予臣下的特别赏赐。⑥邦布：国家的法定货币。⑦军旅：军队行动。⑧币赍：礼币和旅途中所需的费用。⑨邦之小用：供三夫人与诸王子以下之人的衣服及小祭祀、小会同、小飨食等事的财用。⑩会：总计。⑪司：主管。会：会计。贰：副本。⑫逆：考核。邦国：诸侯国。治：政绩。⑬致：收缴。⑭田野之财用：王畿内的所有赋税。⑮九功之法：万民做事的准则。民职之财用：各种职业之民贡献的财物。

九式之法，均节邦之财用①。掌国之官府、郊野、县都之百物财用，凡在书契版图者之贰②，以逆群吏之治，而听其会计③。以参互考日成④，以月要考月成⑤，以岁会考岁成⑥。以周知四国之治⑦，以诏王及冢宰废置⑧。

司书：掌邦之六典、八法、八则、九职、九正（征）、九事⑨，邦中之版⑩，土地之图，以周知入出百物，以叙其财⑪，受其币⑫，使入于职币⑬。凡上之用财用⑭，必考于司会⑮。三岁则大计群吏之治⑯，以知民之财、器械之数⑰，以知田野、夫家、六畜之数⑱，以知山林川泽之数，以逆群

注释：①均节：平衡调节。②书契：统计册。版图：户籍与地图。③会计：核计，计算。④参互：用报表副本与职内之收入账、支出账相互核对。⑤月要：一个月的政绩统计。⑥岁会：一年的政绩统计。⑦周：周遍。四国：王畿以外的四方各国。⑧诏：告。废置：指升官与降职。⑨正：通"征"。此指征收之税。九事：即九式。⑩邦中之版：王畿内的户籍。⑪叙：稽考。⑫受其币：指财务支出后如果有余额，就收上来。⑬职币：古官名。掌官用余财。⑭上：天子及冢宰。用财用：后一个"用"当为衍文。⑮必考于司会：一定由司会加以核算。⑯大计：进行总的考核。⑰财：其后当脱一"用"字。器械之数：使用过的器械的数量。⑱田野：田地。夫家：有生产能力的男女。六畜：马、牛、羊、猪、狗、鸡。

吏之征令①。凡税敛②,掌事者受法焉③。及事成,则入要贰焉④。凡邦治,考焉⑤。

职内:掌邦之赋入,辨其财用之物而执其总⑥,以贰官府都鄙之财入之数⑦,以逆邦国之赋用。凡受财者,受其贰令而书之⑧。及会,以逆职岁与官府财用之出⑨,而叙其财以待邦之移用⑩。

职岁:掌邦之赋出⑪,以贰官府都鄙之财出赐之数⑫,以待会计而考之。凡官府都鄙群吏之出财用,受式法于职岁⑬。凡上之赐予,以叙与职币授之⑭。及会,以式法赞逆会⑮。

职币:掌式法以敛官府都鄙与凡用

注释: ①逆:考核。征令:收缴赋税的情况。②税敛:税收。③受法:接受规定的征收数额。④要贰:统计册的副本。⑤考:稽查。⑥执其总:职掌邦赋的总数。⑦贰:副本,底账。财入:赋税收入。⑧贰令:领取物品凭证的副本。书:登记。⑨职岁:古官名。掌邦赋支出。⑩叙其财:登记财务支出情况以及余额情况之类。移用:指如果财务上有余额就供给国家移作他用。⑪赋出:赋税的支出。⑫赐:天子颁赐所用的财物。⑬式法:即前面所用的"九式之法"。⑭以叙与职币授之:排出尊卑次序和职币一起授予。叙,次序。⑮以式法赞逆会:根据有关规章制度(如"九式之法")协助司会考核各官府都鄙的账目文书。

邦财者之币①，振掌事者之馀财②，皆辨其物而奠其录③，以书楬之④，以诏上之小用赐予⑤。岁终，则会其出。凡邦之会事⑥，以式法赞之⑦。

司裘：掌为大裘⑧，以共(供)王祀天之服。中秋⑨，献良裘⑩，王乃行羽物⑪。季秋⑫，献功裘⑬，以待颁赐。王大射⑭，则共(供)虎侯、熊侯、豹侯⑮，设其鹄⑯；诸侯，则共(供)熊侯、豹侯；卿大夫，则共(供)麋侯，皆设其鹄。大丧，廞裘⑰，饰皮车⑱。凡邦之皮事，掌之。岁终则会，唯王之裘与其皮事不会。

掌皮：掌秋敛皮⑲，冬敛革⑳，春献之㉑。

注释：①币：指各项开支的剩余财物。②振：收藏。掌事者：受派遣处理某事的官员。③奠其录：确定登录的统计册。奠，定。录，簿籍，册籍。④以书楬之：书写标签放在各类剩余财物的旁边。楬，标明。⑤小用：邦国的小支出。⑥会事：统计事功。⑦赞：协助司会。⑧大裘：黑羔皮大衣。⑨中秋：即仲秋，秋季的第二个月。⑩良裘：皮质优良、做工精良的皮衣。⑪行：赏赐。羽物：指鹑雀等小飞禽。⑫季秋：秋季的第三个月。⑬功裘：制作稍次于良裘的皮衣。⑭大射：天子与卿、诸侯举行的最为隆重的一次射礼。⑮侯：箭靶子。⑯鹄：箭靶心。⑰廞裘：殉葬用的皮衣，非实用物，以下所说廞衣、廞乐、廞五兵、廞马等同理。廞，明器，供祭祀、殉葬用的物品。⑱饰皮车：以皮装饰明器马车。⑲敛：收藏。⑳革：去毛的兽皮。带毛称为皮。㉑春献之：春天时把收上来的皮革进献给王。

周礼

遂以式法颁皮革于百工①。共(供)其毳毛为毡②，以待邦事③。岁终，则会其财赍④。

内宰：掌书版图之法⑤，以治王内之政令⑥，均其稍食⑦，分其人民以居之⑧。以阴礼教六宫⑨，以阴礼教九嫔⑩，以妇职之

注释： ①式法：法度，规章。②毳：细软的兽毛。毡：羊毛或其他动物毛经湿、热、压力等处理后，缩制而成的块片状材料。有良好的回弹、吸震、保温等性能。可用作铺垫及制作御寒物品、鞋帽料等。③以待邦事：准备在国家有事的时候使用。④财：收取的皮革数及库存数。赍：支出的总数。⑤书版图：登记宫中服职人员及其子弟，绘制宫中官府的图样。⑥王内：王宫中路、门以及天子、后等居住之所。⑦均其稍食：调整服职人员的俸禄。⑧人民：王宫中服职的官吏、公卿大夫之子弟。⑨阴礼：妇人之礼。六宫：古代皇后的寝宫，正寝一，燕寝五，合为六宫。⑩九嫔：宫中女官，也是帝王的妃子。

麋侯图	豹侯图	虎侯图
麇侯图	熊侯图	大侯图

法教九御①，使各有属②，以作二事③，正其服④，禁其奇邪⑤，展其功绪⑥。大祭祀，后裸献⑦，则赞，瑶爵亦如之⑧。正后之服位⑨，而诏其礼乐之仪⑩，赞九嫔之礼事⑪。凡宾客之裸献、瑶爵，皆赞。致后之宾客之礼⑫。凡丧事，佐后使治外内命妇⑬，正其服位。

凡建国⑭，佐后立市⑮，设其次⑯，置其叙⑰，正其肆⑱，陈其货贿⑲，出其度、量、淳、制⑳，祭之以阴礼㉑。中(仲)春㉒，诏后帅外内命妇始蚕于北郊㉓，以为祭服。岁

注释：①妇职：妇人所作的纺织等事。九御：女御。每九人一组而御于王，因以号焉。②属：犹聚。女御八十一人，九人为一属。九人同时御，又同为丝枲之事。③二事：指丝枲。④正其服：端正她们的服装，防止她们的穿戴不合规范。⑤禁其奇邪：禁止她们的言行有不当之处。⑥展其功绪：记录她们工作的业绩。⑦后裸献：祭祀宗庙时，天子先裸祭迎神，王后行亚裸；天子行三献、五献，王后行四献、六献。裸，祭名，以香酒灌地而求神。献，敬酒。⑧瑶爵：饰有美石的酒器。祭祀时，王后在王酳尸（向尸献上漱口的酒）之后酳尸体，应使用瑶爵。⑨正后之服位：端正王后的服色和行礼时的位置。⑩诏其礼乐之仪：告诉王后参与典礼时动作仪容与音乐合拍。⑪赞九嫔之礼事：帮助九嫔完成协助王后行礼的任务。⑫致：送交。⑬使：派遣下属。外内命妇：宫内外的命妇。其中天子的妃嫔称内命妇，卿、大夫、士的妻妾称外命妇。⑭建国：建立国都。⑮佐后立市：辅佐王后建立集市。⑯次：管理市场官员的办公室。⑰叙：位于市场门口的办公室。⑱肆：市场中售卖货物的摊位。⑲货贿：财货，财物。金玉曰货，布帛为贿。⑳淳、制：指衡量布帛幅广匹长的标准。㉑阴礼：相传市场中的社为先后所立，所以用妇人之礼祭祀之。㉒中春：指农历二月。中，通"仲"。㉓始蚕：开始采桑养蚕。这是一种礼仪形式，并非真正要长期做此类事。

终，则会内人之稍食①，稽其功事②。佐后而受献功者③，比其小大与其粗良而赏罚之。会内宫之财用。正岁均其稍食④，施其功事⑤，宪禁令于王之北宫而纠其守⑥。上春⑦，诏王后帅六宫之人而生穜稑之种⑧，而献之于王。

注释：①会：计算。内人：指女御等有职事者。稍食：俸禄。②稽其功事：考核她们的劳作业绩。③受献功者：接受宫内妇人所献的一年中织造的布帛。④正岁：指古历夏历正月，亦泛指农历正月。⑤施其功事：分配她们任务。⑥宪禁令：公布禁令。北宫：王后所居的宫。与天子所居的南宫均以方位而称。纠其守：监督守卫执行任务。⑦上春：正月。⑧生：活的。这里指肯定可以种植发芽的。穜稑：指各种谷物。穜，早种晚熟的谷物。稑，晚种早熟的谷物。

蚕室图　　　　　　先蚕图

天官冢宰第一

内小臣：掌王后之命，正其服位①。后出入②，则前驱③。若有祭祀、宾客、丧纪，则摈（傧）④，诏后之礼事，相九嫔之礼事，正内人之礼事⑤，彻后之俎⑥。后有好事于四方⑦，则使往⑧；有好令于卿大夫⑨，则亦如之。掌王之阴事阴令⑩。

阍人：掌守王宫之中门之禁⑪，丧服、凶器不入宫⑫，潜服、贼器不入宫⑬，奇服、怪民不入宫⑭。凡内人、公器、宾客无帅⑮，则几（讥）其出入⑯。以时启闭⑰。凡外内命夫命妇出入⑱，则为之辟⑲。掌扫门庭⑳。大祭祀、丧纪之事，设门燎㉑，跸宫

注释：①**正其服位**：保证王后在宫中的服饰穿着和管理宫中事务时坐立位置均正确无误。②**出入**：出入王宫。③**前驱**：在前面开路。④**摈**：通"傧"。指傧相，负责传达主人意旨，引导客人或接待宾客。⑤**内人**：其他妇人。⑥**彻后之俎**：指王后如果在东房祭祀，则内小臣要负责撤礼器。彻，撤离，撤下。俎，古代祭祀、宴飨时陈置牲体或其他食物的礼器。⑦**好事**：赐赠等事。⑧**使往**：派内小臣前去办理。⑨**好令**：好事。⑩**阴事**：天子嫔妃的事。**阴令**：向内宫下达的命令。⑪**中门**：王宫共有五门，从内到外分别为路、应、库、雉、皋门，中门指应、库、雉三门。⑫**凶器**：即匶器（明器）。⑬**潜服**：穿在外衣内的铠甲。**贼器**：盗贼使用的作案工具。⑭**怪民**：言行怪诞者。⑮**内人**：宫里的人。**公器**：携带公家器物的人。**帅**：带领。⑯**几**：通"讥"。盘查。⑰**以时启闭**：按照规定的时间开关宫门。⑱**外命夫**：在朝廷的卿大夫、士。**内命夫**：在宫中的卿大夫、士。**外命妇**：外、内命夫之妻。**内命妇**：王的妾，三夫人以下者。⑲**辟**：避，让人躲开、开道。⑳**门庭**：指中门以外的空地。㉑**门燎**：安放于门外地上的火炬。

门、庙门①。凡宾客②，亦如之。

寺人：掌王之内人及女宫之戒令③，相道导其出入之事而纠之④。若有丧纪、宾客、祭祀之事，则帅女宫，而致于有司⑤，佐世妇治礼事。掌内人之禁令，凡内人吊临于外⑥，则帅而往，立于其前而诏相之⑦。

内竖：掌内外之通令⑧，凡小事。若有祭祀、宾客、丧纪之事，则为内人跸⑨。王后之丧迁于宫中⑩，则前跸。及葬，执亵器以从遣车⑪。

九嫔：掌妇学之法⑫，以教九御、妇德、妇言、妇容、妇功⑬，各帅其属，而以

注释：①跸：禁止闲杂人员通行。②宾客：指宴飨宾客。③内人：女御。女宫：宫中女奴。④相：告知。道：通"导"。纠之：督察她们是否违反戒令。⑤致于有司：前往相关的官员那里听候指挥。⑥吊临于外：到宫外去吊丧哭泣。临，哭吊死者。⑦诏：提示。⑧内竖：童男，不受礼节限制，可出入王宫。内：王后六宫。外：卿大夫。⑨跸：禁止行人通行。⑩迁：搬运（灵柩）。⑪亵器：此处指用于洗刷的器、物。遣车：送葬时装载牲体等物的车辆。⑫妇学之法：教育妇女的官法。⑬妇德：贞洁，行为守准则。妇言：说话有分寸，得体得当。妇容：体态举止有度，服饰整洁。妇功：妇人的纺织等技能。

时御叙于王所①。凡祭祀,赞玉齍②,赞后荐、彻豆笾③。若有宾客,则从后④。大丧,帅叙哭者亦如之⑤。

世妇:掌祭祀、宾客、丧纪之事,帅女宫而濯摡⑥,为齍盛⑦。及祭之日,莅陈女宫之具⑧,凡内羞䊆之物⑨。掌吊临于卿大夫之丧⑩。

女御:掌御叙于王之燕寝⑪。以岁时

注释:①各帅其属:分别率领自己所管辖的女御。以时御叙于王所:按照规定的时间轮流到王的住所侍奉王入寝。②赞:帮助。玉齍:又称玉敦。古代盛黍稷的玉制祭器。③荐:进献。彻:撤除。豆笾:祭器。木制的叫豆,竹制的叫笾。④从后:跟随王后。⑤叙哭:按照尊卑的次序轮流哭泣。⑥濯摡:洗擦干净(礼器)。摡,拭。⑦为:选择。齍盛:祭品。指盛在祭器内的黍稷。⑧莅陈女宫之具:亲自到场陈设宫中女奴负责的各种器物。⑨内羞:房中之羞,以谷物做成。羞,通"䊆"。⑩临:哭灵。⑪掌御叙于王之燕寝:掌管后妃等人侍奉王入寝的次序。

功布 翣 灵车图

食案 铭旌 明器图

献功事①。凡祭祀，赞世妇。大丧，掌沐浴。后之丧，持翣②。从世妇而吊于卿大夫之丧③。

女祝：掌王后之内祭祀④，凡内祷祠之事⑤。掌以时招、梗、禬、禳之事⑥，以除疾殃。

女史：掌王后之礼职⑦，掌内治之贰⑧，以诏后治内政。逆内宫⑨，书内令⑩。凡后之事，以礼从⑪。

典妇功：掌妇式之法⑫，以授嫔妇及内人女功之事赍⑬。凡授嫔妇功，及秋献功⑭，辨其苦良、比其小大而贾价之⑮，物书而楬之⑯。以共供王及后之用，颁之

注释：①岁时：指秋季。功事：丝枲成功之事。②翣：棺椁的饰物，形如大扇。③吊：吊丧。④内祭祀：古代王后祭祀六宫之中的灶神、门神、户神。⑤祷：求疗疾病。祠：实现所祈求后向神灵还愿。⑥招：祭神以求吉祥。梗：以祭祀禳除灾祸。禬：灾祸已至，祭祀以求消弥。禳：祭祀以辟除不祥。⑦礼职：主管礼典之职。⑧贰：副本。⑨逆内宫：考查宫内费用支出等。⑩书内令：书写王后的命令。⑪以礼从：按照礼法跟从而诏告之。⑫妇式之法：妇人从事女功的规定。⑬嫔妇：九嫔及二十七世妇。事赍：原材料。赍，通"资"。⑭及秋献功：到秋天时要她们上报女功业绩。⑮苦良：完成物品的粗疏和精细。贾之：贾，通"价"。确定价格。⑯物书而楬之：每一件女功都估定价值，并用标签标在上面。

于内府①。

典丝：掌丝入而辨其物②，以其贾[价]楬之③。掌其藏与其出，以待兴功之时④。颁丝于外内工⑤，皆以物授之⑥。凡上之赐予⑦，亦如之⑧。及献功，则受良功而藏之⑨，辨其物而书其数，以待有司之政令，上之赐予。凡祭祀，共[供]黼画组就之物⑩。丧纪，共[供]其丝纩组文之物⑪。凡饰邦器者⑫，受文织丝组焉⑬。岁终，则各以其物会之⑭。

典枲⑮：掌布缌缕纻之麻草之物⑯，以待时颁功而授赍[资]。及献功，受苦功⑰，以其贾[价]楬而藏之，以待时颁⑱。颁衣服，

注释：①颁：交给。②丝入：进献的丝。**辨其物**：辨别丝的优劣。③贾：通"价"，价格。楬：标明。④兴功之时：指把丝绸再加工染成为绢帛的季节。⑤外内工：外工指嫔妇，内工指女御及宫中众女奴。⑥皆以物授之：都要按所织东西的需要分发。⑦赐予：赏赐给臣下。⑧亦如之：也要按所赐的种类供应。⑨良功：好的丝织品。⑩黼：白黑相间的斧形图案。画：有图纹的丝帛。组：狭而长的丝带。就：五彩丝绳。⑪纩：丝绵。文：有彩色花纹的帛。⑫饰：修饰，装饰。⑬文织：用彩丝织成的锦。⑭会：统计汇总。⑮枲：麻。⑯布：麻布。缌：细疏的麻布。缕：织布的麻线。纻：白色细疏的纻麻布。草：用作织布原料的葛苎等。⑰受苦功：接受质量差的。⑱以待时颁：准备给王用来赏赐。

授之①，赐予亦如之。岁终，则各以其物会之②。

内司服：掌王后之六服，袆衣、揄狄、阙狄、鞠衣、展衣、缘衣③，素沙④。辨外内命妇之服，鞠衣、展衣、缘衣，素沙。凡祭祀、宾客，共供后之衣服；及九嫔、世妇，凡命妇，共供其衣服。共供丧衰亦如之⑤。后之丧，共供其衣服，凡内具之物⑥。

缝人：掌王宫之缝线之事⑦。以役女御⑧，以缝王及后之衣服。丧，缝棺饰焉⑨，衣翣柳之材⑩。掌凡内之缝事⑪。

染人：掌染丝帛。凡染，春暴曝练⑫，

注释：①授之：由典枲负责交给受赐者。②其物：收纳和支出的不同物品。③袆衣：有画饰的祭服。揄狄：王后跟从天子祭祀先公的祭服。阙狄：亦作阙翟。王后祭祀群小的祭服。鞠衣：王后亲自养蚕时穿的服装。展衣：王后见天子及宾客的白色礼服。缘衣：即褖衣。王后燕居或进御时所穿之服。④素沙：用作衬里的白纱。⑤丧衰：指外命妇去世，王服齐衰，后无服；九嫔以下及女御去世，王服斩衰，后服齐衰。⑥内具之物：随棺而葬的妇女日常使用的杂物。⑦缝线：用于缝纫的丝线。指缝制衣服。⑧役：听从于……的指挥。⑨棺饰：遮护棺柩的纺织品。⑩衣翣柳之材：用布蒙在翣和张设棺饰的木框架上。衣，在物体表面包裹或涂抹。翣，古代出殡时的棺饰，状如掌扇。柳，言聚，诸饰之所聚。⑪凡：所有。⑫暴练：曝晒丝帛（使之软白易染色）。暴，通"曝"。

夏纁玄①，秋染夏②，冬献功③。掌凡染事。

追师：掌王后之首服④，为副、编、次⑤，追衡、笄⑥，为九嫔及外内命妇之首服，以待祭祀、宾客。丧纪共(供)笄继亦如之⑦。

屦人：掌王及后之服屦⑧。为赤舄、黑舄、赤繶、黄繶⑨；青句(絇)、素屦⑩，葛屦⑪。辨外内命夫命妇之命屦、功屦、散屦⑫。凡四时之祭祀，以宜服之⑬。

夏采：掌大丧。以冕服复于大(太)祖⑭，以乘车建绥(緌)复于四郊⑮。

注释：①纁玄：浅绛色和黑色。古代以其象征天地之色。②夏：五彩色。③功：染好的丝帛。④首服：头上的装饰。⑤副：假发髻，上面装饰着衡、笄等首饰。编：假发髻，没有装饰。次：在头发上加上假发编成发髻。⑥追：雕琢。衡：古代用以使冠冕固着于发的簪。笄：簪。古时用以贯发或固定弁、冕。⑦继：丧服专用的麻绳。⑧服屦：指和王及后的服饰相配的鞋子。⑨舄：双底鞋。繶：鞋底与鞋帮间的镶条。⑩句：通"絇"。指鞋梁。素屦：白色的单底鞋，闲居时穿用。⑪葛屦：以葛制成的鞋，夏季穿用。⑫命屦：穿戴命服时配用的鞋。功屦：次于命屦、做工稍粗的鞋。散屦：做粗工、闲居时穿用的鞋。⑬以宜服之：参加的人按照一定的常规，穿自己所应当穿的鞋。⑭大丧：天子驾崩。复：为死者招魂的仪式。大祖：祖庙。大，通"太"。⑮绥：通"緌"。古代的一种据说是天子专用的旗帜。

归于宗周图

地官司徒第二

惟王建国①，辨方正位②，体国经野③，设官分职，以为民极④。乃立地官司徒⑤，使帅其属而掌邦教，以佐王安扰邦国⑥。

教官之属⑦：大司徒，卿一人；小司徒⑧，中大夫二人；乡师⑨，下大夫四人。上士八人，中士十有六人，旅下士三十有二人。府六人，史十有二人，胥十有二人，徒百有二十人⑩。

乡老⑪，二乡则公一人。乡大夫⑫，每乡卿一人。州长⑬，每州中大夫一人。党

注释：①**惟**：助词，无实义。**王**：周天子。②**辨方**：辨别四方。**正位**：确定宫室宗庙的位置。③**体国经野**：分划国都，丈量田野。④**民极**：民众的准则。⑤**司徒**：为六官之一，又称大司徒，掌管国家的土地、人口、教化、赋税等事。⑥**安扰**：安抚。扰，安。⑦**教官**：即司徒。⑧**小司徒**：司徒的副职。⑨**乡师**：掌管乡的教育与行政。周代王城之外百里之地分为六乡，设乡师四人，每两人共掌三乡。⑩**府、史、胥、徒**：下层的低级官员。⑪**乡老**：六乡置乡老三人，无专职，仅是礼宾贤能的虚职。⑫**乡大夫**：每乡的行政长官。⑬**州长**：州行政长官，乡大夫的属下，每五州为一乡。

周礼

正①，每党下大夫一人。族师②，每族上士一人。闾胥③，每闾中士一人。比长④，五家下士一人。

封人⑤，中士四人，下士八人，府二人，史四人，胥六人，徒六十人。

鼓人⑥，中士六人，府二人，史二人，

注释：①党正：州长的属下，每五党为一州，五百家为一党。②族师：党正的属下，每五族为一党。③闾胥：族师的属下，每五闾为一族。闾，行政单位，五比为一闾。比，行政单位，五家为一比。④比长：闾胥的属下。⑤封人：专管天子社坛及京畿的疆界。⑥鼓人：负责教人击鼓的人。鼓，专掌用于祭祀、军旅、田役的金鼓。

序官之地官图

徒二十人。

舞师①，下士二人，胥四人，舞徒四十人。

牧人②，下士六人，府一人，史二人，徒六十人。

牛人③，中士二人，下士四人，府二人，史四人，胥二十人，徒二百人。

充人④，下士二人，史二人，胥四人，徒四十人。

载师⑤，上士二人，中士四人，府二人，史四人，胥六人，徒六十人。

闾师⑥，中士二人，史二人，徒二十人。

县师⑦，上士二人，中士四人，府二人，史四人，胥八人，徒八十人。

注释：①舞师：掌管教导兵舞，负责祭祀山川时表演的官。②牧人：负责在田野山坡养牲畜的人。③牛人：掌管饲养官府之牛等事务的官。④充人：主管祭祠用牲畜的官。⑤载师：掌握土地赋役的官。闾师、县师、遗人、均人为载师的属下。⑥闾师：负责在六乡征收赋税的官。⑦县师：负责在公邑征收赋税的官。

地官司徒第二

遗人①，中士二人，下士四人，府二人，史四人，胥四人，徒四十人。

均人②，中士二人，下士四人，府二人，史四人，胥四人，徒四十人。

师氏③，中大夫一人，上士二人，府二人，史二人，胥十有二人，徒百有二十人。

保氏④，下大夫一人，中士二人，府二人，史二人，胥六人，徒六十人。

司谏⑤，中士二人，史二人，徒二十人。

司救⑥，中士二人，史二人，徒二十人。

调人⑦，下士二人，史二人，徒十人。

媒氏⑧，下士二人，史二人，徒十人。

司市⑨，下大夫二人，上士四人，中士八人，下士十有六人，府四人，史八

注释：①遗人：专管施舍、抚恤的官。②均人：掌管赋役、征役的官。③师氏：掌管教化的官。④保氏：以六艺教育他人的官。六艺指礼、乐、射、御、书、数。⑤司谏：以道德纠正万民过失的官。⑥司救：以礼防禁万民之过失的官。⑦调人：负责调解民众纠纷的官。⑧媒氏：管理民众婚姻的官。⑨司市：掌管市场事务的官。质人、廛人、胥师、贾师、司虣、司稽、胥、肆长、泉府均为司市的属下。

人，胥十有又二人，徒百有又二十人。

质人①，中士二人，下士四人，府二人，史四人，胥二人，徒二十人。

廛人②，中士二人，下士四人，府二人，史四人，胥二人，徒二十人。

胥师，二十肆则一人③，皆二史。贾师④，二十肆则一人，皆二史。司虣⑤，十肆则一人。司稽⑥，五肆则一人。胥，二肆则一人。肆长，每肆则一人。

泉府⑦，上士四人，中士八人，下士十有又六人，府四人，史八人，贾八人，徒八十人。

司门⑧，下大夫二人，上士四人，中士八人，下士十有又六人⑨；府二人，史四人，胥四人，徒四十人。每门下士二人，

地官司徒第二

注释：①质人：专管平抑物价及买卖契。②廛人：掌理市场税收的官。③肆：排，列。④贾师：又称贾正，掌理市场物价的官。⑤司虣：治安员。虣，同"暴"。⑥司稽：市场巡查员。⑦泉府：负责掌理市场税收、调节货物供求的官。⑧司门：即门尹，王城十二个门的看守官。⑨下士十有六人：疑当为衍文。

77

周礼

府一人,史二人,徒四人。

司关①,上士二人,中士四人,府二人,史四人,胥八人,徒八十人。每关下士二人,府一人,史二人,徒四人。

掌节②,上士二人,中士四人,府二人,史四人,胥二人,徒二十人。

遂人③,中大夫二人;遂师④,下大夫四人。上士八人,中士十有又六人,旅下士三十有又二人,府四人,史十有又二人,胥十有又二人,徒百有又二十人。

遂大夫⑤,每遂中大夫一人。县正⑥,每县下大夫一人。鄙师⑦,每鄙上士一人。酇长⑧,每酇中士一人。里宰⑨,每里下士一人。邻长⑩,五家则一人。

注释:①司关:又称关尹、关令尹、关人,国境十二个门的看守官。②节:外出者所携带的凭证。③遂人:掌管六遂政务的官。六遂指京畿一带的三十个县城,一遂为五县。④遂师:遂人的辅佐人员。⑤遂大夫:一遂之长。⑥县正:位低于遂大夫,一县之长。⑦鄙师:位低于县正,一鄙之长。⑧酇长:一酇的长官,次于鄙师,一鄙为五酇。⑨里宰:位低于酇长,一里之长。⑩邻长:位低于里宰,一邻之长,每五家为一邻。

旅师①，中士四人，下士八人，府二人，史四人，胥八人，徒八十人。

稍人②，下士四人，史二人，徒十有二人。

委人③，中士二人，下士四人，府二人，史四人，徒四十人。

土均④，上士二人，中士四人，下士八人，府二人，史四人，胥四人，徒四十人。

草人⑤，下士四人，史二人，徒十有二人。

稻人⑥，上士二人，中士四人，下士八人，府二人，史四人，胥十人，徒百人。

土训⑦，中士二人，下士四人，史二人，徒八人。

注释：①旅师：主管征收六遂公邑与远郊之外的粟米的官。②稍人：掌政令赋役的官。距王城三百里的区域称为稍。③委人：主管收取山野出产的贡赋的官。④土均：掌管土地法令，划分土地等级的官。⑤草人：负责选择适宜土地的作物品种、除草、施肥等事宜的官。⑥稻人：专管种稻田的人。⑦土训：调查国内物产、地势并向天子报告的官。

诵训①，中士二人，下士四人，史二人，徒八人。

山虞②，每大山中士四人，下士八人，府二人，史四人，胥八人，徒八十人。中山，下士六人，史二人，胥六人，徒六十人。小山，下士二人，史一人，徒二十人。

林衡③，每大林麓下士十有二人④，史四人，胥十有二人，徒百有二十人。中林麓，如中山之虞⑤。小林麓，如小山之虞。

川衡⑥，每大川下士十有二人，史四人，胥十有二人，徒百有二十人。中川，下士六人，史二人，胥六人，徒六十人。小川，下士二人，史一人，徒二十人。

注释：①诵训：谙悉四方地志并为天子讲述各地的历史的官。②山虞：又称山人、虞人，负责调查山林及其出产。③林衡：调查山林及树木的官。④麓：山脚。⑤如中山之虞：此句意谓中等山林的官吏编制和中型山的山虞官一样。⑥川衡：即水虞，监查河流、水源等的官。

泽虞①，每大泽大薮中士四人②，下士八人，府二人，史四人，胥八人，徒八十人。中泽中薮如中川之衡③。小泽小薮如小川之衡。

迹人④，中士四人，下士八人，史二人，徒四十人。

矿人⑤，中士二人，下士四人，府二人，史二人，胥四人，徒四十人。

角人⑥，下士二人，府一人，徒八人。

羽人⑦，下士二人，府一人，徒八人。

掌葛⑧，下士二人，府一人，史一人，胥二人，徒二十人。

掌染草⑨，下士二人，府一人，史二人，徒八人。

注释：①泽虞：掌握川泽大小及物产等的官。②薮：水少的沼泽地。③中泽中薮如中川之衡：中等沼泽官吏的编制和中等河流的川衡一样。④迹人：搜索禽兽的痕迹以为田狩服务的官。⑤矿人：掌管金玉锡石的产地和政策的官。⑥角人：负责收集野兽的角的官。⑦羽人：负责收集禽兽的羽毛的官。⑧掌葛：负责向山民征收土布的官。⑨染草：可作染料的植物。

掌炭①,下士二人,史二人,徒二十人。

掌荼②,下士二人,府一人,史一人,徒二十人。

掌蜃③,下士二人,府一人,史一人,徒八人。

囿人④,中士四人,下士八人,府二人,胥八人,徒八十人。

场人⑤,每场下士二人,府一人,史一人,徒二十人。

廪人⑥,下大夫二人,上士四人,中士八人,下士十有六人,府八人,史十有六人,胥三十人,徒三百人。

舍人⑦,上士二人,中士四人,府二人,史四人,胥四人,徒四十人。

注释: ①**掌炭:** 负责灰物、炭物的收集的官。②**掌荼:** 征收荼草于山泽者。荼,指茅草的白花。③**蜃:** 大蛤。④**囿人:** 掌管苑囿之政事禁令,负责饲养禁中动物的官。⑤**场人:** 又称场师,负责种植瓜果、蔬菜。⑥**廪人:** 管理粮仓的官员,统领舍人、仓人、司禄等。⑦**舍人:** 掌管宫中所需谷物。

仓人①，中士四人，下士八人，府二人，史四人，胥四人，徒四十人。

司禄②，中士四人，下士八人，府二人，史四人，徒四十人。

司稼③，下士八人，史四人，徒四十人。

舂人④，奄二人⑤，女舂抗二人⑥，奚五人⑦。

饎人⑧，奄二人，女饎八人，奚四十人。

槁人⑨，奄八人，女槁每奄二人，奚五人。

大司徒之职：掌建邦之土地之图与其人民之数，以佐王安扰邦国⑩。以天下土地之图⑪，周知九州之地域广轮之数⑫，

注释：①仓人：掌管谷物入仓贮藏的官。②司禄：掌管秩禄的官。③司稼：掌农田种谷之事的官。④舂人：掌管舂米及供应的官。⑤奄：通"阉"。阉割过的男奴。⑥抗：同"㪺"，从臼中取米。⑦奚：奴隶。⑧饎人：专管炊事的官。⑨槁人：掌管供应留在宫中者的饮食的官。⑩扰：安。⑪以：根据。⑫周知：详细了解。广轮之数：东西为广，南北为轮。此指天下土地的面积。

辨其山林、川泽、丘陵、坟衍、原隰之名物①；而辨其邦国都鄙之数，制其畿疆而沟封之②，设其社稷之壝而树之田主③，各以其野之所宜木④，遂以名其社与其野⑤。

注释： ①坟衍：水边凸起的堤岸与广平的低地。原隰：广平的高地与低湿的地。②畿：王所管辖的地区。疆：界。这里指划定都、鄙的疆界。沟封之：在都、鄙的边界处挖出界沟，堆起土墙，墙上种树。③社稷：土地神。壝：祭坛四周的土墙。田主：田神之主。④宜木：适宜生长的树木。⑤以名：即以之名，用所种的树称号。

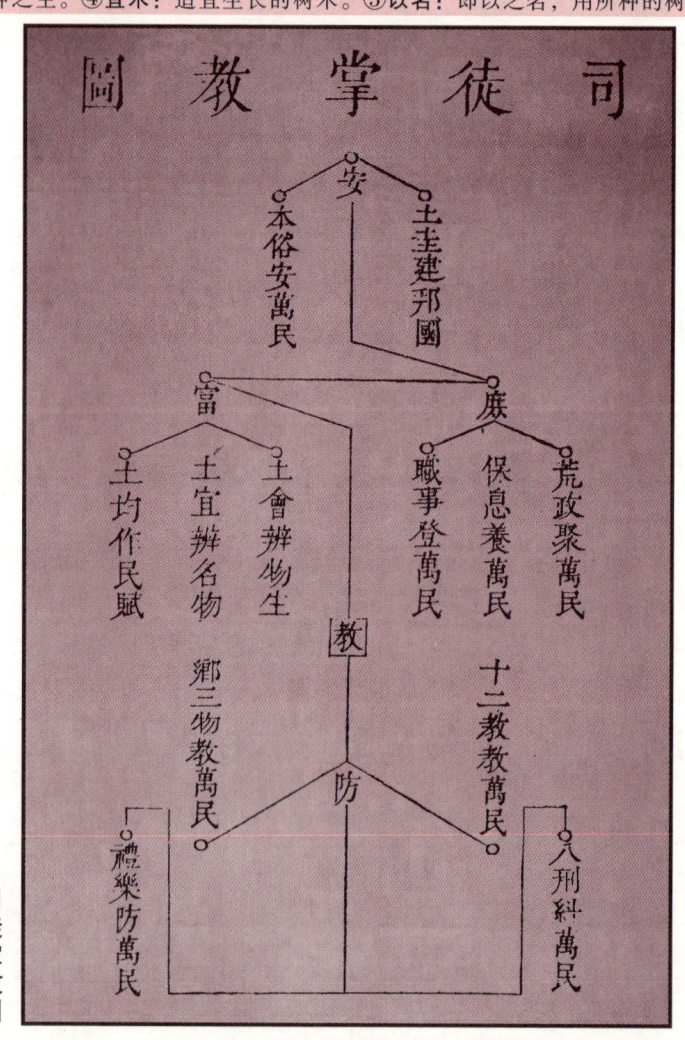

司徒掌教图

地官司徒第二

以土会之法辨五地之物生①：一曰山林，其动物宜毛物②，其植物宜皁物③，其民毛而方④。二曰川泽，其动物宜鳞物⑤，其植物宜膏物⑥，其民黑而津⑦。三曰丘陵，其动物宜羽物⑧，其植物宜核物⑨，其民专而长⑩。四曰坟衍，其动物宜介物⑪，其植物宜荚物⑫，其民皙而瘠⑬。五曰原隰，其动物宜裸物⑭，其植物宜丛物⑮，其民丰肉而庳⑯。

因此五物者民之常⑰，而施十有二教焉：一曰以祀礼教敬⑱，则民不苟⑲。二曰以阳礼教让⑳，则民不争㉑。三曰以阴

注释：①**土会之法**：根据各地物产及人民的体质特点而制定的贡税准则。会，计。**五地之物生**：五种不同土地的物产和人民。②**毛物**：有细毛的动物，如狐、貂等。③**皁物**：指柞栗之属。皁，通"皂"。④**毛而方**：多毛而体形宽阔。⑤**鳞物**：长有鳞甲的动物，如鱼、虾。⑥**膏物**：质地细致光滑如膏的植物，如杨、柳等。一说"膏"当为"櫜"字之误。櫜物，指果实外有包囊的植物。⑦**黑而津**：皮肤黝黑而润泽。津，润。⑧**羽物**：长有羽毛的动物。⑨**核物**：果有核的植物，如李、梅。⑩**专而长**：体形圆而身长。专，通"团"，圆。⑪**介物**：长有甲壳的动物，如龟、蟹等。⑫**荚**：果实被包裹于皮的植物。⑬**皙而瘠**：皮肤白而形体瘦小。⑭**裸物**：浅毛类动物，如虎、豹等。⑮**丛物**：枝叶繁茂丛生的植物，如芦苇。⑯**庳**：矮、短。⑰**因此五物者民之常**：根据以上五种生长不同物产的土地上人民的生活习性。⑱**以祀礼教敬**：用祭祀的礼仪教导民众敬重鬼神。⑲**苟**：怠慢，马虎。⑳**阳礼**：不允许妇人参加的乡射饮酒之礼。让：谦让。㉑**争**：相互争斗。

礼教亲①，则民不怨。四曰以乐礼教和②，则民不乖③。五曰以仪辨等④，则民不越⑤。六曰以俗教安⑥，则民不愉偷⑦。七曰以刑教中⑧，则民不虣⑨。八曰以誓教恤⑩，则民不怠⑪。九曰以度教节⑫，则民知足。十曰以世事教能⑬，则民不失职。十有又一日以贤制爵⑭，则民慎德⑮。十有又二曰以庸制禄⑯，则民兴功⑰。

以土宜之法辨十有又二土之名物⑱，以相民宅而知其利害⑲，以阜人民⑳，以蕃鸟兽㉑，以毓育草木㉒，以任土事㉓。辨十有又二壤之物而知其种㉔，以教稼穑树艺㉕。

注释：①阴礼：婚姻之礼。亲：亲近。②乐：音乐。礼：疑为衍文。和：和睦。③乖：乖戾，违背。④以仪辨等：用上下、尊卑、长幼的礼节教导民众辨别等级。⑤越：胡作非为，不安守本分。⑥以俗教安：用风俗来教导民众安居乐业。⑦愉：通"偷"。苟且。⑧以刑教中：用法规教导民众正直。⑨虣：同"暴"。凶暴，暴虐。⑩以誓教恤：用盟约的办法教导民众在遭遇天灾人祸时能够同舟共济，相互支持。⑪怠：懈怠。⑫度：关于车服宫室的等级制度。⑬世事：四民（士农工商）世代相传的生产技能。⑭制：颁予。⑮慎德：努力提高自身德行，向善靠拢。⑯庸：功绩。禄：俸禄。⑰兴功：建功立业。⑱土宜之法：不同土地不同物产的准则。十有二土：根据天上星宿划分地上十二个区域。⑲相民宅：观测民众居住的地方。利害：利与弊。⑳以阜人民：使民丁兴旺。阜，盛。㉑蕃：繁衍。㉒毓：通"育"。㉓以任土事：使那里的土地能够生长所应生长的东西，使那里的民众能够发展所应发展的事业。㉔壤：土。物：适宜生长的作物。种：品种。㉕稼穑：耕种和收获，泛指农业劳动。树艺：种植，栽培。

以土均之法辨五物九等①，制天下之地征②，以作民职③，以令地贡④，以敛财赋⑤，以均齐天下之政⑥。

以土圭之法测土深⑦，正日景（影）⑧，以求地中⑨。日南则景（影）短⑩，多暑⑪；日北则景（影）长，多寒；日东则景（影）夕⑫，多风；日

注释：①**土均之法**：平均土地税收的准则。**五物**：指上述山林、川泽、丘陵、坟衍、原隰五种土地的不同物产。**九等**：指土地的九种等级。②**地征**：地税征收份额。③**作民职**：鼓励民众从事各种职业。④**令地贡**：施行进献之法的土地生产出的农产品。⑤**敛**：征收。⑥**均齐**：公正，统一。**政**：赋税任务。⑦**土圭之法**：根据圭表测四时、土地的方法。**土深**：土地南北的距离。⑧**正日景**：从正午的阳光推知土地的方位。景，通"影"。⑨**地中**：指其地位于东、西、南、北的正中。⑩**日南**：影短于土圭，指处于偏南的北方。下文日北、日西、日东同理。⑪**暑**：炎热。⑫**景夕**：日出日没早。

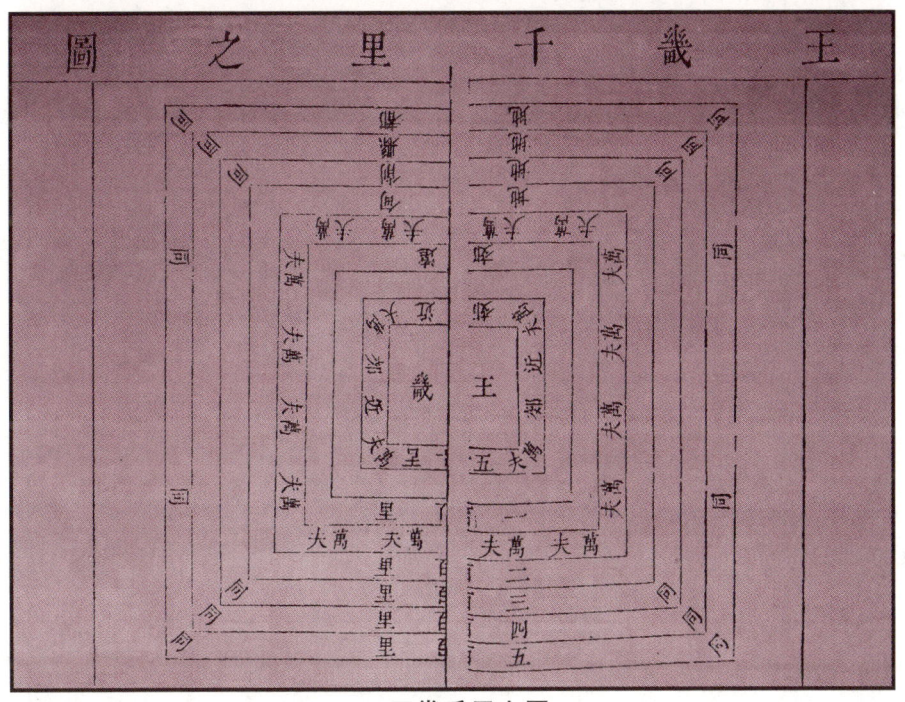

王畿千里之图

西则景[影]朝①,多阴。日至之景[影]②,尺有又五寸,谓之地中:天地之所合也③,四时之所交也④,风雨之所会也⑤,阴阳之所和也。然则百物阜安⑥,乃建王国焉,制其畿方千里而封树之⑦。

凡建邦国,以土圭土[度]其地而制其域⑧:诸公之地,封疆方五百里,其食者半⑨;

注释: ①景朝:日落较迟。②日至:夏至。③合:天与地之气相合。④交:时间均衡。⑤会:这里指风调雨顺。⑥百物阜安:各种物产丰盛。⑦封树:聚土植树以作为疆界。⑧土其地:测量其地。土,通"度"。制:确定。⑨其食者半:土地肥瘠不同,上地征收的赋税可供国家之用者,占总面积的一半,其次则三分之一、四分之一。诸公封得为上地,可以留用赋税的一半。

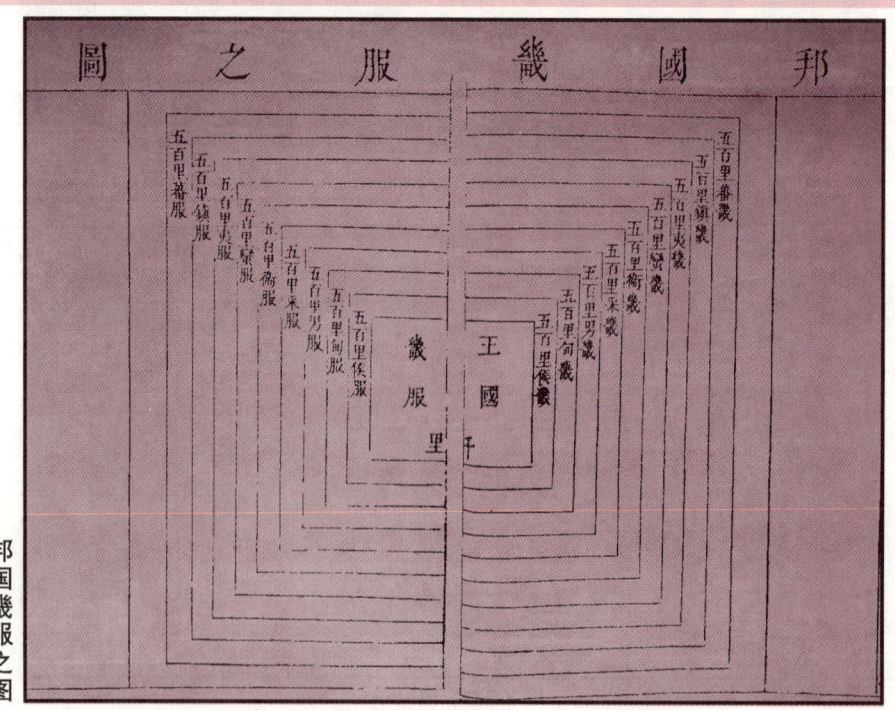

邦国畿服之图

诸侯之地，封疆方四百里，其食者三之一；诸伯之地，封疆方三百里，其食者三之一；诸子之地，封疆方二百里，其食者四之一；诸男之地，封疆方百里，其食者四之一。

凡造都鄙，制其地域而封沟之①，以其室数制之②。不易之地，家百亩③；一易之地，家二百亩④；再易之地，家三百亩。乃分地职、奠地守、制地贡而颁职事焉⑤，以为地法而待政令⑥。以荒政十有又二聚万民⑦：一曰散利⑧，二曰薄征，三曰缓刑，四曰弛力⑨，五曰舍禁⑩，六曰去几讥⑪，七曰眚省礼⑫，八曰杀哀⑬，九曰蕃藩乐⑭，

注释：①制：划定。而封沟之：谓三等采地四境界上皆有沟，封而树之，以为阻固。②室数：居民家户的数量。③不易之地：年年均可耕作而不需要轮耕的上田。④一易之地：隔年耕种的土地。⑤分地职：分配农业生产中的各种职务。奠：定。地守：管理土地的官员。贡：赋税。颁职事：让民众尽职尽责。⑥以为地法：以上述各项规定作为有关土地的法规。待政令：准备执行王的命令。⑦荒政：救济饥荒的政策。⑧散利：贷给民众种子和粮食。⑨弛力：免除百姓的徭役。⑩舍禁：开放禁止百姓捕猎的地方。⑪去几：不进行盘查。几，通"讥"。⑫眚礼：礼节简化。眚，通"省"。⑬杀哀：谓凶荒之年减少丧葬礼数，以省费用。⑭蕃乐：收藏乐器，不作乐。蕃，通"藩"。

89

周礼

十日多昏婚①，十有又一日索鬼神②，十有又二日除盗贼。

以保息六养万民③：一日慈幼④，二日

注释：①多昏：婚礼从简，使结婚的人增多。昏，同"婚"。②索鬼神：修复废弃的神祀。③保息：安居蕃息。④慈幼：爱护小孩。

王国经纬涂轨图

养老,三日振赈穷①,四日恤贫,五日宽疾②,六日安富③。以本俗六安万民④:一日媺宫室⑤,二日族坟墓⑥,三日联兄弟⑦,四日联师儒⑧,五日联朋友,六日同衣服⑨。

正月之吉⑩,始和布教于邦国都鄙。乃县悬教象之法于象魏⑪,使万民观教象,挟浃日而敛之⑫。乃施教法于邦国都鄙,使之各以教其所治民。令五家为比,使之相保⑬;五比为闾,使之相受⑭;四闾为族,使之相葬⑮;五族为党,使之相救⑯;五党为州,使之相赒⑰;五州为乡,使之相宾⑱。

颁职事十有又二于邦国都鄙,使以

注释:①振穷:救济贫困。振,通"赈"。②宽疾:减负残疾人所纳的雇人服役的费用。③安富:让有钱人不担心会多纳他们的税。④本俗六:六种传统好风俗。⑤媺:使……坚固。⑥族坟墓:同族人死后葬于一地。⑦联:友睦相处。⑧联师儒:让乡里的子弟一同接受师儒的教导。⑨同:使……相同。⑩吉:吉日,初一。⑪县:同"悬"。象魏:雉门的魏阙。指把法令布告悬挂、张贴在宫门两旁的高台。⑫挟日:十天。挟,通"浃",周遍。⑬保:担保。⑭受:托付。⑮相葬:有丧事时相互帮助。⑯相救:有困难时相互救援。⑰赒:赡养,救助。⑱相宾:一同敬重一乡中的贤者。

周礼

登万民①：一日稼穑②，二日树艺③，三日作材④，四日阜蕃⑤，五日饬材⑥，六日通财⑦，七日化材⑧，八日敛材⑨，九日生材⑩，十日学艺⑪，十有又一日世事⑫，十有又二日服事⑬。以乡三物教万民而宾兴之⑭：一日

注释：①登：成。指使民众能从事他们各自的职业。②稼穑：耕种与收获。③树艺：种植，栽培。④作材：太宰九职之三，虞衡作山泽之材。⑤阜蕃：太宰九职之四，薮牧养畜禽兽。⑥饬材：太宰九职之五，百工饬化八材。⑦通财：太宰九职之六，商贾阜通财货。⑧化材：太宰九职之七，嫔妇化治丝枲。⑨敛材：太宰九职之八，臣妾聚敛疏材。⑩生材：太宰九职之九，闲民为此事。⑪学艺：学道艺，特指学士。⑫世事：指世代相传的专业，如巫、医、卜筮等。⑬服事：为公家办事，特指府史胥徒等庶人为吏者。⑭乡三物：乡大夫教导乡学的三种方法。宾兴：周代举贤之法。谓乡大夫自乡小学荐举贤能而宾礼之，以升入国学。

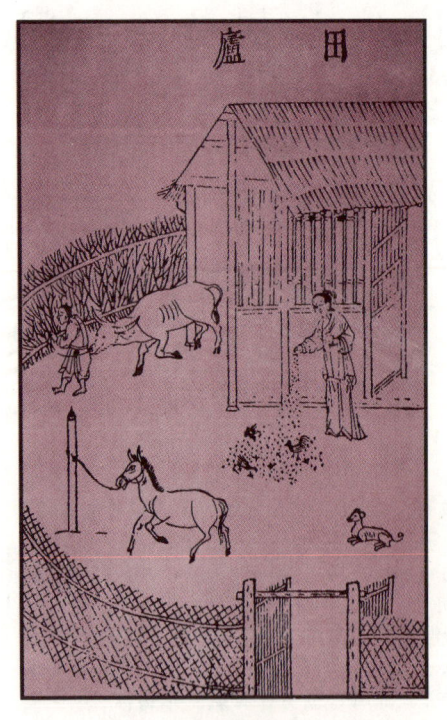

田庐图　　　　　　嫞鼓图

六德，知、仁、圣、义、忠、和①；二曰六行，孝、友、睦、姻、任、恤②；三曰六艺，礼、乐、射、御、书、数③。以乡八刑纠万民：一曰不孝之刑，二曰不睦之刑，三曰不姻之刑，四曰不弟之刑④，五曰不任之刑，六曰不恤之刑，七曰造言之刑⑤，八曰乱民之刑⑥。

以五礼防万民之伪⑦，而教之中⑧，以六乐防万民之情⑨，而教之和⑩。凡万民之不服教而有狱讼者⑪，与有地治者听而断之；其附于刑者归于士⑫。祀五帝，奉牛牲⑬，羞其肆⑭。享先王⑮，亦如之。大宾客⑯，令野修道委积⑰。大丧，帅六乡之众

注释：①知：通"智"。明智。和：不刚不柔。②睦：亲于九族。姻：亲于外亲。任：守信。恤：周济，救济。③礼：五礼。乐：音乐、歌舞。射：五射之法。御：驾车。书：六书。数：计算方法。④弟：通"悌"，敬爱兄长。⑤造言：造谣，散布流言。⑥乱民：民众起事反上。⑦五礼：吉、凶、军、宾、嘉五种礼。伪：欺诈。⑧中：中正。指言行符合礼的准则。⑨六乐：《云门》、《大韶》、《咸池》、《大厦》、《大濩》、《大武》六种乐。情：情感放纵。⑩和：性情平和。⑪狱讼：刑事称狱，民事称讼。⑫士：此处指司法官。⑬奉牛牲：奉献给神的牛。⑭羞：进献。肆：解剥牲体。⑮享：祭祀。⑯大宾客：诸侯来朝。⑰委积：沿途准备粮食柴草以供宾客使用。

地官司徒第二

庶，属其六引①，而治其政令②。大军旅③，大田役④，以旗致万民⑤，而治其徒庶之政令。若国有大故⑥，则致万民于王门⑦，令无节者不行于天下⑧。大荒、大札⑨，则令邦国移民通财、舍禁、弛力、薄征、缓刑。岁终，则令教官正治而致事⑩。正岁令于教官曰⑪："各共(供)尔职⑫，修乃事，以听王命。其有不正⑬，则国有常刑⑭。"

小司徒之职：掌建邦之教法⑮，以稽国中及四郊都鄙之夫家九比之数⑯，以辨其贵贱、老幼、废疾⑰，凡征役之施舍⑱，与其祭祀、饮食、丧纪之禁令⑲。乃颁比法于六乡之大夫⑳，使各登其乡之众寡、

注释：①属：聚集，会和。引：牵引柩车的绳子。天子灵柩出殡时，由六乡选出一千人执引，称为六引。②治其政令：负责执行有关的命令。③大军旅：大规模的战争。④大田役：大规模的狩猎。⑤旗：画有熊虎的旗帜。致：召集。⑥大故：特指天子去世和外敌入侵。⑦万民：特指六乡的正卒。王门：王宫的皋门、库门。⑧节：通行的凭证。⑨大札：大疫病。⑩教官：大司徒的下属。正治：处理文书。致事：呈报政绩。⑪正岁：正月。⑫各共尔职：各自忠于你们的职守。共，通"供"，供职，奉职。⑬其：假如，如果。⑭不正：出现了差错。⑭常刑：固定的既定的法律条文。据传有两千五百条，只要犯了法，无论轻重，都有相应的条文来判刑。⑮教法：教育法令。⑯稽：考察。夫家：男女人数。男称夫，女称家。九比：五家为一比。⑰废疾：谓有残疾而不能做事的人。⑱施舍：免除力役。⑲丧纪：丧事。⑳比法：调查、统计户口财物的法则。

六畜、车辇①,辨其物,以岁时入其数,以施政教,行征令②。及三年,则大比③,大比则受邦国之比要④。乃会万民之卒伍而用之⑤。五人为伍,五伍为两,四两为卒,五卒为旅,五旅为师,五师为军。以起军旅,以作田役,以比追胥⑥,以令贡赋。乃均土地,以稽其人民而周知其数。上地家七人,可任也者家三人⑦;中地家六人,可任也者二家五人;下地家五人,可任也者家二人。

凡起徒役⑧,毋过家一人⑨,以其馀为羡⑩,唯田与追胥竭作⑪。凡用众庶,则掌其政教与其戒禁,听其辞讼⑫,施其赏罚,诛其犯命者⑬。凡国之大事,致民⑭;

注释: ①车:靠畜力前进的车辆。辇:人力推动的车辆。②行征令:推行法令。征令:谓宣布征役或征赋的法令。③大比:每三年进行的全国户数调查与统计。④比要:调查、统计户口财物的册子。⑤卒伍:军队的编制。五人为伍,百人为卒。⑥追胥:军队和保安人员。抵抗入侵外敌的正规军队为追,打击盗贼的武力为胥。⑦可任:年轻力壮能够胜任劳役。⑧起:动员。徒:从军。役:服役。⑨过:超过。家:指每家。⑩羡:羡卒。正卒之外的壮年男子,相当于现今的预备役。⑪田:田猎。竭作:全部出动。⑫辞讼:争执诉讼。⑬犯命者:触犯法律者。⑭致民:招集六乡的正卒。

大故①，致馀子②。乃经土地而井牧其田野③，九夫为井，四井为邑，四邑为丘，四丘为甸，四甸为县，四县为都，以任地事而令贡赋④，凡税敛之事。乃分地域而辨其守，施其职而平其政⑤。

注释：①**大故**：指天灾或外敌入侵。②**致馀子**：召集六乡的羡卒。③**经**：划分土地界线。**井牧**：谓按土质区划田地，或为井田耕作，或为牧地畜牧，二牧而当一井，以便于授田、贡赋。④**地事**：开发土地的事，如农、牧等。**贡**：指九谷山泽之材。**赋**：指出车徒给徭役。⑤**政**：通"征"，征税。

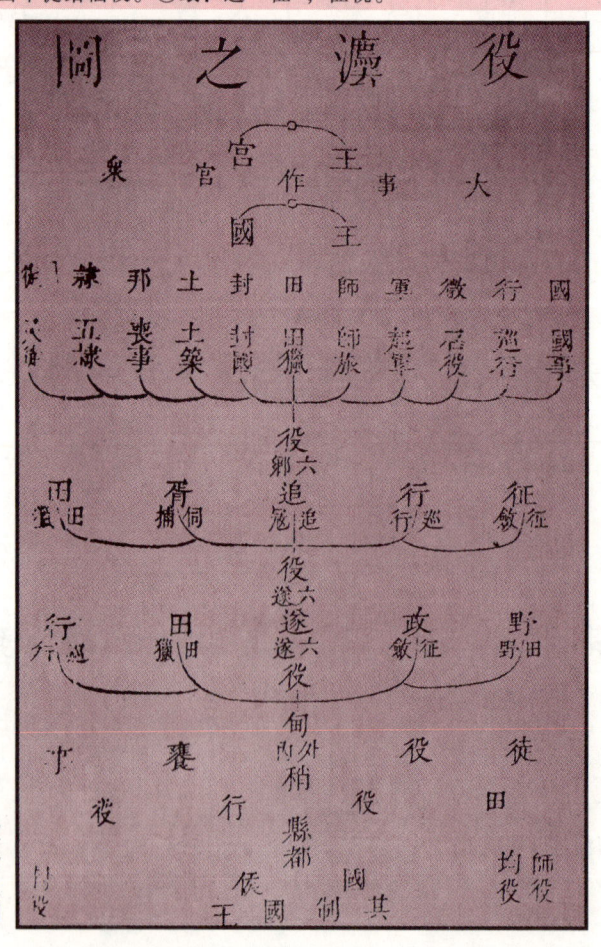

役法之图

凡小祭祀，奉牛牲①，羞其肆②。小宾客③，令野修道委积④。大军旅⑤，帅其众庶。小军旅⑥，巡役⑦，治其政令。大丧，帅邦役⑧，治其政教。凡建邦国，立其社稷，正其畿疆之封⑨。凡民讼，以地比正之⑩；地讼，以图正之⑪。

岁终，则考其属官之治成而诛赏⑫，

注释：①牛牲：作为祭品的牛。②羞：进献。肆：解剖牲体。③小宾客：指诸侯的使者前来。④修道：修整道路。委积：谓储备粮草。委，储积，聚积。⑤大军旅：天子亲自征伐的大规模军事行动。⑥小军旅：天子命令大臣前往征伐的军事行动。⑦巡役：督察军中劳役之事。⑧邦役：王国的服役百姓。⑨封：指在边境处或挖沟或堆起土墙，并种上树，以划分界线。⑩地比：谓依居住地区的次第，由近及远。正：判决。⑪图：国家地图。⑫治成：记载工作成绩的簿册。

田漏图　　　　　　　　　戽斗图

地官司徒第二

令群吏正要会而致事①。正岁，则帅其属而观教法之象②，徇以木铎曰③："不用法者，国有常刑。"令群吏宪禁令④，修法纠职以待邦治⑤。及大比六乡四郊之吏⑥，平教治⑦，正政事⑧，考夫屋及其众寡、六畜、兵器⑨，以待政令。

乡师之职：各掌其所治乡之教⑩，而听其治⑪。以国比之法⑫，以时稽其夫家众寡⑬，辨其老幼、贵贱、废疾、马牛之物，辨其可任者与其施舍者⑭，掌其戒令纠禁⑮，听其狱讼。大役⑯，则帅民徒而至，治其政令；既役，则受州里之役要⑰，以考司空之辟⑱，以逆其役事⑲。凡邦事，

注释：①正要会：整理工作材料并上报。要会，月计、岁计合称计簿书，以待考。②教法之象：写有教典的木版。③徇：巡行。木铎：以木为舌的大铃，铜质。古代宣布政教法令时，巡行振鸣以引起众人注意。④宪：悬挂。⑤纠职：纠察职事。以待邦治：提供给治理国家之用。⑥大比：周代每三年对乡吏进行考核，选择贤能，称大比。⑦平：通"评"。评核。⑧正：规范。⑨考夫屋：考查乡遂沟洫井田的数目。⑩教：教育事业。⑪听其治：监督下属的各级官员的工作。⑫国比：国家制定的比法。⑬夫家：家庭人口。⑭可任者：身体强壮可以担负劳役的人。施舍者：老弱应予免除劳役的人。⑮纠禁：纠察与禁令。⑯大役：指筑城、筑堤等大型土建工程。⑰役要：指登记参加大役的人员名册。⑱考：考查。辟：役法。⑲逆：考查。

令作秩叙①。大祭祀，羞牛牲，共(供)茅蒩②。大军旅、会同，正治其徒役与其辇辇③，戮其犯命者。大丧用役④，则帅其民而至，遂治之。及葬，执纛以与匠师御柩而治役⑤。及窆⑥，执斧以莅匠师⑦。

凡四时之田⑧，前期，出田法于州里⑨，简其鼓铎、旗物、兵器⑩，修其卒伍⑪。及期，以司徒之大旗致众庶⑫，而陈之以旗物⑬；辨乡邑而治其政令刑禁⑭，巡其前后之屯⑮，而戮其犯命者⑯，断其争禽之讼。

凡四时之征令有常者⑰，以木铎徇于市朝⑱。以岁时巡国及野⑲，而赒万民

注释：①秩叙：召集的程序。②共：通"供"。蒩：草席。古代祭祀时用的衬垫物。③辇辇：指各种车。辇为马驾的大车，辇为人力车。④用役：动用民力。⑤纛：疑当作"翿"。翿，一种顶上以羽毛为饰的旗，古代乐舞者执之以舞，也用来导引灵柩；一说"翿"即"纛"。匠师：官名，匠人之长，系司空之属官。御柩：谓扶正灵柩不使倾覆。治役：谓监督役人。⑥窆：埋放棺椁。⑦莅：临视。这里指准备随时帮忙。⑧四时之田：四季的田猎，即春蒐、夏苗、秋狝、冬狩。⑨田法：田猎的法典。⑩简：检阅，视察。鼓铎：鼓与铎。古代军中所用的乐器。旗物：画有物象的旗帜。⑪修其卒伍：整顿应征的百姓的队伍。百人为卒，五人为伍。⑫致：召集。⑬陈之：排列队伍。⑭辨：分别。治：掌管。⑮屯：聚集，指车徒各自屯聚，分为前后两部。⑯戮：杀。⑰征令：谓宣布征役或征赋的法令。常：常令，固定的法令。⑱徇：巡行。市朝：交易买卖和官府治事的场所。⑲岁时：随其事之时，不必拘泥于四时。

之艰阨①，以王命施惠。岁终，则考六乡之治，以诏废置。正岁，稽其乡器②，比共(供)吉凶二服③，闾共(供)祭器④，族共(供)丧器⑤，党共(供)射器⑥，州共(供)宾器⑦，乡共(供)

注释：①赒：救济。艰阨：饥饿困乏。阨，困厄，困窘。②乡器：六乡的器服。六乡即下面的比、闾、族、党、州、乡。③吉凶二服：祭服和吊服。④祭器：用于祭祀的礼器，如簋、簠等。⑤丧器：用于丧事的礼器，如夷槃、楬豆等。⑥射器：用于乡射之器，如弓、矢等。⑦宾器：用于乡饮之器，如尊、俎等。

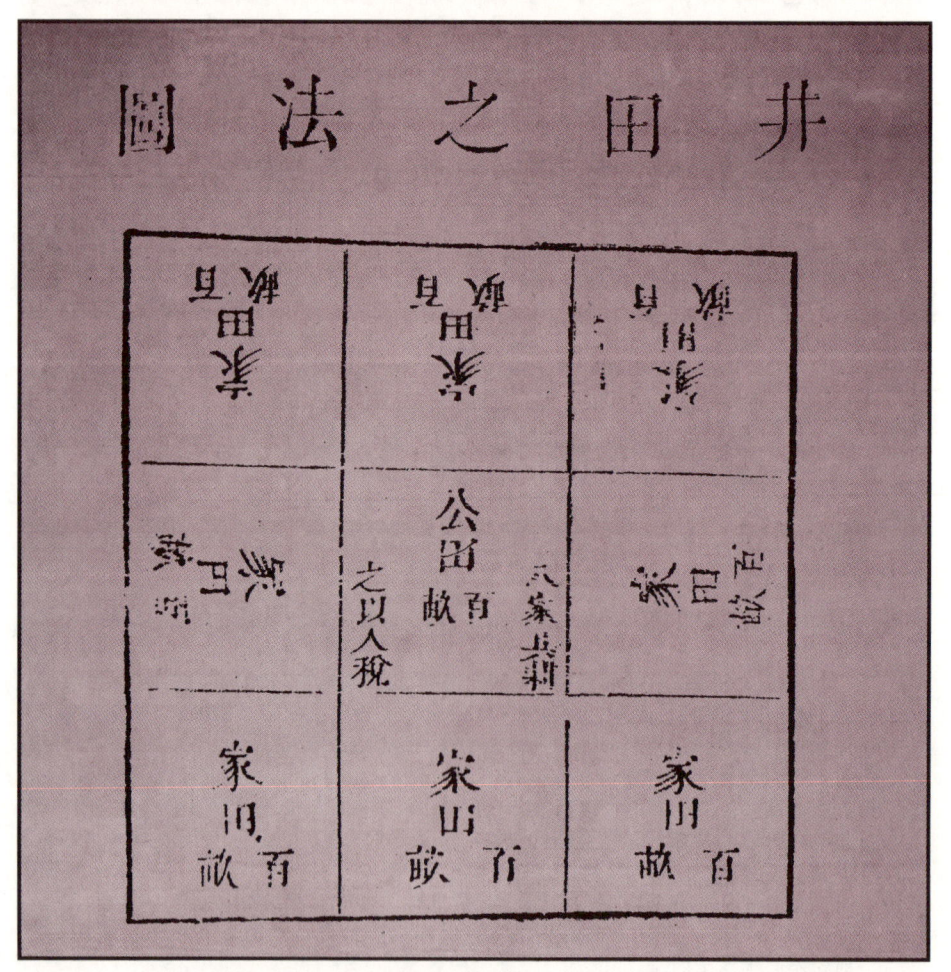

井田之法图

吉凶礼乐之器。若国大比①，则考教、察辞、稽器、展事②，以诏诛赏。

乡大夫之职：各掌其乡之政教禁令。正月之吉③，受教法于司徒④，退而颁之于其乡吏⑤，使各以教其所治⑥，以考其德行⑦，察其道艺⑧。以岁时登其夫家之众寡⑨，辨其可任者⑩。国中自七尺以及六十⑪，野自六尺以及六十有五⑫，皆征之。其舍者⑬，国中贵者、贤者、能者、服公事者、老者、疾者，皆舍。以岁时入其书⑭。三年则大比，考其德行、道艺，而兴贤者、能者⑮。乡老及乡大夫帅其吏与其众寡⑯，以礼礼宾之⑰。

注释：①**大比：**周代每三年对乡吏进行考核，选择贤能，称大比。②**考教：**检验所举贤能之士是否有才学，以判断长吏教化的优劣。**察辞：**考核各级官员的报告是否确实，以便查知情弊。**稽器：**检查器具是否完备。**展事：**（根据考核结果）全面确定赏罚。③**正月之吉：**正月初一。④**受教法：**接受教育法规。⑤**乡吏：**指州长以至比长的各级官员。⑥**所治：**治理的人民。⑦**考：**考察。⑧**道艺：**所从事的职业技艺。⑨**以岁时：**每家按四时。**登：**查明。**夫家：**家庭人口。⑩**任：**服役。⑪**七尺：**指二十岁。⑫**六尺：**指十五岁。⑬**其舍者：**可以免除（为国家）服役的人。⑭**书：**花名册。⑮**兴：**推荐。⑯**众寡：**谓众宾，不言其数。⑰**宾：**以宾客的规格接待，表示尊敬。

周礼

厥明①，乡老及乡大夫群吏献贤能之书于王②，王再拜受之，登于天府③，内史贰之④。退而以乡射之礼五物询众庶⑤，一曰和⑥，二曰容⑦，三曰主皮⑧，四曰和容⑨，五曰兴舞⑩。此谓使民兴贤，出使长之⑪；使民兴能，入使治之⑫。岁终，则令六乡之吏皆会政致事。正岁，令群吏考法于司徒⑬，以退，各宪之于其所治之国⑭。大询于众庶⑮，则各帅其乡之众寡而致于朝⑯。国有大故，则令民各守其闾，以待政令⑰。以旌节辅令⑱，则达之⑲。

州长，各掌其州之教治政令之法。正月之吉，各属其州之民而读法⑳，以考

注释：①厥明：第二天上午。②书：名册。③登：交给。天府：春官的属下，主管祖庙的宝藏。④贰：副本。⑤五物：五件事。询：询问。众庶：众人的意见。⑥和：意念端正，身体和谐。⑦容：动作神态要合乎礼的要求。⑧主皮：指善射。周时以射礼时所中的箭靶为侯，侯的中心为鹄，鹄以皮制成，射中鹄为主皮。⑨和容：与行射礼时所演奏的乐曲合拍。⑩兴舞：跳弓矢舞。⑪长：做官长。⑫治：治理。⑬考法：核对所颁布的教法。⑭宪：悬挂。所治之国：（各级官吏）治理的衙门内。之，一说当为衍文。⑮大询：以大事询问。⑯朝：外朝，指天子所居王城的皋门内库门外。⑰以待政令：以听候上级传达的命令。⑱旌节：使节所持的凭证，以旄牛尾装饰的竹节，为六节之一。⑲达之：让他通行。⑳属：聚集。读法：学习法典。

其德行道艺而劝之①，以纠其过恶而戒之②。若以岁时祭祀州社③，则属其民而读法，亦如之。春秋以礼会民而射于州序④。凡州之大祭祀、大丧⑤，皆莅其事⑥。若国作民而师田行役之事⑦，则帅而致之⑧，掌其戒令与其赏罚。岁终，则会其州之政令；正岁，则读教法如初。三年大比⑨，则大考州里⑩，以赞乡大夫废兴⑪。

党正：各掌其党之政令教治。及四时之孟月吉日⑫，则属民而读邦法以纠戒之⑬。春秋祭禜⑭，亦如之。国索鬼神而祭祀⑮，则以礼属民，而饮酒于序，以正齿位⑯：壹命齿于乡里⑰，再命齿于父族⑱，

注释：①劝：鼓励。②过恶：过错。③州社：州中的官社，每年两祭。④州序：州中所开办的学校。⑤大丧：乡老、老大夫去世。⑥莅：临视。⑦作民：征召民众。师：谓征伐。田：谓田猎。行：谓巡狩。役：谓役作。⑧致之：集中到小司徒那里。⑨大比：大规模、全面的考核。⑩州里：指属下的党、族、闾、比的各级官吏。⑪赞：辅助。废兴：所废退、所兴进。⑫孟月：每个季节的第一个月。吉日：初一，每个月的第一天。⑬读邦法：学习国法。⑭禜：古代禳灾之祭。为禳风雨、雪霜、水旱、疠疫而祭日月星辰、山川之神。⑮索：寻找。祭祀：指年终的蜡祭。祭的是百物之神。⑯正齿位：指按照年龄长幼来排定座位。⑰壹命：指下士。⑱再命：指中士。

三命而不齿①。凡其党之祭祀、丧纪、昏冠、饮酒②，教其礼事③，掌其戒禁。凡作民而师田行役④，则以其法治其政事。岁终，则会其党政，帅其吏而致事⑤。正岁，属民读法而书其德行道艺。以岁时莅校比⑥。及大比，亦如之。

族师：各掌其族之戒令政事。月吉⑦，则属民而读邦法，书其孝弟睦姻有学者⑧。春秋祭酺⑨，亦如之。以邦比之法⑩，帅四闾之吏，以时属民而校⑪，登其族之夫家众寡⑫，辨其贵贱、老幼、废疾可任者，及其六畜、车辇⑬。五家为比，十家为联⑭；五人为伍，十人为联；四闾为族，八

注释：①三命：指上士。不齿：指爵位尊贵者可以不按照年龄长幼来排座位。②昏冠：婚礼与冠礼。③礼事：指所应遵循的礼仪。④师田：征伐与田猎。⑤致事：向州长报告政绩。⑥莅校比：党正亲临监督下属的族师进行小比。校比，调查户口、财物。⑦月吉：每月初一日。⑧孝：孝顺父母。弟：通"悌"，与兄弟友爱。睦：与人和睦相处。姻：与亲戚相亲相敬。有学：即学习了六艺。⑨酺：给人造成灾害的神。⑩邦比：根据国家常法加以校比。⑪校：调查。⑫登：核对。夫家：指男女。众寡：一家七口以上为众，五口以下为寡。⑬辇：人拉的车。⑭联：编制户口及地方行政区域的一种联保形式。

闾为联。使之相保相受①，刑罚庆赏相及相共②，以受邦职③，以役国事，以相葬埋④。若作民而师田行役⑤，则合其卒伍⑥，简其兵器⑦，以鼓铎、旗物帅而至，掌其治令、戒禁、刑罚。岁终，则会政致事⑧。

注释：①相保：互相救助，共同保卫。相受：互相接纳。②相及：相关联，相牵涉。相共：共同，一道。③邦职：在国中各有正当的职业。④葬埋：埋葬。⑤作民：征召民众。⑥合：组织。⑦简：检阅。⑧会政致事：汇总政绩报告给上级。

百僚师师图

周礼

閭胥：各掌其閭之征令①。以歲時各數其閭之眾寡，辨其施舍②。凡春秋之祭祀、役政、喪紀之數③，聚眾庶；既比④，

注释：①閭：二十五家为闾。②施舍：免予服役。施，通"弛"。③役政：劳役、举行射礼和饮酒礼。丧纪之数：丧葬等事。数，一说当作"事"。④比：比较，考校。

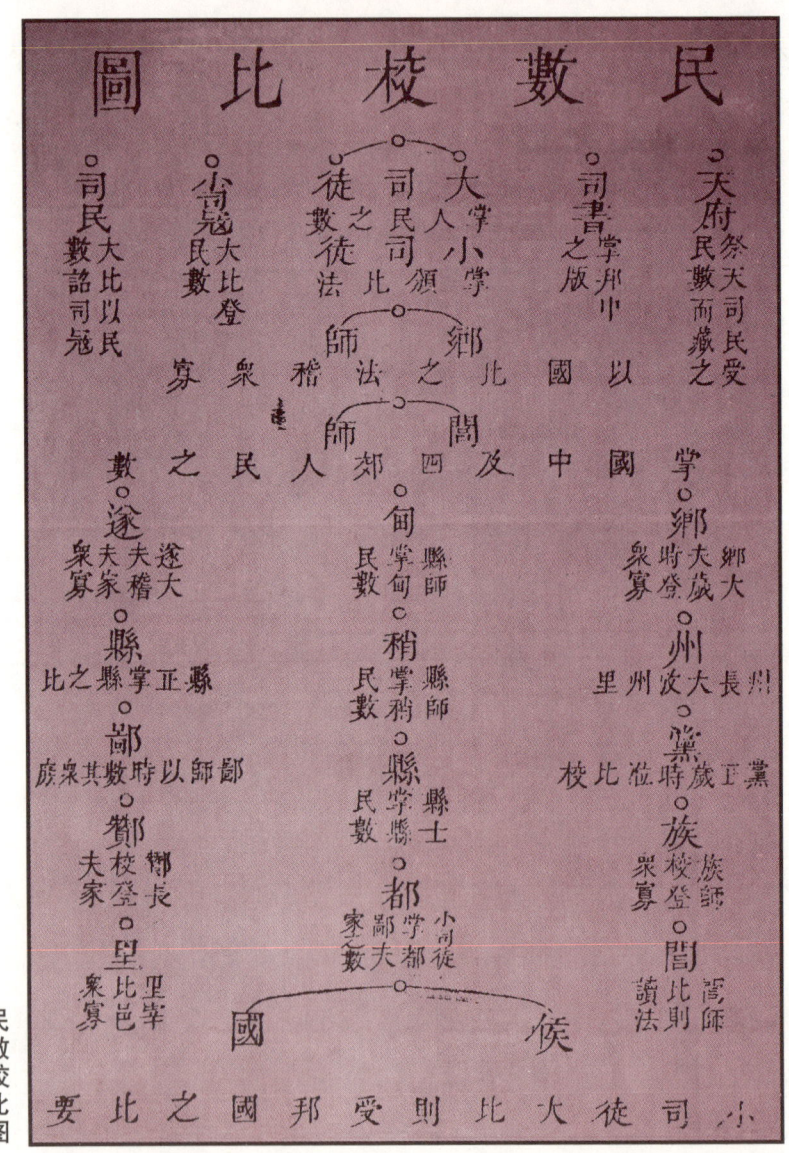

民数校比图

则读法，书其敬敏任恤者①。凡事，掌其比觯挞罚之事②。

比长：各掌其比之治。五家相受相和亲③，有罪奇邪则相及④。徙于国中及郊⑤，则从而授之⑥。若徙于他⑦，则为之旌节而行之。若无授无节⑧，则唯圆土内[纳]之⑨。

封人：掌设王之社壝⑩，为畿封而树之⑪。凡封国，设其社稷之壝，封其四疆。造都邑之封域者亦如之⑫。令社稷之职⑬。凡祭祀，饰[拭]其牛牲⑭，设其楅衡⑮，置其绋⑯，共[供]其水稿⑰。歌舞牲⑱，及毛炮之豚⑲。

> **注释：**①敬敏：谨慎明敏。任恤：谓诚信并给人以帮助同情。②比：周代地方的基层组织。五家为比。觯：觥，酒器，此指罚酒。挞：鞭打。③相受：互相接纳。和亲：和睦相亲。④奇邪：造谣惑众，不正。及：连带。⑤徙于国中及郊：指从郊外迁移到国都内，或者从国都内迁到郊外去。⑥授之：指把迁移证明及有关事宜传达给迁移者。⑦他：指其他地方。⑧授：证明文书。⑨唯：只有。圆土：监狱。内：通"纳"，关人。⑩设：修建。社壝：四周筑有矮墙的社坛。壝，特指坛、墠之外的矮土围墙。⑪畿：王的直接领地。封：在边界上挖沟、培土。树：种树。⑫封域：疆域，领地。⑬令社稷之职：祭祀社稷的时候，由封人命令有关官员各司其职。⑭饰：通"拭"。洗涮使之洁净。⑮楅衡：缚绑于牛角以防伤人的横木。⑯绋：牛鼻绳。⑰水稿：古代祭祀时宰杀牛牲用的水和稻草。⑱歌舞：唱歌、跳舞。歌舞牲，意谓君牵牲人时，封人随后歌舞。⑲毛炮：用汤火除牲毛后再烧熟。

周礼

凡丧纪、宾客、军旅、大盟，则饰其牛牲。

鼓人：掌教六鼓、四金之音声，以节声乐①，以和军旅②，以正田役③。教为鼓而辨其声用④。以雷鼓鼓神祀⑤，以灵鼓鼓社祭⑥，以路鼓鼓鬼享⑦，以鼖鼓鼓军事⑧，以

注释：①节：调节。声乐：音乐。②和：指挥协调。军旅：部队。③正田役：指挥田猎和工役之事。④为鼓：击鼓。用：功效。⑤雷鼓：八面鼓，祭天神时用。神祀：祭祀天神。⑥灵鼓：六面鼓，祭地神时用。社祭：古谓祭祀土地神。⑦路鼓：四面鼓，祭宗庙鬼神时用。鬼享：指古代在宗庙中的祭祀。⑧鼖：大鼓的一种。

奏鼓救日图

鼖鼓鼓役事①，以晋鼓鼓金奏②，以金錞和鼓③，以金镯节鼓④，以金铙止鼓⑤，以金铎通鼓⑥。凡祭祀百物之神，鼓兵舞、帗舞者⑦。凡军旅，夜鼓鼜⑧，军动，则鼓其众⑨，田役亦如之。救日月⑩，则诏王鼓⑪。大丧，则诏大太仆鼓⑫。

舞师：掌教兵舞⑬，帅而舞山川之祭祀；教帗舞⑭，帅而舞社稷之祭祀；教羽舞⑮，帅而舞四方之祭祀⑯；教皇舞⑰，帅而舞旱暵之事⑱。凡野舞⑲，则皆教之。凡小祭祀⑳，则不兴舞。

注释：①**鼖**：一种大鼓。②**晋鼓**：鼓名。作乐时与钟相应和。**金奏**：敲击钟镈以奏乐。常用以指庙堂音乐。③**錞**：即錞于，古代军队的乐器。**和**：调节。④**金镯**：即镯。古代军中乐器，钟状的铃。**节**：调节。⑤**金铙**：即铙。古军乐器名。用以止鼓退军。青铜制，体短而阔，有中空的短柄，插入木柄后可执，原无舌，以槌击之而鸣。三个或五个一组，大小相次，盛于商代。**止**：结束。⑥**铎**：古代乐器。大铃的一种。古代宣布政教法令或遇战事时用之。青铜制品，形如钲而有舌。其舌有木制和金属制两种，故又有木铎和金铎之分。**通**：传达。⑦**帗舞**：六种小舞的一种。⑧**鼜**：守夜时用来报警的鼓。⑨**军动，则鼓其众**：军队前进时必须击鼓以振作士气。⑩**救日月**：发生日、月食时以击鼓相救。⑪**诏**：禀告。⑫**诏**：通告。**大仆**：官名。掌传达王命、侍从出入等事。⑬**兵舞**：古代祭祀时的一种舞蹈，舞者手执干戚等兵器。⑭**帗舞**：手执五色帛制成的舞具而舞，用于祭社稷。⑮**羽舞**：手执白羽而舞，用于祭祀四望。⑯**四方**：即四望，指五岳、四镇、四渎、四海。⑰**皇舞**：手执彩羽而舞，用于大旱祭雨。⑱**旱暵之事**：干旱时的求雨祭祀。⑲**野舞**：指平民愿学习舞者，与官署的舞徒有别。⑳**小祭祀**：指对林泽坟衍、四方百物等的祭祀。

周礼

牧人：掌牧六牲而阜蕃其物①，以共(供)祭祀之牲牷②。凡阳祀③，用骍牲毛之④；阴祀⑤，用黝牲毛之⑥；望祀⑦，各以其方之色牲毛之。凡时祀之牲⑧，必用牷物⑨。凡外祭毁事⑩，用尨可也⑪。凡祭祀，共(供)其牺牲⑫，以授充人系之⑬。凡牲不系者⑭，共(供)奉之。

牛人：掌养国之公牛⑮，以待国之政令。凡祭祀，共(供)其享牛、求牛⑯，以授职(槷)人而刍之⑰。凡宾客之事，共(供)其牢礼积膳之牛⑱。飨食、宾射⑲，共(供)其膳羞之牛⑳。军事，共(供)其槁牛㉑。丧事，共(供)其奠牛㉒。

注释： ①**牧人**：掌管放牧的官。**六牲**：牛、马、猪、狗、羊、鸡。**阜蕃**：繁衍生息。**物**：种类。②**牲牷**：角体完全、毛色纯正的牲畜。牷，色纯而完整的牲。③**阳祀**：指在南郊祭天及祭宗庙。④**骍牲**：红色的牲畜。骍，赤色。**毛之**：选择毛色纯种的。⑤**阴祀**：指北郊祭地及祭社稷。⑥**黝牲**：黑色的牲畜。⑦**望祀**：祭四方。⑧**时祀**：四季固定的祭祀，如山川林泽等小祭祀。⑨**牷物**：纯色的全牲。⑩**外祭**：田猎外出、临时有事而祭祀。**毁**：毁折牲体。⑪**尨**：杂色的牲畜。⑫**牺牲**：角体完全、羽毛纯色的祭牲。⑬**充人**：官名，掌系祭祀之牲牷。**系之**：选定的祭牲另外关起来饲养。**系**，拘囚，拘禁。⑭**不系**：非时祀所用的祭牲可以不用关起来养。⑮**牛人**：掌管养牛的官。**公牛**：即官牛。一说公家的牛。⑯**享牛**：祭前一日卜吉而选养的牲牛。**求牛**：祭前三日选来备用的牲牛。⑰**授**：交给。**职人**：牧人。职读为槷，槷谓之弋，可以系牛。**刍**：饲养。⑱**牢礼**：招待宾客备有牲牢，故称牢礼。**积膳**：古代招待国宾的膳食和供国宾途中使用的牢米薪刍等。⑲**宾射**：诸侯来朝，天子设宴并与之举行射礼。⑳**羞**：进。所进宾之膳。㉑**槁牛**：谓将帅在军枯槁之赐牛。㉒**奠牛**：丧祭时使用的牛。

凡会同、军旅、行役,共供其兵车之牛与其牵傍①,以载公任器②。凡祭祀,共供其牛牲之互与其盆簝③,以待事。

充人:掌系祭祀之牲牷④。祀五帝,则系于牢⑤,刍之三月⑥。享先王,亦如之。凡散祭祀之牲⑦,系于国门⑧,使养之。展牲⑨,则告牷;硕牲⑩,则赞⑪。

载师:掌任土之法⑫,以物地事、授地职⑬,而待其政令。以廛里任国中之地⑭,以场圃任园地⑮,以宅田、士田、贾田任近郊之地⑯,以官田、牛田、赏田、牧田任远郊之地⑰,以公邑之田任甸地⑱,以家邑

注释:①**牵傍**:在车前辕外的挽牛。人御之,居其前曰牵,居其旁曰傍。②**公任器**:公用的器物。任,犹用。③**互**:悬挂肉的木架。**簝**:盛肉的竹笼子。④**系**:即把牲畜关起来养。⑤**牢**:关养牲畜的栏圈。⑥**刍**:饲养。⑦**散祭祀**:指一些小祭祀,如风、雨、山、川之祭。⑧**国门**:指国都城门的守门官。⑨**展牲**:祭前一日之夕检视选定的牲畜。⑩**硕牲**:肥硕的供牲。⑪**赞**:助。即助君牵牲。⑫**任土之法**:根据土地的具体情况制定田赋的法令。⑬**物**:观察。**地事**:谓土质,以知其适宜种何物。**授地职**:谓授有职事于地者。⑭**廛里**:古代城市居民住宅的通称。⑮**场圃**:城外廓内可种植瓜果蔬菜之地。**园地**:城外廓内可经营园艺之地。⑯**宅田**:古时官员告老还家,公家给以养老的禄田。**士田**:古代卿、大夫、士及其子弟所领有的田地。**贾田**:商人子弟从事农业所受之田。⑰**官田**:庶人出任官职后,其子弟从事农业生产的土地。**牛田**:授予养官牛者的田。**赏田**:天子赏赐给有功德大臣的土地。**牧田**:牧人子弟从事农业生产的土地。⑱**公邑之田**:远郊至甸地之间除六遂以外所有余地。**甸地**:郊外的土地。

之田任稍地①，以小都之田任县地②，以大都之田任疆地③。凡任地，国宅无征④，园廛二十而一⑤，近郊十一，远郊二十而三，甸稍县都皆无过十二，唯其漆林之

注释：①家邑之田：大夫的采地。稍地：周代称离都城三百里的地域。②小都：卿的采地。县地：郊外离王城三百里外、四百里内的土地。③大都：公的采地以及周天子同母兄弟及庶子的食邑。疆地：郊外离王城四百里外、五百里内的土地。④国宅无征：国家机关和官吏的住宅免征赋税。⑤园廛：国都中的住宅、果园和菜园。

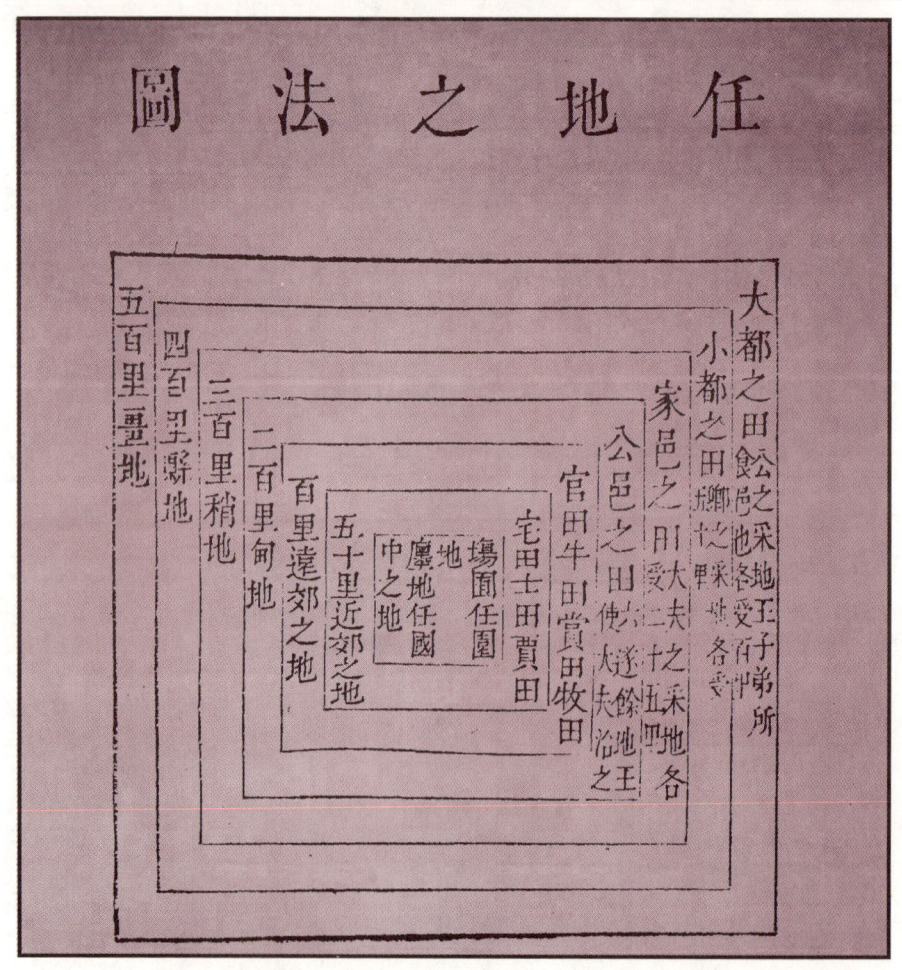

任地之法图

征二十而五①。凡宅不毛者②，有里布③；凡田不耕者，出屋粟④；凡民无职事者，出夫家之征⑤。以时征其赋⑥。

注释：①漆林：漆树之林。②宅不毛：居民不种植桑麻。③里布：住宅占地税。里，居所。布，税钱。④出屋粟：缴纳三家的税粟。三夫为一屋。⑤夫家：男女。⑥以时：按时。

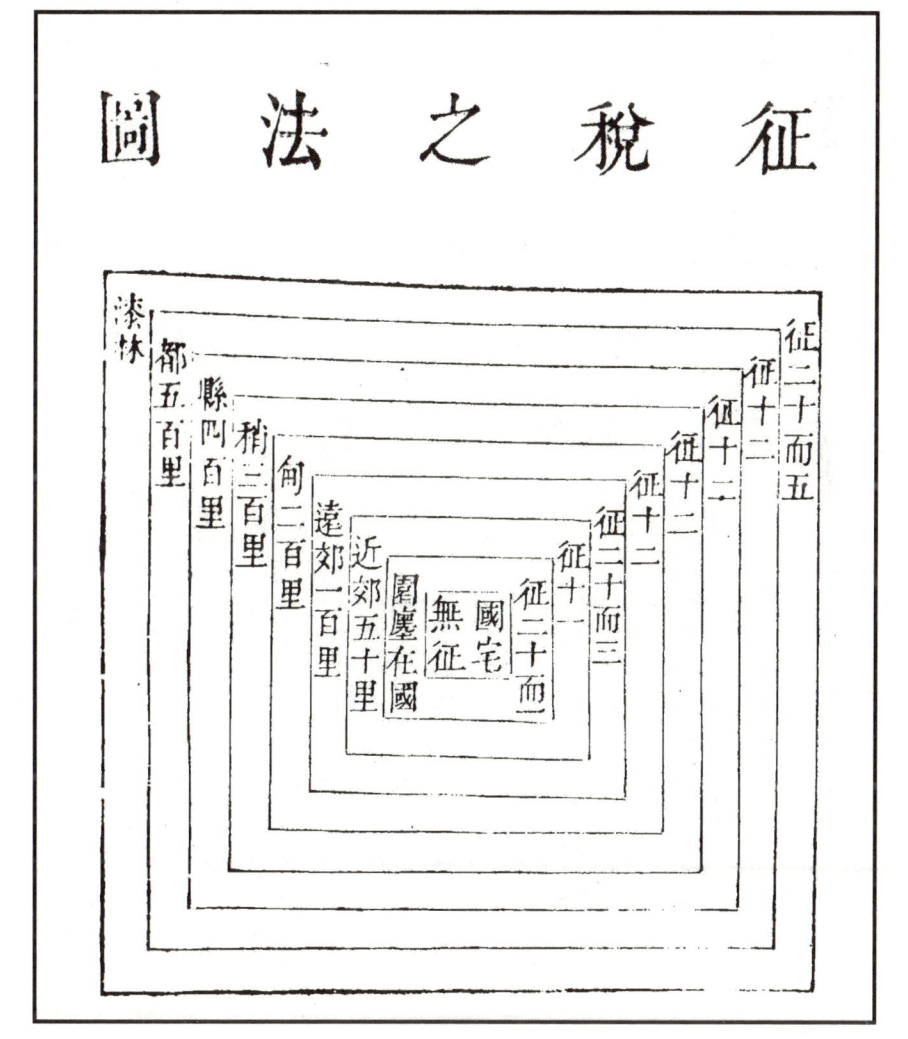

征税之法图

闾师：掌国中及四郊之人民、六畜之数，以任其力①，以待其政令，以时征其赋。凡任民任农②，以耕事贡九谷；任圃，以树事贡草木③；任工，以饬材事贡器物④；任商，以市事贡货贿⑤；任牧，以畜事贡鸟兽⑥；任嫔⑦，以女事贡布帛⑧；任衡⑨，以山事贡其物；任虞，以泽事贡其物。凡无职者出夫布⑩。凡庶民不畜者祭无牲，不耕者祭无盛⑪，不树者无椁⑫，不蚕者不帛⑬，不绩者不衰缞⑭。

县师：掌邦国、都鄙、稍甸、郊里之地域⑮，而辨其夫家、人民、田莱之数⑯，及其六畜、车辇之稽⑰。三年大比⑱，则以

注释：①任：使用。②任民：使用民众（的准则）。③树事：种植草木之事。草木：蔬菜瓜果等。④饬：装饰，修饰，这里指加工。⑤市：贸易。货贿：财货，财物。⑥畜事：畜养牲畜之事。⑦嫔：指民家妇女。⑧女：女功，纺织丝麻。⑨衡：山泽称虞，山林称衡。⑩夫布：古代赋税的一种。指以货币形式支付的代替力役的人口税。布，税钱。⑪盛：祭祀时所用黍稷。⑫椁：古代套于棺外的大棺。⑬蚕：种桑养蚕。**不帛**：不得衣帛。⑭绩：缉麻。把麻析成细缕捻接起来。衰：通"缞"，麻布制成的丧服，披于胸前。⑮郊里：里闾的通称。⑯夫家：犹言男女。丁男无妻者谓夫，有妻者谓家。莱：休耕的农田。⑰稽：调查。⑱大比：周代每三年乡吏进行考核，选择贤能，称大比。

考群吏，而以诏废置①。若将有军旅、会同、田役之戒，则受法于司马，以作其众庶及马牛、车辇②，会其车人之卒伍③，使皆备旗鼓、兵器，以帅而至。凡造都邑④，

注释：①诏：宣布。废置：降免或升迁。②作：征集。③会：征集。④都：大都、小都。邑：公邑。

井邑北甸县都图

量其地，辨其物，而制其域①。以岁时征野之赋贡。

　　遗人：掌邦之委积②，以待施惠。乡里之委积，以恤民之艰阨③；门关之委积④，以养老孤⑤；郊里之委积，以待宾客；野鄙之委积⑥，以待羁旅⑦；县都之委积⑧，以待凶荒⑨。凡宾客、会同、师役，掌其道路之委积。凡国野之道⑩，十里有庐⑪，庐有饮食；三十里有宿⑫，宿有路室⑬，路室有委；五十里有市⑭，市有候馆⑮，候馆有积。凡委积之事，巡而比之⑯，以时颁之⑰。

　　均人：掌均地政征⑱，均地守，均地

注释：①制：划定。②委积：储备粟米、薪刍以待用。少曰委，多曰积。③恤：周济，救济。艰阨：艰苦困乏。④门关：门指十二国门，关指十二关门，出入均征税。⑤老孤：死于国事者的老幼眷属。⑥野鄙：古代指离城较远的地方。亦指村野。⑦待羁旅：供给外地过往客人暂时使用。⑧县都：县中人民所居之地。⑨以待凶荒：用来准备度过荒灾年份。⑩国野之道：王都城外以至王直接管辖地区边界的道路。⑪庐：郊野接待宾客休息的处所。⑫宿：古代官道上设立的住宿站。⑬路室：客舍。⑭市：临时或定期集中一地进行的贸易活动。⑮候馆：即候楼、瞭望所。⑯巡：巡行。比：查核。⑰以时颁之：按时调配，以免出现匮乏的现象。⑱地政：指地守、地职的赋税。政，通"征"。

职,均人民、牛马、车辇之力政征①。凡均力政征,以岁上下②。丰年则公旬均用三日焉③,中年则公旬均用二日焉④,无年则公旬均用一日焉⑤。凶札则无力政征⑥,无财赋⑦。不收地守、地职,不均地政征。三年大比⑧,则大均⑨。

师氏:掌以媺诏王⑩。以三德教国子⑪:一曰至德⑫,以为道本⑬;二曰敏德⑭,以为行本⑮;三曰孝德,以知逆恶⑯。教三行:一曰孝行,以亲父母;二曰友行,以尊贤良;三曰顺行,以事师长。居虎门之左⑰,司伺王朝⑱。掌国中失之事⑲,以教国子弟,凡国之贵游子弟学焉⑳。凡祭祀、

注释:①均:平均。**地守**:指山林川泽之税,凡入此种地方取物产,均要纳税。**地职**:指田地园圃的物产,税源也会从这里出。**力政**:征发力役。政,通"征"。②岁:根据年份而决定。③丰年:丰收的年份。**公旬**:古代统治者规定人民每年为官府所作的无偿劳动。公,事也。旬,通"均"。④中年:一般年成。⑤无年:收成不好、没有余粮的年份。⑥凶札:荒年或疫病流行之年。⑦财赋:地税。⑧大比:总考核。⑨大均:指对相关官员的职权进行的平衡调整。⑩媺:指前世的美善之道。诏:告。⑪国子:公卿大夫的子弟。⑫至德:至高境界的德。⑬道本:道的根本。⑭敏德:仁义顺时者。⑮行本:行动的根本。⑯逆恶:违逆恶劣的事情。⑰虎门:五门之路门。因画虎以示威严,故名。⑱司:通"伺",侦察。⑲中失之事:中礼、失礼之事。⑳贵游子弟:王公子弟及卿大夫的子弟中学习尚未结束者。

宾客、会同、丧纪、军旅，王举则从①。听治亦如之②。使其属帅四夷之隶③，各以其兵服守王之门外，且跸④。朝在野外⑤，则守内列⑥。

保氏：掌谏王恶⑦。而养国子以道⑧，乃教之六艺：一曰五礼⑨，二曰六乐⑩，三曰五射⑪，四曰五驭⑫，五曰六书⑬，六曰九数⑭；乃教之六仪⑮：一曰祭祀之容，二曰宾客之容，三曰朝廷之容，四曰丧纪之容，五曰军旅之容，六曰车马之容。凡祭祀、宾客、会同、丧纪、军旅，王举则从。听治亦如之⑯。使其属守王闱⑰。

司谏：掌纠万民之德而劝之朋友⑱，

注释：①王举则从：王亲自参加的时候师氏就跟随在后。②听治：天子在野外听朝。③四夷之隶：被没为奴的少数民族战俘。指蛮隶、闽隶、夷隶、貊隶。④跸：禁止行人通过。⑤朝：听朝，听治。⑥内列：担任天子野舍之内的警卫。⑦谏：以礼义正之。恶：过失。⑧养：教养。道：道艺。⑨五礼：吉、凶、宾、军、嘉。⑩六乐：《云门》、《大咸》、《大韶》、《大夏》、《大濩》、《大武》六种古乐。⑪五射：白矢、参连、剡注、襄尺、井仪五种射技。⑫五驭：鸣和鸾、逐水曲、过君表、舞交衢、逐禽左五种驾车的技术。⑬六书：指事、象形、形声、会意、转注、假借六种造字方法。⑭九数：方田、粟米、差分、少广、商功、均输、方程、赢不足、旁要九种算术法。⑮六仪：六种仪容。⑯听治：天子在野外听朝。⑰王闱：王宫的侧门。⑱朋友：相切磋以善道。

正其行而强之道艺①，巡问而观察之，以时书其德行道艺②，辨其能而可任于国事者。以考乡里之治③，以诏废置，以行赦宥④。

司救：掌万民之邪恶过失而诛让之⑤，以礼防禁而救之⑥。凡民之有邪恶者，三让而罚⑦，三罚而士加明刑⑧，耻诸嘉石⑨，役诸司空⑩。其有过失者，三让而罚，三罚而归于圜土⑪。凡岁时有天患民病⑫，则以节巡国中及郊野⑬，而以王命施惠⑭。

调人：掌司伺万民之难而谐和之⑮。凡过而杀伤人者⑯，以民成之⑰。鸟兽亦

注释： ①**强**：劝勉，勉励。**道艺**：德行及六艺。②**以时**：按时。**书**：记录。③**考**：考核。④**赦**：赦罪，免去罪行。**宥**：宽免。⑤**邪恶过失**：邪恶指尚未构成犯罪的行为。过失指误伤等犯罪的行为。**诛让**：责惩。⑥**救**：挽救。⑦**罚**：鞭打。⑧**三罚而士**：被三次责让而不听的，要交给朝士。**明刑**：脱去其衣冠，将所犯罪行写在木板上，挂在其背后。⑨**耻**：使之羞耻。**诸**：之于。**嘉石**：库门外之有纹理的石头。命犯人坐在上面示众，此石称为"嘉石"。⑩**役诸司空**：把犯过错的人交给司空去服劳役。⑪**三罚而归于圜土**：被杖打三次还不肯改正的，就交给司寇关进监狱。圜土，即监狱。⑫**天患**：天灾。⑬**节**：旌节。⑭**施惠**：加以救济。⑮**司**：通"伺"，侦察。**难**：怨仇。⑯**过**：本无意。⑰**以民成之**：通过人民的调解（来结束事情）。成，平。

地官司徒第二

119

周礼

如之。凡和难①：父之雠辟(避)诸海外②，兄弟之雠辟(避)诸千里之外，从父兄弟之雠不同国③；君之雠视父④，师长之雠视兄弟⑤，主友之雠视从父兄弟⑥。弗辟(避)，则与之瑞节而以执之⑦。凡杀人有反杀者⑧，使邦国交雠之⑨。凡杀人而义者⑩，不同国，令勿雠，雠之则死⑪。凡有斗怒者⑫，成之⑬；不可成者，则书之⑭，先动者诛之⑮。

媒氏：掌万民之判⑯。凡男女，自成名以上⑰，皆书年月日名焉。令男三十而娶，女二十而嫁。凡娶判妻入子者⑱，皆书之。中春之月⑲，令会男女⑳。于是时也，奔者不禁㉑。若无故而不用令者㉒，罚

注释： ①和难：调解仇怨。②雠：仇敌。辟：通"避"，逃避。海外：指四方少数民族地区。③从父兄弟：叔伯兄弟。国：诸侯国。④视：如，比。⑤师长：老师与长辈。⑥主友：指在异国结识而成为朋友的居停主人。⑦瑞节：琰圭，周代持之以征伐奸邪。⑧反杀：杀人犯恐怕仇家子弟及徒党报害已而将他们也杀死。⑨交：交相。雠之：以之为仇，报复。⑩杀人而义：杀人有一定情理可讲。⑪死：按故意杀人罪处死。⑫斗怒：争吵斗殴但没有伤人。⑬成：和解。⑭书：记录争端发生的缘由和过程。⑮先动者诛：再次挑起争端又先动手的，就要斥责杖击。⑯判：男女婚配为夫妇。⑰成名：取名。⑱娶判妻：娶离婚妇女或寡妇。入子：再嫁时带前夫子女至夫家者。⑲中春：仲春。"中"是"仲"的古字。⑳令会男女：命令准备结婚的男女结婚。㉑奔：六礼不齐而结婚。㉒无故：家中无丧事、灾祸等非常变动。不用令：不遵守有关的婚姻法令规定。

之。司男女之无夫家者而会之①。凡嫁子娶妻，入币纯帛②，无过五两③。禁迁葬者与嫁殇者④。凡男女之阴讼⑤，听之于胜国之社⑥；其附于刑者⑦，归之于士⑧。

司市：掌市之治、教、政、刑、量度、禁令⑨。以次叙分地而经市⑩，以陈肆辨物

注释：①无夫家：独身男、女。②入币：纳币，即婚姻六礼中的纳征。纯帛：丝帛。纯，缁也。③五两：五匹。④迁葬者：生时无夫妇名分而死后合葬在一起。嫁殇：谓男女夭亡后，生者为之议婚，嫁女而合葬之。⑤阴讼：男女不正当关系引起的纠纷。⑥胜国之社：即亡国之社。胜国，被灭亡的国家。亡国为今国所胜，故称胜国。⑦附于刑者：构成犯罪的。⑧归：移交。⑨量度：计量多少和长短的标准。⑩次叙：次指市官处理事务的处所，叙指陈列售物的肆的排列顺序。经市：划定市的界域。

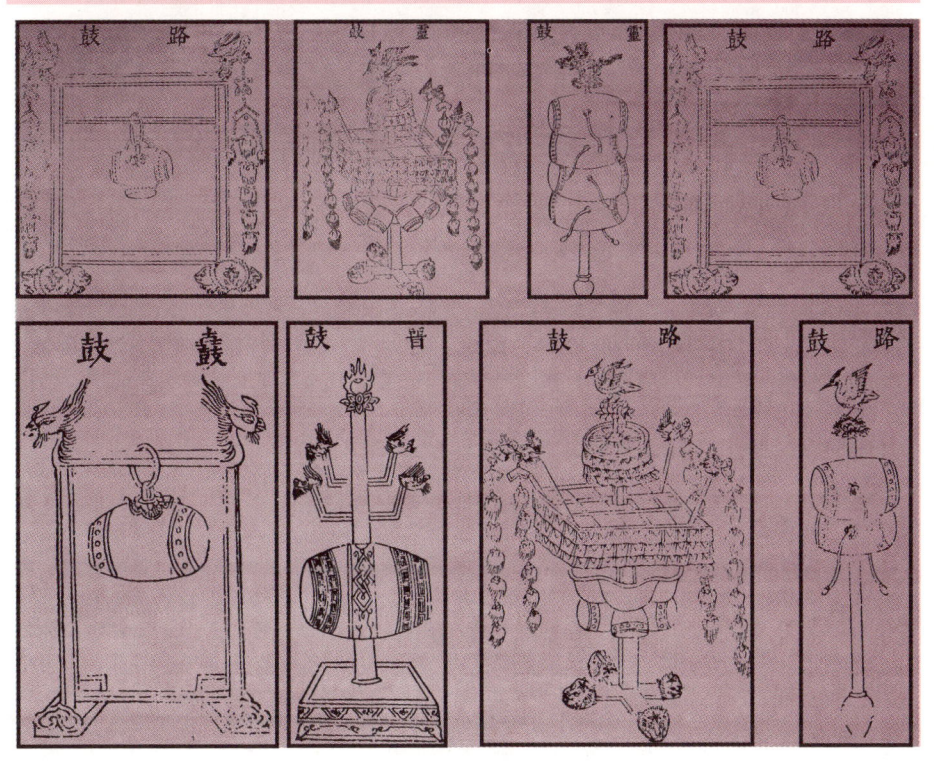

鼓图

而平市①，以政令禁物靡而均市②，以商贾阜货而行布③，以量度成贾(价)而征儥④，以质剂结信而止讼⑤，以贾民禁伪而除诈⑥，以刑罚禁虣而去盗⑦，以泉府同货而敛赊⑧。

大市⑨，日昃而市⑩，百族为主⑪；朝市⑫，朝时而市，商贾为主；夕市⑬，夕时而市，贩夫贩妇为主。凡市入⑭，则胥执鞭度守门⑮，市之群吏平肆⑯，展成奠贾(价)⑰，上旌于思次以令市⑱，市师莅焉⑲，而听大治大讼。胥师、贾师莅于介次⑳，而听

注释：①陈：犹列。肆：作坊，店铺，市集。辨物：货比货。平市：使市场物价平衡。②物靡：奢侈品。③阜货：谓厚积财货。行布：使货币加快流通。④成贾：估定物品价值。贾，通"价"。征：召。儥：买。⑤以质剂结信：用契约定下双方均应遵守的信用。⑥贾民：胥师至肆长等官员都是由市中的商人担任，故称之贾民。诈：作假，假装。⑦刑罚：宪、徇、扑三种市刑。虣：同"暴"，暴乱。⑧泉府：官名。为司徒的属官，掌管国家税收，收购市上的滞销物资等。同：共。敛：指商人货物滞销，官府收购。赊：指官府把库存商品赊给需要的商人。⑨大市：古指午后设立的集市。因到市的人多，故称。⑩日昃：太阳偏西。⑪百族：百姓。主：言其人多。⑫朝市：早市。⑬夕市：傍晚进行的集市贸易。亦指傍晚时的市场。⑭凡市入：谓三时之市市者入。⑮胥：古代官府中的小吏。度：殳。古代一种竹制的兵器。⑯平肆：检查货物使之名实相符。⑰展成：检查货物。奠贾：制定价格。奠，定。贾，通"价"。⑱上旌：升旗。思次：古代司市管理市政、听治讼狱的场所，犹汉之市亭。令市：下令开始交易。⑲市师：即司市，古代管理市场的官员。莅：临。⑳介次：胥师、贾师的办公地点。

小治小讼。凡万民之期于市者①，辟布者、量度者、刑戮者②，各于其地之叙③。凡得货贿、六畜者亦如之④，三日而举之⑤。

凡治市之货贿、六畜、珍异，亡(无)者使有⑥，利者使阜⑦，害者使亡(无)⑧，靡者使微⑨。凡通货贿，以玺节出入之⑩。国凶荒札丧⑪，则市无征⑫，而作布⑬。凡市伪饰之禁⑭，在民者十有(又)二，在商者十有(又)二，在贾者十有(又)二，在工者十有(又)二。

市刑，小刑宪罚⑮，中刑徇罚⑯，大刑扑罚⑰，其附于刑者归于士⑱。国君过市则刑人赦⑲，夫人过市罚一幕⑳，世子过市罚一帟㉑，命夫过市罚一盖㉒，命妇过

注释： ①**期**：买卖双方约定的成交货物。②**辟布**：市中银钱纠纷争讼等事。**刑戮**：指市刑的三种责罚。③**叙**：次序，次第。④**得**：拾到别人遗失的物品。⑤**举**：（三日无人认领则）充公。⑥**亡者使有**：缺少什么货物就要充实什么货物。亡，通"无"，没有。⑦**利者**：坚实耐用的物品。**阜**：盛。⑧**害者**：品质低劣不堪实用的物品。⑨**靡者**：奢侈品。**微**：减少。⑩**玺节**：一种符节。玺，印章，这里指在竹或帛上加盖印章的符节。⑪**凶荒**：年谷不熟，收成不好。**札**：疫病。**丧**：死亡。⑫**市无征**：免除市场的征税。⑬**作布**：铸造货币。⑭**伪饰**：货物不符合规章制度规格而弄巧作假。⑮**宪罚**：把写有罪状的木板悬挂于肆公布以作惩罚。⑯**徇罚**：游街。⑰**扑罚**：鞭打。⑱**附于刑者**：违法严重触犯五刑的人。⑲**国君**：邦国诸侯。**刑人赦**：赦免犯法者。⑳**幕**：马车上的遮掩布。㉑**帟**：张盖在上方用以遮蔽尘埃的平幕。古代皆以缯为之。㉒**命夫**：有采地的命士，如公、卿、大夫。**盖**：遮阳障雨的用具。指车篷或伞盖。

市罚一帷①。凡会同、师役,市司帅贾师而从,治其市政,掌其卖债之事②。

质人:掌成市之货贿、人民、牛马、兵器、珍异③。凡卖债者质剂焉④,大市以质,小市以剂。掌稽市之书契⑤,同其度量,壹其淳制⑥,巡而考之,犯禁者举而罚之⑦。凡治质剂者⑧,国中一旬⑨,郊二旬⑩,野三旬⑪,都三月⑫,邦国期⑬。期内听⑭,期外不听⑮。

廛人:掌敛市絘布、总布、质布、罚布、廛布⑯,而入于泉府⑰。凡屠者⑱,敛其皮角筋骨,入于玉府⑲。凡珍异之有滞者⑳,

注释: ①命妇:卿、士、大夫妻子的通称。帷:以布帛制作的环绕四周的遮蔽物。②债:买。③成:估定价格。人民:此指奴婢,当时奴婢与货贿、牛马等均属商品,可以同在市场买卖。④质剂:贸易合同。此指立下契约。质指大合同,剂指小合同。⑤稽:察。书契:提货、付货的凭证。⑥壹:统一。淳制:古代丈量标准。⑦举:没收财物。⑧治:处理。⑨国中:指王城之内。旬:十天。⑩郊:指远郊。⑪野:甸地、稍地。甸,去国二百里。稍,三百里。⑫都:大都、小都。⑬期:一年。⑭听:受理。⑮期外:过了期限。⑯敛:征收,索取。絘布:市场的房屋税。总布:货物税。质布:对领取贸易券契所征的税。罚布:对违反法令者征收的罚金。廛布:货物存于市场仓库而征收的税金。一说"市"后当脱"之"字。⑰泉府:官名。为司徒的属官,掌管国家税收、收购市上的滞销货物等。⑱屠:宰杀(牲畜)。⑲玉府:官署名。掌管天子之金玉玩好、兵器等。⑳滞者:滞销货物。

敛而入于膳府①。

胥师：各掌其次之政令②，而平其货贿③，宪刑禁焉④。察其诈伪、饰行、慝愿者而诛罚之⑤，听其小治小讼而断之⑥。

贾师：各掌其次之货贿之治，辨其物而均平之。展其成而奠其贾[价]⑦，然后令市⑧。凡天患⑨，禁贵儥者⑩，使有恒贾[价]⑪，四时之珍异亦如之。凡国之卖儥⑫，各帅其属而嗣掌其月⑬。凡师役、会同，亦如之。

司虣⑭：掌宪市之禁令，禁其斗嚣者与其虣乱者⑮、出入相陵犯者⑯、以属游饮食于市者⑰。若不可禁，则搏而戮之⑱。

司稽：掌巡市，而察其犯禁者与其

注释：①敛：以市价收购。膳府：宫廷中贮藏食物的府库。②次：指本管辖地段各肆。③平：指平衡物价。④宪：悬挂，公布。⑤饰行：用劣质货物骗人。慝愿：出售劣质货物。⑥断：处理。⑦贾：通"价"，价格。⑧令市：下令开始交易。⑨天患：天灾。⑩贵儥：指高价格。⑪恒：稳定。⑫卖儥：买卖。⑬嗣掌：轮流主持。月：值月，每人主持一个月。⑭虣：同"暴"。⑮斗嚣：争斗与大声吵闹喧哗。虣乱：即暴乱。⑯陵犯：冒犯，侵犯。陵，欺负。⑰以属游饮食于市者：聚众在市场游手闲逛又吃又喝的人。属游：聚游，群游。⑱搏：逮捕。戮：处罚。

周礼

不物者而搏之①。掌执市之盗贼②，以徇③，且刑之④。

胥：各掌其所治之政，执鞭度而巡其前⑤，掌其坐作出入之禁令⑥，袭其不正者⑦。凡有罪者，挞戮而罚之⑧。

肆长：各掌其肆之政令⑨。陈其货贿⑩，名相近者相远也⑪，实相近者相尔迩也⑫，

注释：①不物：穿戴和所携带物品不伦不类。搏：逮捕。②执：拘捕。③徇：示众。④刑：加以刑罚。⑤度：殳。古代一种竹制的兵器。⑥坐作出入：流动小贩和不按时交易者。⑦袭：乘其不备而拘捕。⑧挞戮：挞辱。鞭打侮辱。挞，用鞭子或棍子打。罚：罚款。⑨肆：作坊，店铺，集市。⑩货贿：财物，财货。⑪名相近者：名称相似的货物。相远也：隔开陈列（恐被商人相混以蒙骗买主）。⑫实相近者：名称不同、实质相同的货物。尔：通"迩"，近。

窦图

窖图

而平正之①。敛其总布②，掌其戒禁。

泉府：掌以市之征布③，敛市之不售货之滞于民用者④，以其贾(价)买之⑤，物楬而书之⑥，以待不时而买者⑦。买者各从其抵⑧，都鄙从其主⑨，国人、郊人从其有司⑩，然后予之⑪。凡赊者⑫，祭祀无过旬日⑬，丧纪无过三月。凡民之贷者⑭，与其有司辨而授之⑮，以国服为之息⑯。凡国事之财用取具焉⑰。岁终，则会其出入而纳其余⑱。

司门：掌授管键⑲，以启闭国门。几(讥)出入不物者⑳，正(征)其货贿㉑，凡财物犯禁者举之㉒，以其财养死政之老与其孤㉓。祭

地官司徒第二

注释： ①平正：平衡价格，合理定价。②敛：征收。布：货物税。③征布：征收的税款。布，货币。④敛：收购。不售货：不卖之货。滞：积聚，积压。⑤贾：通"价"，价格。⑥楬：贴上标签。书：写上价格。⑦不时而买者：谓急求者。⑧抵：同"柢"，本。即本金、原价。⑨主：各邑之邑宰。⑩国人、郊人：国都和郊外的百姓。从其有司：持有大夫以下的长官的证明。⑪然后予之：持有官吏的凭证方可买官物，泉府也可以付货。⑫赊：赊购。⑬旬：十天。⑭民：商人。贷：借钱和借物。⑮辨：查明货物。⑯以国服为之息：按照国家一般税率来计算利息。⑰取具焉：谓领取备办。⑱会：计。纳：入。⑲管：钥匙。键：锁簧。⑳几：通"讥"，盘察。不物：穿戴和所携带物品不伦不类。㉑正：通"征"，征税。㉒举：没收。㉓死政之老：死于国事者之父母。孤：死于国事者之子。

127

祀之牛牲系焉①，监门养之②。凡岁时之门③，受其馀。凡四方之宾客造焉④，则以告⑤。

司关：掌国货之节⑥，以联门市⑦。司货贿之出入者⑧，掌其治禁与其征廛⑨。凡货不出于关者⑩，举其货⑪，罚其人⑫。凡所达货贿者⑬，则以节传出之⑭。国凶札⑮，则无关门之征⑯，犹几讥⑰。凡四方之宾客叩关⑱，则为之告⑲。有外内之送令⑳，则以节传出内之㉑。

掌节：掌守邦节而辨其用㉒，以辅王命。守邦国者用玉节，守都鄙者用角节㉓。凡邦国之使节，山国用虎节，土国用人

注释： ①系：拘囚，囚禁。②监门：司门的属下。③岁时：一年四季。门：门祭。④造：到达。⑤告：呈报上级。⑥国货之节：出入国境的货物的玺节。⑦联：联合，联系。门：司门。市：司市。⑧司：主。⑨治禁：禁止不合法令规定的货物。征廛：即征收货物的仓库税。⑩不出于关：即走私。⑪举：没收。⑫罚：罚以杖击。⑬所达货贿：从民间采购的货物（无玺节）要出关。⑭节：路节，人员往来所带的旌节。传：货物通行的文字证明。⑮凶札：荒年或发生疾疫之年。⑯无：免去。⑰犹：仍然。几：通"讥"，盘问。⑱叩关：进谒守关之人。叩，叩问，拜谒。⑲告：向上级禀报。⑳送令：谓输送贡物及传递文书。㉑内："纳"的古字。入。㉒邦节：天子所用的玉节，又称瑞节。如珍圭、牙璋、谷圭、琬圭、琰圭等。㉓角节：犀角制成的符节。

节①,泽国用龙节②,皆金也③,以英荡辅之④。门关用符节⑤,货贿用玺节,道路用旌节⑥,皆有期以反[返]节⑦。凡通达于天下者,必有节,以传辅之⑧。无节者,有几[讥]则不达⑨。

注释：①土国：平原国家。人节：人形的节。②泽国：水乡之国。龙节：龙形的节。③金：指用铜制造。④英荡：与符节同时使用的凭证。⑤符节：竹节。⑥旌节：使者于旅途所持的节。⑦反：通"返",归还。⑧辅：补充。⑨几：通"讥",查验出。不达：不得通达,并将被关入牢狱。

王畿乡遂采地图

周礼

遂人：掌邦之野①。以土地之图经田野②，造县鄙形体之法③。五家为邻，五邻为里，四里为酂，五酂为鄙，五鄙为县，五县为遂④，皆有地域，沟树之⑤。使各掌其政令刑禁，以岁时稽其人民，而授之田野，简其兵器⑥，教之稼穑。

凡治野，以下剂致氓⑦，以田里安氓⑧，以乐昏（婚）扰氓⑨，以土宜教氓稼穑⑩，以兴锄利氓⑪，以时器劝氓⑫，以彊予任氓⑬，以土均平政（征）⑭。辨其野之土，上地、中地、下地，以颁田里⑮。上地，夫一廛⑯，田百亩，莱五十亩⑰，馀夫亦如之⑱；中地，夫一廛，田百亩，莱百亩，馀夫亦如之；下

注释： ①野：六遂的一部分，包括郊外以至畿疆之间的地域，分别是甸、稍、县、都。②经：规划。③形体：县鄙的疆界。④五县为遂：五县为一遂。⑤沟树：挖沟植树。⑥简：检阅。⑦下剂：指最低限度的劳役法。致：征召，会聚。氓：田野中的农夫。⑧田里：田地和庐舍。⑨乐昏：谓劝成婚姻。昏，同"婚"，婚姻。扰：和顺。⑩土宜：谓各地不同性质的土壤，对于不同的生物各有所宜。⑪兴锄：令农民相佐助。锄，帮助。⑫时器：供应农时所用的器具，即农具。⑬彊予：增加土地供给劳动力过剩的农户。彊，同"强"。任：使用。⑭土均：古代官名。平政：平衡地税。政，通"征"，税。⑮颁：分配。⑯夫：成年男子的通称。一廛：一所住处。廛，居。⑰莱：暂时休耕之田。⑱馀夫：古代谓法令的受田人口之外的人。

地，夫一廛，田百亩，莱二百亩，馀夫亦如之。

凡治野，夫间有遂①，遂上有径②；十夫有沟③，沟上有畛④；百夫有洫⑤，洫上有涂（途）⑥；千夫有浍⑦，浍上有道⑧；万夫有川⑨，川上有路⑩，以达于畿⑪。以岁时登其夫家之众寡及其六畜、车辇⑫，辨其老幼、废疾与其施弛舍者⑬，以颁职作事⑭，以令贡赋，以令师田⑮，以起政（征）役⑯。

若起野役⑰，则令各帅其所治之民而至，以遂之大旗致之⑱，其不用命者诛之⑲。凡国祭祀，共（供）野牲，令野职⑳。凡宾

地官司徒第二

注释：①夫：百亩为夫。遂：百亩之间的小沟。下文沟、洫、浍均为田间水沟的名称。②径：田间小路。下文畛、涂、道、路均为乡田道路的名称。③沟：四尺宽、四尺深的沟。④畛：能走牛车的路。⑤洫：八尺宽、八尺深的沟。⑥涂：通"途"，能通行马车的路。⑦浍：一丈六宽、一丈六深的沟。⑧道：能并行两驾马车的路。⑨川：三丈二宽、三丈二深的沟。⑩路：能并行三驾马车的路。⑪畿：古代五都所领辖的千里地面。⑫登：成，犹定。夫家：犹言男女。⑬废疾：谓有残疾而不能作事。施舍：免予服役。施，通"弛"。⑭职：谓民九职。分其农、牧、衡、虞之职，使民为其事。⑮师田：参加征伐和田猎。⑯起：动员。政役：赋税和劳役。政，通"征"。⑰起：征发。野役：野地民众的徒役。⑱致：招集。⑲用命：听从命令。⑳令：命令。野职：供应的用于祭祀的薪炭。

客，令修野道而委积①。大丧，帅六遂之役而致之②，掌其政令。及葬，帅而属六绋③。及窆④，陈役⑤。凡事，致野役⑥，而师田作野民⑦，帅而至，掌其政治禁令。

遂师：各掌其遂之政令戒禁。以时登其夫家之众寡、六畜、车辇⑧，辨其施(弛)舍与其可任者⑨。经牧其田野⑩，辨其可食者⑪，周知其数而任之，以征财征⑫。作役事，则听其治讼。巡其稼穑而移用其民⑬，以救其时事⑭。凡国祭祀，审其誓戒⑮，共(供)其野牲。入野职、野赋于玉府⑯。宾客，则巡其道修⑰，庀其委积⑱。大丧，使帅其属以幄帟先⑲，道野役⑳；及窆，抱磨㉑，共(供)

注释：①修：修建。委积：储备粟米、木柴、牧草以待用。②致之：向（司徒）报到。③属：牵引。绋：同"绋"。引棺的粗绳。④及窆：到了出葬的时候。窆，谓下棺时。⑤陈役：把役夫排成队以便牵引下棺的绳索。⑥致野役：发动在田野中的战俘与工役。⑦师田：征伐和田猎。作野民：负责召集田野中的农夫。⑧夫家：犹言男女。⑨施舍：免予服役。施，通"弛"。⑩经牧：制定田界。⑪可食：能够耕作以提供食物的土地。⑫财征：指九赋九职之税。"财"前当脱一"其"字。⑬移用其民：转移、使用有余力的民众（使之互相帮助）。⑭以救其时事：以解救一时的急需。⑮审：监督。⑯野职：九职之贡。野赋：九赋之贡。⑰巡其道修：巡视、整治道路。⑱庀：具备。⑲幄帟：帐篷。指大帐篷中座位上支的小帐篷。⑳道：导引。㉑抱：持，拿。磨：花名册。

丘笼及輂车之役①。军旅、田猎，平野民②，掌其禁令，比叙其事而赏罚③。

遂大夫：各掌其遂之政令。以岁时稽其夫家之众寡、六畜、田野④，辨其可任者与其可施舍者，以教稼穑，以稽功

注释：①丘笼：盛土的容器。輂车：即柳车、丧车。②平：整治。③比叙其事：校核并排列役夫的队伍。④稽：考察。

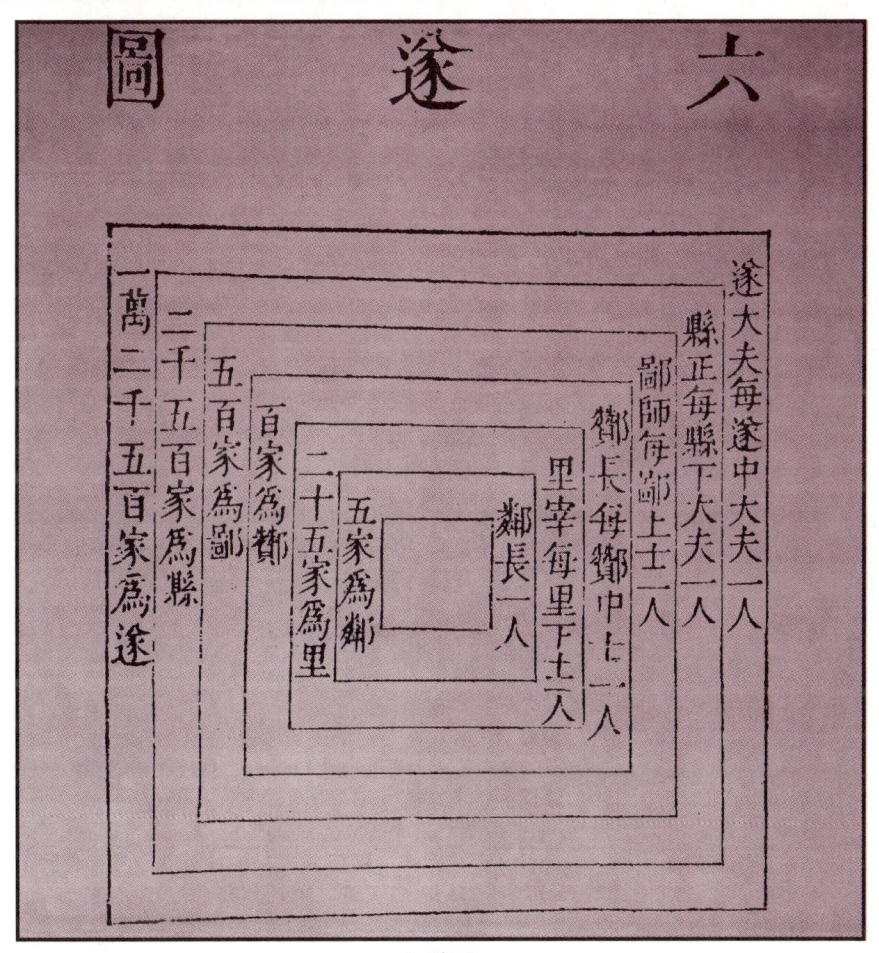

六遂图

周礼

事①。掌其政令、戒禁，听其治讼②。令为邑者③，岁终则会政致事④。正岁简稼器⑤，修稼政⑥。三岁大比⑦，则帅其吏而兴甿⑧，明其有功者⑨，属其地治者⑩。凡为邑者，以四达戒其功事⑪，而诛赏废兴之。

县正：各掌其县之政令征比⑫，以颁田里⑬，以分职事⑭，掌其治讼，趋（促）其稼事而赏罚之⑮。若将用野民师田、行役、移执事⑯，则帅而至，治其政令。既役⑰，则稽功会事而诛赏⑱。

鄙师：各掌其鄙之政令、祭祀⑲。凡作民⑳，则掌其戒令。以时数其众庶㉑，而

注释：①功事：工作成绩。②听：处理。③为邑者：邑里的官吏。④会政致事：总结一年的政绩并呈报上级。⑤简稼器：查看各农户的农具。⑥修稼政：查看土地疆界、水利工程。⑦大比：周代每三年对乡吏进行考核，选择贤能，称大比。⑧兴甿：举荐贤能之民。⑨明：查清。⑩属：聚集。此句意谓聚其地治邻长以上，勅之以职事，使之不懈怠。⑪四达：指户口男女、六畜车辆、农田耕作、旗鼓兵卒四件事。⑫征比：征召和调查。⑬颁田里：分配土地给人民。⑭分职事：分配各项工作。⑮趋：通"促"，督促。⑯行役：旧指因服兵役、劳役或公务而出外跋涉。**移执事**：调动民众，使之相互帮助。⑰既役：完成了既定的任务。⑱稽功会事：考查功绩、审计会计。⑲祭祀：此处专指祭禜。禜，古代禳灾之祭。为禳风雨、雪霜、水旱、疫疠而祭日月星辰、山川之神。⑳作民：起用百姓。㉑时：季节。**数其众庶**：即小比，校比人数。

察其媺恶而诛赏①。岁终,则会其鄙之政而致事②。

酂长:各掌其酂之政令③,以时校登其夫家④,比其众寡,以治其丧纪、祭祀之事。若作其民而用之,则以旗鼓、兵革帅而至。若岁时简器⑤,与有司数之⑥。凡岁时之戒令皆听之,趋促其耕耨⑦,稽其女功⑧。

里宰:掌比其邑之众寡与其六畜、兵器,治其政令。以岁时合耦于锄⑨,以治稼穑,趋促其耕耨,行其秩叙⑩,以待有司之政令⑪,而征敛其财赋。

邻长:掌相纠相受⑫。凡邑中之政相赞⑬。徙于他邑⑭,则从而授之⑮。

注释:①媺:同"美"。②会:计。致事:上报施政情况。③酂:周代郊外地方组织单位之一。一百家为酂。④校登:调查确定。夫家:犹言男女。⑤简器:检查农器及兵器。⑥有司:指遂大夫。数:统计。⑦趋:通"促",督导。耨:小手锄。此处作动词,用耨锄草。⑧女功:妇女制作丝枲等事。⑨合耦:两人搭配以耕种。锄:帮助。⑩秩叙:耦耕的次序。⑪有司:此指遂师。⑫纠:检举。受:委托。⑬赞:助。⑭徙于他邑:本邻中的百姓迁移到别的地方。⑮从:犹随。授:交付,托付。指授予旌节。

周礼

旅师：掌聚野之锄粟、屋粟、闲粟①，而用之，以质剂致民②，平颁其兴积③，施其惠④，散其利⑤，而均其政令⑥。凡用粟，春颁而秋敛之。凡新氓之治皆听之⑦，使无征役⑧，以地之嶬恶为之等⑨。

稍人：掌令丘乘之政令⑩。若有会同、师田、行役之事，则以县师之法作其同徒、輂辇⑪，帅而以至，治其政令，以听于司马⑫。大丧，帅蜃车与其役以至⑬，掌其政令，以听于司徒。

委人：掌敛野之赋⑭，敛薪刍⑮，凡疏材、木材⑯，凡畜聚之物⑰。以稍聚待宾客⑱，

注释：①野：远郊之外。锄粟：传说井田制中一井所纳的税粟。一说为农夫交出一定比例的余粟，汇聚起来以备饥荒之年。屋粟：有田不耕的农夫所罚的粟。闲粟：无业游民所罚的粟。②质剂：古代贸易券契质和剂的并称。长券叫质，用以购买马牛之属；短券叫剂，用以购买兵器珍异之物。致：颁发给。③平颁其兴积：平均分发所征收的粮食。④施其惠：救济百姓衣食的困难。⑤散其利：使每个人都得到好处。⑥均其政令：对待百姓一律平等。⑦新氓：新迁来的农民。治：此处指要求分田等事。⑧使无征役：让他们在一定期限内免除劳役。⑨以地之嶬恶为之等：按照土地的优劣并依据他们原先居住地方分地的标准分土地给他们。嶬恶，好坏。嶬，同"美"。⑩丘乘：丘甸，指丘甸出车徒之法。⑪县师：官名。地官之属。同徒：同于百里（即一县）的徒。輂辇：泛指车辆。輂，马拉的运输车。辇，人力推或拉的车。⑫听：听命。⑬蜃车：丧车。⑭敛：征收。野：远郊以外。⑮薪：木柴。刍：牧草。⑯疏材：果木的果实。⑰畜聚之物：储存以供冬天食用的干菜。⑱稍聚：稍地所聚的物品。

以甸聚待羁旅①。凡其馀聚以待颁赐②。以式法共供祭祀之薪蒸木材③。宾客，共供其刍薪。丧纪，共供其薪蒸木材。军旅，共供其委积薪刍凡疏蔬材，共供野委兵器与其野囿财用④。凡军旅之宾客馆焉⑤。

土均：掌平土地之政征⑥，以均地守⑦，以均地事⑧，以均地贡⑨。以和邦国都鄙之政令⑩、刑禁与其施弛舍。礼俗、丧纪、祭祀，皆以地媺恶为轻重之法而行之⑪，掌其禁令。

草人：掌土化之法以物地⑫，相其宜而为之种⑬。凡粪种⑭，骍刚用牛⑮，赤缇用羊⑯，坟壤用麋⑰，渴泽用鹿⑱，咸潟用貆⑲，

注释：①甸聚：甸地所聚的物品。②馀聚：县地、都地所聚的物品。③式法：即《太宰》九式之法。指在祭祀、宾客、丧葬中均有规定的数目。薪蒸：木材。粗大的称薪，细小的称蒸。④野委：道路馆舍中的木柴、牧草。野囿财用：供应苑囿所需的樊篱用材。⑤宾客：指以军队协助天子征讨的诸侯。馆：指使居住、安置。⑥政：通"征"。税收。⑦地守：指山地、水泽。⑧地事：农田、果面。⑨地贡：诸侯所纳的贡赋。⑩和：宣布。⑪轻重之法：程度不同的祭祀仪式。行：实施。⑫土化之法：改良土壤使其肥沃的办法。物：辨识，选择。⑬相其宜：根据土地的情况研究适宜生长的作物。⑭粪种：用兽类的骨灰、骨头煮汁使土壤肥沃。⑮骍刚：赤色、坚硬的土壤。⑯赤缇：浅绛色土壤。⑰坟壤：肥沃、柔细的土壤。⑱渴泽：干涸的沼泽地。⑲咸潟：盐碱地。貆：兽名，即豪猪。

周礼

勃壤用狐①，埴垆用豕②，强㯺用蕡③，轻爂用犬④。

稻人：掌稼下地⑤。以潴畜水⑥，以防止水⑦，以沟荡水⑧，以遂均水⑨，以列舍

注释：①勃壤：沙土。②埴：粘土。垆：黑土。③强㯺：坚硬的土。㯺，坚土。蕡：麻。④轻爂：轻脆。⑤稼：种（稻麦）。下地：沼泽地。⑥潴：蓄水池。⑦防：堤防。止：阻挡。⑧荡：流，排泄。⑨遂：田首受水小沟。均水：分流水。

兆民允殖图

水①，以浍写泻水②，以涉扬其芟作田③。凡稼泽④，夏以水殄草而芟夷之⑤。泽草所生⑥，种之芒种⑦。旱暵⑧，共供其雩敛⑨。丧纪，共供其苇事⑩。

土训：掌道地图⑪，以诏地事⑫。道地慝⑬，以辨地物而原其生⑭，以诏地求⑮。王巡守，则夹王车⑯。

诵训：掌道方志⑰，以诏观事⑱。掌道方慝⑲，以诏辟忌⑳，以知地俗㉑。王巡守，则夹王车。

山虞：掌山林之政令，物为之厉而为之守禁㉒。仲冬斩阳木㉓，仲夏斩阴木㉔。凡服耜㉕，斩季材㉖，以时入之。令万民时

注释：①列：小沟。②浍：田间水渠。写：通"泻"，泄。③涉：徒步渡水。指排水后人走进田里。扬：举起，扔掉。芟：用镰刀除杂草。此作名词，杂草。作田：治田种稻。作，犹治。④稼泽：在水泽地耕种。⑤殄：灭绝。芟夷：除草，刈除。⑥所生：生长的地方。⑦芒种：稻麦。⑧暵：干旱。⑨雩敛：因求雨祭祀而征收的费用。⑩苇：芦苇。⑪道：解说。⑫诏：述说。⑬地慝：土地上所生的恶物，如毒蛇等。⑭原其生：察知它的生长季节。⑮地求：进贡各地的土特产。⑯夹：随从在两旁。⑰方志：各地记述乡土历史的书籍。⑱观事：纵观古事。⑲方慝：四方忌讳的语言。⑳辟忌：即避忌，避而不谈的忌讳。㉑地俗：各地风俗。㉒厉：樊篱界限。为之守禁：为守者设禁令。守者，守山林之人。㉓阳木：生长于山南的林木。㉔阴木：生长于山北的林木。㉕服耜：制作车厢和耒耜。服，牝服，车之材。耒耜，古代耕地翻土的农具。㉖季材：柔软的幼木。季，犹稚。

斩材①，有期日②。凡邦工入山林而抡材③，不禁。春秋之斩木不入禁。凡窃木者，有刑罚。若祭山林④，则为主⑤，而修除⑥，且跸⑦。若大田猎，则莱山田之野⑧，及弊田⑨，植虞旗于中⑩，致禽而珥焉⑪。

林衡：掌巡林麓之禁令而平其守⑫，以时计林麓而赏罚之⑬。若斩木材，则受法于山虞⑭，而掌其政令。

川衡：掌巡川泽之禁令而平其守，以时舍其守⑮，犯禁者执而诛罚之⑯。祭祀、宾客，共供川奠⑰。

泽虞：掌国泽之政令，为之厉禁。使其地之人守其财物，以时入之于玉府⑱，颁其馀于万民⑲。凡祭祀、宾客，共供泽物

注释： ①时：按照规定的日子。②有期日：进出山林有一定的期限。③抡材：选择林木砍伐备用。④若：遇到。⑤为主：谓主当祭事者。⑥修除：洒扫清理。⑦且：还要。跸：天子出巡，禁止人行以清道。⑧莱：芟除草莱。⑨弊田：停止田猎。⑩植：竖立。**虞旗**：虞人在汇集所获猎物时用的旗帜。⑪致：交送。珥：割耳。⑫平其守：分配地段给守林麓者。⑬计林麓：谓计其守林之功。林麓蕃茂，民不盗窃则有赏，否则罚之。赏罚：进行赏罚。⑭受：接受。⑮舍：设置。守：守护者。⑯执：抓起来。⑰共：通"供"，供应。川奠：河中出产可以作为笾豆之实者。奠，祭品。⑱以时：按时。入：交纳。⑲颁：分给。

之奠①。丧纪，共(供)其苇蒲之事。若大田猎②，则莱泽野③，及弊田，植虞旌以属禽④。

迹人：掌邦田之地政⑤，为之厉禁而守之。凡田猎者受令焉。禁麛卵者与其毒矢射者⑥。

丱人：掌金玉锡石之地⑦，而为之厉禁以守之⑧。若以时取之⑨，则物其地⑩，图而授之⑪。巡其禁令。

角人：掌以时征齿角凡骨物于山泽之农⑫，以当邦赋之政令⑬。以度量受之⑭，以共(供)财用。

羽人：掌以时征羽翮之政于山泽之农⑮，以当邦赋之政令⑯。凡受羽，十羽为审，百羽为抟，十抟为缚⑰。

注释：①泽物：沼泽、草地的出产。奠：祭品。②若：遇到。大田猎：天子亲自率领的田猎。③莱：割除草莱。④植：树立。虞旌：即虞旗。属禽：谓区分禽兽的种类。⑤田之地：王畿公私均可以田猎的地方。⑥麛卵：泛指捕杀生物。麛，即麋鹿子。⑦丱人：古代掌管矿产的官吏。⑧守：守护。⑨取：采取。⑩物：测知。⑪图：画图。⑫山泽之农：在山泽从事生产的农夫。⑬当：抵充。邦赋：指九赋之地税及九职之力征两种赋税，可以以实物抵充。⑭度：长度。量：容积。⑮翮：飞禽的粗长羽毛。⑯当：抵充。⑰审、抟、缚：量词。

周礼

掌葛：掌以时征缔绤之材于山农①。凡葛征②，征草贡之材于泽农③，以当邦赋之政令。以权度受之④。

掌染草：掌以春秋敛染草之物⑤，以权量受之⑥，以待时而颁之⑦。

掌炭：掌灰物炭物之征令，以时入之。以权量受之，以共(供)邦之用，凡炭灰之事⑧。

掌荼：掌以时聚荼⑨，以共(供)丧事。征野疏(蔬)材之物⑩，以待邦事，凡畜聚之物⑪。

掌蜃：掌敛互物、蜃物⑫，以共(供)闉圹之蜃⑬。祭祀，共(供)蜃器之蜃⑭。共(供)白盛之蜃⑮。

囿人：掌囿游之兽禁⑯，牧百兽⑰。祭

注释：①缔绤：葛布。缔，细葛。绤，粗葛。②葛征：征收葛及类似产品。③草贡之材：指纻麻等类。④权：称量物品的轻重。度：计量长短。⑤敛：征收。染草之物：可供染色用的草木。⑥权量：计算轻重容积。受：收纳。⑦时：季节。⑧凡炭灰之事：凡是国家需用炭灰等，均由（掌炭）负责供给。⑨聚：征收。荼：茅、芦之类的白花。⑩野疏材之物：野地出产可供食用的物产。疏，通"蔬"。⑪畜聚：蓄积。⑫互物：蚌蛤之类。蜃物：蛤类。⑬闉：塞，垫。⑭蜃器：用蜃壳所饰的器物，祭器多用。⑮白盛：用蜃灰饰白墙。⑯囿游：囿中游憩的地方。禁：藩篱禁卫。⑰牧：负责放牧。

祀、丧纪、宾客，共供其生兽死兽之物。

场人：掌国之场圃，而树之果蓏、珍异之物①，以时敛而藏之。凡祭祀、宾客，共供其果蓏，享亦如之②。

廪人：掌九谷之数，以待国之匪颁、赒赐、稍食③。以岁之上下数邦用④，以知足否⑤，以诏谷用⑥，以治年之凶丰⑦。凡万

注释：①蓏：瓜类。②享：每逢祭祀或招待宾客。③匪：分别。赒：救济，救助。稍食：发给官府工役的食米。④岁之上下：年成的好坏。数邦用：统计国家支出的费用。⑤以知足否：用来预知财政是否足够。⑥以诏谷用：用以呈报上级如何使用库存的粮食。⑦治年之凶丰：决定荒年和丰年的财政政策。

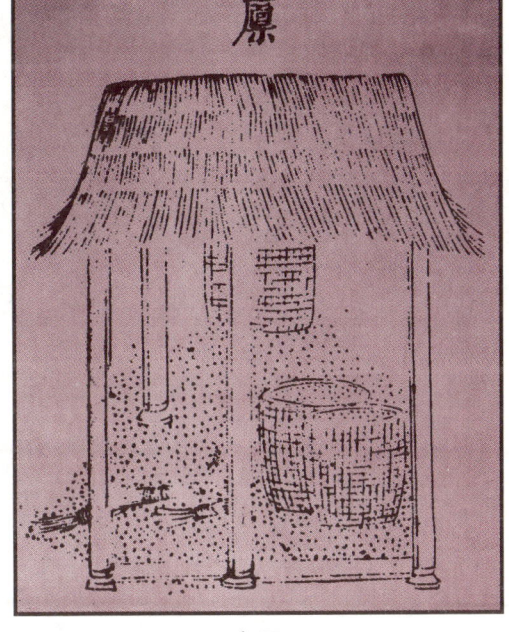

仓图　　　　　　廪图

地官司徒第二

民之食食者①，人四鬴釜②，上也③；人三鬴釜，中也；人二鬴釜，下也。若食不能人二鬴釜，则令邦移民就谷④，诏王杀邦用⑤。凡邦有会同师役之事，则治其粮与其食。大祭祀，则共供其接盛⑥。

舍人：掌平宫中之政⑦，分其财守⑧，以法掌其出入。凡祭祀，共供簠簋⑨，实之⑩，陈之。宾客，亦如之，共供其礼：车米、筥米、刍禾⑪。丧纪，共供饭米、熬谷⑫。以岁时县悬穜稑之种⑬，以共供王后之春献种⑭。掌米粟之出入⑮，辨其物⑯。岁终，则会计其政。

仓人：掌粟入之藏。辨九谷之物，以待邦用。若谷不足，则止馀法用⑰；有馀，

注释：①万民之食食者：谓民食国家粮食者。②鬴：通"釜"，古代的量器。③上：上等年成。④就谷：靠近丰谷的地方。⑤杀：减少。⑥共其：当为衍文。接：取。盛：新谷。⑦政：指用粮方面的事务。⑧财：指粮食。守：指把粮食分给宫正、内宰等官员，让他们保管并分发给宫廷侍卫。⑨簠簋：盛谷米的器皿。⑩实：装在里面。⑪筥：盛米的器皿。⑫饭米：放于死者口中的生米。熬谷：煮好的谷物。⑬穜稑：指先种后熟的谷类和后种先熟的谷类。⑭献种：把种子献给（天子）。⑮出入：支出及收入。⑯辨其物：分清不同谷物的种类。⑰止：犹杀。减少。余法用：将所余储存起来备用。馀，多余。法用，委积。

则藏之①，以待凶而颁之②。凡国之大事，共供道路之谷积、食饮之具③。

司禄（阙）。

司稼：掌巡邦野之稼，而辨穜稑之种，周知其名与其所宜地，以为法④，而

注释：①藏：储藏。②凶：灾年。③食饮之具：其他饮食用具。④以为法：据以制定种植的法规。

父笛子播图

县悬于邑间①。巡野观稼，以年之上下出敛法②。掌均万民之食，而赒其急③，而平其兴④。

舂人：掌共供米物。祭祀，共供其粢盛之米⑤。宾客，共供其牢礼之米⑥，凡飨食，共供其食米。掌凡米事⑦。

饎人：掌凡祭祀共供盛⑧。共供王及后之六食⑨。凡宾客，共供其簠簋之实⑩，飨食亦如之。

槁人：掌共供外内朝冗食者之食⑪。若飨耆老、孤子、士庶子⑫，共供其食。掌豢祭祀之犬⑬。

注释：①县：通"悬"，悬挂。②年之上下：指年成的好坏。敛法：征收的税率。③赒：给，救济。④平：平均地。兴：发给（粮食）。⑤粢盛：祭品。指盛在祭器内之黍稷。⑥牢礼：用牛羊猪三牲宴饮宾客之礼。⑦掌凡米事：管理一切与舂米有关的事务。⑧盛：盛放的东西（指祭品）。⑨六食：稌、麦、黍、稷、粱、苽。⑩簠簋：皆祭器。实：盛放的食物。⑪冗食：在官府值夜班而留宿于内、外朝的官员的食物。⑫耆老：老人。耆，老。士庶子：宿卫王宫的卿大夫、士的子弟。⑬豢：饲养。祭祀之犬：祭祀时用的狗。

天眷兴周图

春官宗伯第三

惟王建国①，辨方正位②，体国经野③，设官分职，以为民极④。乃立春官宗伯，使帅其属而掌邦礼，以佐王和邦国⑤。

礼官之属：大宗伯⑥，卿一人；小宗伯⑦，中大夫二人；肆师⑧，下大夫四人。上士八人，中士十有六人，旅下士三十有二人⑨。府六人⑩，史十有二人⑪，胥十有二人⑫，徒百有二十人⑬。

郁人⑭，下士二人，府二人，史一人，徒八人。

注释：①惟：助词。王：周天子。②辨方：辨别四方。正位：确定宫室宗庙的位置。③体国经野：分划国都，丈量田野。④民极：民众效法的准则。⑤和：协合。⑥大宗伯：掌管邦国祭典的官，为六卿之一。宗，宗庙。伯，长。宗伯，主礼之官。⑦小宗伯：大宗伯的副职。国有小礼则小宗伯负责，有大礼则协助大宗伯完成。⑧肆师：大宗伯的下属，负责祭祀之位及祭品的陈列与位置等。⑨旅下士：处理一般杂务的下士。⑩府：掌管仓库者。⑪史：掌管文书者。⑫胥：做事的小头目，负责带领徒。⑬徒：供役使的人。⑭郁人：掌管裸器以及负责和郁鬯等事。郁，郁金香草。

鬯人[①]，下士二人，府一人，史一人，徒八人。

鸡人[②]，下士一人，史一人，徒四人。

司尊彝[③]，下士二人，府四人，史二人，胥二人，徒二十人。

司几筵[④]，下士二人，府二人，史一人，徒八人。

注释：①鬯人：供应秬鬯的官。鬯即秬鬯，系黑黍酿成的酒。②鸡人：供应祭祀用的鸡。③彝：盛酒之器。④几：桌子。筵：筵席。

序官之春官图

天府①，上士一人，中士二人，府四人，史二人，胥二人，徒二十人。

典瑞②，中士二人，府二人，史二人，胥一人，徒十人。

典命③，中士二人，府二人，史二人，胥一人，徒十人。

司服④：中士二人，府二人，史一人，胥一人，徒十人。

典祀⑤：中士二人，下士四人，府二人，史二人，胥四人，徒四十人。

守祧⑥：奄八人⑦，女祧每庙二人⑧，奚四人⑨。

世妇：每宫卿二人，下大夫四人，中士八人，女府二人，女史二人，奚十有六人⑩。

注释：①天府：掌管收藏祖庙的器具宝物者。②典瑞：专掌守藏玉器者。③典命：掌管天子封迁诸侯、群臣爵位的文书者。④司服：负责掌管天子的礼服者。⑤典祀：掌理四郊外祀的坛域者。⑥守祧：负责管理先王先父的宗庙、遗服者。祧，迁主所藏的地方。⑦奄：通"阉"，阉割过的男奴。⑧女祧：掌守宗庙的有才智的女奴。⑨奚：女奴。⑩世妇：后宫官也。女府、女史：后宫有才智者。

内宗①：凡内女之有爵者②。

外宗③：凡外女之有爵者。

冢人④：下大夫二人，中士四人，府二人，史四人，胥十有二人，徒百有二十人。

墓大夫⑤：下大夫二人，中士八人，府二人，史四人，胥二十人，徒二百人。

职丧⑥：上士二人，中士四人，下士八人，府二人，史四人，胥四人，徒四十人。

大司乐⑦：中大夫二人；乐师⑧，下大夫四人，上士八人，下士十有六人。府四人，史八人，胥八人，徒八十人。

大胥⑨：中士四人；小胥⑩，下士八

注释：①**内宗**：由嫁给卿、大夫、士的与天子同姓之女担任，负责协助王后祭祀及宾客饗食之事。②**有爵**：指嫁给卿、大夫、士的与天子同姓之女。③**外宗**：由嫁给卿、大夫、士的天子的姑姊妹之女担任。④**冢人**：掌管公墓之事。⑤**墓大夫**：掌管民众之墓的官。⑥**职丧**：负责掌管诸侯、卿、大夫、士的丧事。⑦**大司乐**：即大乐正，乐官之首，负责教习六乐、六舞，其下有乐师以至司干等职官。⑧**乐师**：即小乐正。⑨**大胥**：掌管卿大夫等学习舞者的名册的官。⑩**小胥**：协助大胥的官。

周礼

人。府二人，史四人，徒四十人。

大师①：下大夫二人；小师②：上士四人；瞽矇③：上瞽四十人，中瞽百人，下瞽百有六十人；视瞭三百人④。府四人，史八人，胥十有二人，徒百有二十人。

典同⑤：中士二人，府一人，史一人，胥二人，徒二十人。

磬师⑥：中士四人，下士八人，府四人，史二人，胥四人，徒四十人。

钟师：中士四人，下士八人，府二人，史二人，胥六人，徒六十人。

笙师⑦：中士二人，下士四人，府二人，史二人，胥一人，徒十人。

镈师⑧：中士二人，下士四人，府二人，史二人，胥二人，徒二十人。

注释：①大师：乐工的首领，负责调理音律。②小师：教习瞽矇各种乐器的人。③瞽：盲人，根据才艺高低分为上瞽、中瞽、下瞽。矇：即蒙，盲人。④视瞭：古官名。扶持瞽师，兼掌作乐。⑤典同：负责调准乐器律度的人。⑥磬师：负责教习击磬、击编钟等。⑦笙师：负责教习吹奏竽、笙、埙等乐器。⑧镈：圆形的大钟，古代乐器。

眛师①：下士二人，府一人，史一人，舞者十有六人，徒四十人。

旄人②：下士四人，舞者众寡无数，府二人，史二人，胥二人，徒二十人。

籥师③：中士四人，府二人，史二人，胥二人，徒二十人。

籥章④：中士二人，下士四人，府一人，史一人，胥二人，徒二十人。

鞮鞻氏⑤：下士四人，府一人，史一人，胥二人，徒二十人。

典庸器⑥：下士四人，府四人，史二人，胥八人，徒八十人。

司干⑦：下士二人，府二人，史二人，徒二十人。

注释：①眛师：古代执掌眛乐舞事的乐官，负责教东夷人舞乐。②旄人：负责教舞散乐、舞夷乐。③籥师：负责教习东夷的舞乐。籥，有管的乐器，以吹演奏。④籥章：负责教习野乐之士吹奏《诗经》中《豳风》的乐官。豳风，豳地的民歌。⑤鞮鞻氏：掌管四夷的舞乐及声歌。因四夷舞者穿鞮鞻跳舞而得名。⑥典庸器：官名。负责陈设、收藏乐器及钟鼎等。⑦司干：官名。掌管跳舞用的道具。干，跳舞者所拿的盾。

周礼

大卜①：下大夫二人；卜师②：上士四人；卜人③：中士八人，下士十有六人。府二人，史二人，胥四人，徒四十人。

龟人④：中士二人，府二人，史二人，工四人，胥四人，徒四十人。

菙氏⑤：下士二人，史一人，徒八人。

占人⑥：下士八人，府一人，史二人，徒八人。

簭（筮）人⑦：中士二人，府一人，史二人，徒四人。

占梦⑧：中士二人，史二人，徒四人。

视祲⑨：中士二人，史二人，徒四人。

大祝⑩：下大夫二人，上士四人；小祝⑪：中士八人，下士十有六人。府二人，史四人，胥四人，徒四十人。

注释：①大卜：卜官的首领，总管卜筮之事，下属很多。②卜师：掌龟卜。③卜人：协助大卜、卜师。④龟人：掌管取龟、藏龟、治龟以备用。⑤菙氏：掌管烧火、灼龟片的有关材料。⑥占人：根据占筮的兆、龟卜的卦来推测吉凶的人。⑦簭：通"筮"。用蓍草进行占卜。⑧占梦：占验梦的吉凶的人。⑨视祲：负责根据云层观测来占卜。⑩大祝：祝官的总管，祭祀时主持宣读文书。⑪小祝：大祝的副手。

丧祝[1]：上士二人，中士四人，下士八人，府二人，史二人，胥四人，徒四十人。

甸（田）祝[2]：下士二人，府一人，史一人，徒四人。

注释：①丧祝：专门负责大小丧祭的祝官。②甸祝：负责四时田猎和敬献猎物于祖庙的祝官。甸，通"田"。

龟筮协从图

诅祝①：下士二人，府一人，史一人，徒四人。

司巫②：中士二人，府一人，史一人，胥一人，徒十人。

男巫无数③，女巫无数④，其师，中士四人，府二人，史四人，胥四人，徒四十人。

大史⑤：下大夫二人，上士四人；小史⑥：中士八人，下士十有六人，府四人，史八人，胥四人，徒四十人。

冯相氏⑦：中士二人，下士四人，府二人，史四人，徒八人。

保章氏⑧：中士二人，下士四人，府二人，史四人，徒八人。

注释：①诅祝：掌管盟诅并将盟誓之辞载入记录的祝官。大事称为盟，小事称为诅。②司巫：巫官的总管，负责祭祀鬼神。③男巫：掌管望祀、以茅旌召神以及求吉祥、除灾祸等。无数：没有人数的具体规定。④女巫：古代以舞接神、司占卜祈祷的女官。⑤大史：史官的总管，负责记载、法典、祭祀、星历等。⑥小史：大史的副职。⑦冯相氏：掌管天文星历方面的事。⑧保章氏：负责观察日月星辰等天象变化以判断吉凶。

内史①：中大夫一人，下大夫二人，上士四人，中士八人，下士十有又六人，府四人，史八人，胥四人，徒四十人。

外史②：上士四人，中士八人，下士十有又六人，胥二人，徒二十人。

御史③：中士八人，下士十有又六人，其史百有又二十人，府四人，胥四人，徒四十人。

巾车④：下大夫二人，上士四人，中士八人，下士十有又六人，府四人，史八人，工百人，胥五人，徒五十人。

典路⑤：中士二人，下士四人，府二人，史二人，胥二人，徒二十人。

车仆⑥：中士二人，下士四人，府二人，史二人，胥二人，徒二十人。

注释：①**内史**：负责在宫中协助太宰管理爵、禄、废、置等政务，属下有外史、御史等。②**外史**：书写对外政令、收藏史书的官。③**御史**：负责书写对内政令，统计官员人数的官。④**巾车**：车官的总管，掌管天子、王后各类车辆及相关事宜，属下有典路、车仆。⑤**典路**：负责驾车、解马。⑥**车仆**：负责兵车及其队伍。

周礼

司常①：中士二人，下士四人，府二人，史二人，胥四人，徒四十人。

都宗人②：上士二人，中士四人，府二人，史四人，胥四人，徒四十人。

家宗人③，如都宗人之数。

凡以神仕者无数④，以其艺为之贵贱之等⑤。

大宗伯之职：掌建邦之天神、人鬼、地示之礼⑥，以佐王建保邦国。以吉礼事邦国之鬼神示⑦，以禋祀祀昊天上帝⑧，以实柴祀日、月、星、辰⑨，以槱燎祀司中、司命、风师、雨师⑩，以血祭祭社稷、五祀、五岳⑪，以貍沈祭山林、川泽⑫，以疈

注释：①司常：掌管旌旗。②都宗人：掌管都的祭祀。都指天子的子弟及公卿的食邑。③家宗人：掌管家的祭礼。家指大夫的食邑。④神仕：祭祀鬼神以消除灾祸的官。⑤艺：指六艺。⑥地示：原作"地祇"，即地神。⑦吉礼：五礼之一，以祭祀天地鬼神祈祷福顺，所以称吉礼。⑧禋祀：在木柴上燔烧玉帛、牲牷，使浓烟升起。昊天：天上之神。上帝：即五帝中的苍帝。⑨实柴：在木柴上燔烧牲牷、帛，使浓烟升起。实柴不能焚玉。⑩槱燎：燔烧，无玉帛。司中：主赏功。司命：主灾咎的星神。⑪血祭：以牲血滴地，称为血祭。五祀：祭祀五行之神。五岳：五方的山神，如西岳华山等。⑫貍沈：将玉币、牲体等埋入地下或沉于水中。貍，通"埋"。

辜祭四方百物①，以肆献祼享先王②，以馈食享先王③，以祠春享先王④，以禴夏享先王⑤，以尝秋享先王⑥，以烝冬享先王⑦。以凶礼哀邦国之忧⑧，以丧礼哀死亡，以荒

注释：①疈辜：古代祭祀名。剖裂牲体。疈，分，剖开。②肆：祭祀名，分解牲体以祭。祼：以郁鬯灌地请神降临。③馈食：祭祀献熟食。④祠：春季祭祀宗庙之名。⑤禴：夏季祭祀宗庙名。⑥尝：秋季祭祀宗庙名。⑦烝：冬季祭祀宗庙名。⑧凶礼：五礼之一，哀吊救助之礼，包括下文所说的丧礼、荒礼、吊礼、禬礼、恤礼五种。

宗伯掌礼图

周礼

以丧礼哀凶札①，以吊礼哀祸灾②，以禬礼哀围败③，以恤礼哀寇乱④，以宾礼亲邦国⑤。春见曰朝，夏见曰宗，秋见曰觐，冬见曰遇，时见曰会⑥，殷见曰同⑦。时聘曰问⑧，殷眺曰视⑨。以军礼同邦国⑩，大师之礼⑪，用众也⑫；大均之礼⑬，恤众也⑭；大田之礼⑮，简众也⑯；大役之礼⑰，任众也⑱；大封之礼⑲，合众也⑳。以嘉礼亲万民㉑。以饮食之礼㉒，亲宗族兄弟；以昏冠之礼㉓，亲成男女㉔；以宾射之礼，亲故旧朋友；以飨燕之礼，亲四方之宾客；以脤膰之礼㉕，亲兄弟之国；以贺庆之礼，亲异姓之国。

注释：①札：疫疠。②吊礼：古时凶礼之一。③禬礼：盟国各出财物补偿给亡国的诸侯之礼。④寇乱：敌人入侵或动乱。⑤宾礼：五礼之一，接待宾客之礼，包括下文所说的朝、宗、觐、遇、会、见、问、视八种。⑥时见：天子有征讨之事，使诸侯来朝，无常期，故名。⑦殷见：众多诸侯来王都朝见天子。⑧聘：指诸侯不亲自来，而是派使者前来访问天子。⑨殷眺：诸侯遣使探望天子。⑩军礼：五礼之一，征伐、田猎、筑城时用此礼。⑪大师：天子亲自率师征伐。⑫用：调动。⑬大均：统计户口，规定赋税。⑭恤众：怜恤百姓。⑮大田：田猎，检阅军队。⑯简众：检阅百姓。⑰大役：筑城。⑱任众：使用民力。⑲大封：正疆界，开沟渠，修道路。⑳合众：合聚民众，不让其离散。㉑嘉礼：五礼之一，指饮食、冠等六种。㉒饮食之礼：指与宗族兄弟饮食、宾射、燕飨等礼。㉓昏：同"婚"。㉔成：成年。㉕脤膰：以祭祀社稷宗庙的肉分赐于同姓之国。

以九仪之命①，正邦国之位。壹命受职，再命受服②，三命受位③，四命受器④，五命赐则⑤，六命赐官⑥，七命赐国，八命作牧⑦，九命作伯⑧。

以玉作六瑞⑨，以等邦国⑩。王执镇圭⑪，公执桓圭，侯执信圭，伯执躬圭，子执谷璧，男执蒲璧。

以禽作六挚⑫，以等诸臣。孤执皮帛⑬，卿执羔，大夫执雁⑭，士执雉，庶人执鹜⑮，工商执鸡⑯。

以玉作六器⑰，以礼天地四方。以苍璧礼天⑱，以黄琮礼地⑲，以青圭礼东方，以赤璋礼南方⑳，以白琥礼西方㉑，以玄

春官宗伯第三

注释：①九仪：九种不同爵位的礼仪，包括公、侯、伯、子、男以及公、卿、大夫、士。②服：祭祀时所穿的祭服。③位：官位。④器：祭器。⑤则：指受地不及方三百里而未成国者，如子爵、男爵。⑥赐官：大臣能够自置下属官员，以治理各自的家邑。⑦牧：一州之长。⑧伯：一方（如东方）之长。⑨六瑞：六种圭、璧等玉瑞。⑩等：统一。⑪镇圭：天子所赐的圭。⑫挚：贽，见面礼。⑬皮帛：虎豹皮、束帛。⑭雁：鹅。⑮鹜：鸭。⑯工商：工匠和商人。⑰六器：祭祀天地等所设的六种玉器。⑱苍：青色。⑲琮：玉器，外方、内圆形。⑳璋：玉器。圭的一半称璋。㉑琥：刻有虎纹的玉器，用来作虎符或祭祀西方。

161

周礼

璜礼北方①，皆有牲币，各放其器之色②。

以天产作阴德③，以中礼防之④；以地产作阳德⑤，以和乐防之。以礼乐合天地之化⑥、百物之产⑦，以事鬼神，以谐万民，以致百物。

凡祀大神，享大鬼，祭大示⑧，帅执事而卜日⑨，宿⑩，视涤濯⑪，莅玉鬯⑫，省牲

注释：①璜：玉器，璧的一半称璜。②放：配合。③天产：动物。作：宣导。阴德：婚礼。④中：适宜。防之：防止淫佚。⑤地产：植物。阳德：乡射、乡饮酒之礼。⑥天地之化：日月四时的造化。⑦百物之产：祭祀用的牲畜、五谷玉帛等。⑧示：神祇。⑨帅：率领。执事：有职守之人，官员。卜日：指祭祀前十天卜问祭日。⑩宿：指祭祀前一宿。⑪视：检查。涤濯：洗涤。⑫玉鬯：盛鬯酒之圭瓒。

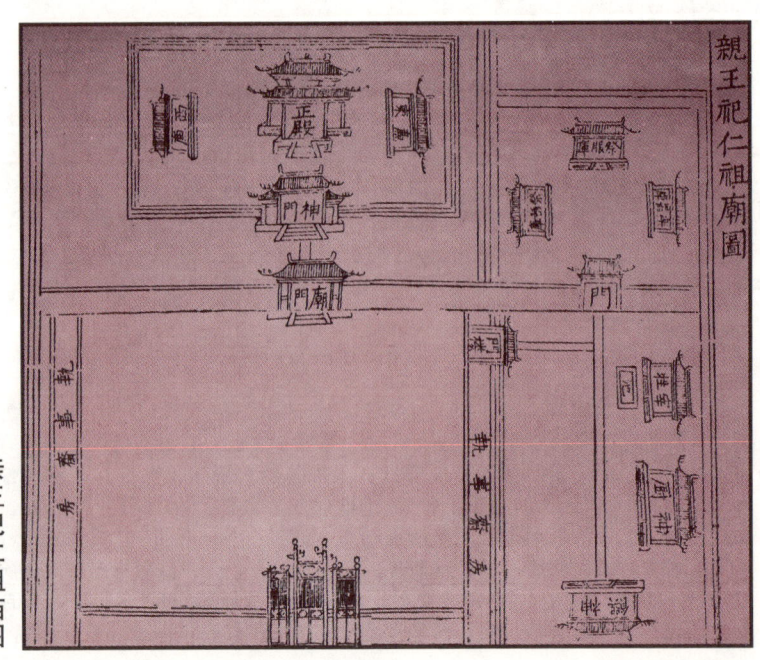

亲王祀仁祖庙图

镬①，奉玉齍②，诏大号③，治其大礼④，诏相王之大礼⑤。若王不与祭祀⑥，则摄位⑦。凡大祭祀，王后不与，则摄而荐豆笾彻⑧。大宾客，则摄而载果祼⑨。朝觐会同，则为上相⑩，大丧亦如之，王哭诸侯亦如之。王命诸侯，则傧⑪。国有大故，则旅上帝及四望⑫。王大封⑬，则先告后土⑭。乃颁祀于邦国都家乡邑⑮。

小宗伯之职：掌建国之神位⑯，右社稷，左宗庙。兆五帝于四郊⑰，四望、四类亦如之⑱。兆山川、丘陵、坟衍⑲，各因其方⑳。掌五礼之禁令与其用等㉑。辨庙祧之

注释： ①省：检查。②齍：古代盛谷物的祭器。③诏大号：诏告大祝祭祀的名号。④治：事先演习。**大礼**：天子之礼。小礼指群臣之礼。⑤诏相：告知并且辅助。⑥与：参加。⑦摄位：代替天子主祭。⑧摄：代替王后。**荐**：祭祀时献牲。**彻**：祭祀完撤除。⑨载：为。**果**：通"祼"。灌祭。⑩上相：相中最尊贵者，行礼时在左右教告的人称为相。⑪傧：接引宾客和协助行礼。⑫旅：祭祀名。**上帝**：五帝。**四望**：古祭名。指古代天子向四方遥祭山川。⑬**大封**：指封赐众多的土地、田宅。⑭后土：土神。⑮都家：天子诸子及公、卿、大夫的采邑。**乡邑**：乡遂的公邑。⑯神位：此处指祀神的方位以及宗庙的昭穆之位。⑰兆：古代设于四郊的祭坛。此指设坛祭祀。**五帝**：指春帝大皞、夏帝炎帝、秋帝少皞、冬帝颛顼、中央之帝黄帝。⑱四类：指祭祀日、月、星、辰。⑲坟衍：肥沃平旷的土地。⑳各因其方：各依所祭对象所在的方向分别在四郊建造。㉑用等：所用祭品的等级。

昭穆①。辨吉凶之五服、车旗、宫室之禁②。掌三族之别③，以辨亲疏④。其正室皆谓之"门子"⑤，掌其政令。

毛六牲⑥，辨其名物⑦，而颁之于五官⑧，使共(供)奉之⑨。辨六齍之名物与其用⑩，使六宫之人共(供)奉之⑪。辨六彝之名物⑫，以待果(祼)将⑬。辨六尊之名物⑭，以待祭祀、宾客。掌衣服、车旗、宫室之赏赐。掌四时祭祀之序事与其礼⑮。若国大贞⑯，则奉玉帛以诏号⑰。大祭祀，省牲⑱，视涤濯⑲。祭之日，逆齍⑳，省镬㉑，告时于王㉒，告备于王㉓。

注释：①辨：理清，分妥。庙祧：泛指祖庙。昭穆：宗庙中先王先公的位置。父为昭，在左；子为穆，在右，按顺次排列。②吉凶之五服：吉服有十二章、九章、七章、五章、三章共五种。凶服也有五种：斩、齐、大功、小功、缌麻。③三族：指父、子、孙三族。④辨亲疏：分清血缘的远近。⑤门子：即嫡子，以后将接替父亲执掌姓氏门户，故名。⑥毛：选择毛色。⑦名物：事物的名称、特征。⑧五官：司徒、宗伯、司马、司寇、司空。⑨共奉：指供奉鬼神。⑩六齍：即六谷。谷物的总称。⑪六宫之人：指九嫔、世妇、女御等。⑫六彝：鸡彝、鸟彝、斝彝、黄彝、虎彝、蜼彝。⑬果将：即祼将，酌郁鬯送给代表神的尸和宾客。⑭六尊：大尊、山尊、象尊、著尊、壶尊、献尊。⑮序事：祭祀之卜日、视涤等事的秩序。⑯大贞：国有大事以龟卜占之。⑰号：神之称号，以及礼神所用的玉帛。⑱省牲：检查祭祀所用的牺牲。⑲涤濯：洗涤。⑳逆齍：古代大祭祀的一种仪节。齍，通"粢"，粢盛，古代盛在祭器内以供祭祀的谷物。㉑省：视察，察看。镬：煮牲体用的大锅。㉒告：禀奏。㉓备：祭祀都已准备好。

春官宗伯第三

凡祭祀、宾客，以时将瓒果㼌①。诏相祭祀之小礼②。凡大礼③，佐大宗伯④。赐卿大夫士爵，则傧⑤。小祭祀掌事，如大宗伯之礼。大宾客，受其将币之赉⑥。若大师⑦，则帅有司而立军社⑧，奉主车⑨。若军将有事⑩，则与祭有司将事于四望⑪。若大甸田⑫，则帅有司而馌兽于郊⑬，遂颁禽⑭。大灾，及执事祷祠于上下神祇⑮。

王崩，大肆⑯，以秬鬯渳⑰；及执事莅大敛、小敛⑱，帅异族而佐⑲；县愲衰冠之式于路门之外⑳；及执事视葬献器㉑，遂哭之；卜葬兆㉒，甫竁㉓，亦如之；既葬，诏

注释：①**以时**：按时。**将**：送。**瓒**：古代祭祀用的玉制酒勺。**果**：通"祼"。祭名，以香酒灌地而求神。②**诏相**：告知并且辅助。**小礼**：指王不亲自参加的祭祀。③**大礼**：指王亲自参加的祭祀。④**佐**：辅助。⑤**傧**：导引宾客或以礼迎宾。⑥**赉**：持。⑦**大师**：大规模的军事行动。⑧**有司**：指大祝。**军社**：出师时载社主、庙主同行，社主被称为军社。⑨**奉**：谓将行。**主车**：载社主、庙主的车。⑩**军将有事**：指军队要祭祀四方的名山大川。⑪**将事**：行事。**于四望**：当在前一句的"有事"之后，此疑为传抄过程中误写到"将事"之后。⑫**大甸**：大规模的田猎行动。甸，通"田"或"畋"。⑬**馌**：奉献。⑭**遂颁禽**：然后把猎到的野兽分赐给群臣。⑮**执事**：大祝及男巫、女巫。**祷祠**：求福曰祷，得求曰祠。**神祇**：天神与地神。⑯**大肆**：把尸体放平伸直，加以沐浴。⑰**秬鬯**：古代以黑黍和郁金香草酿造的酒，用于祭祀献神及赏赐有功的诸侯。**渳**：浴尸。⑱**莅**：临。**大敛**：亦作大殓。丧礼之一。将已装裹的尸体放入棺材。**小敛**：亦作小殓。旧时丧礼之一，给死者沐浴、穿衣、覆衾等。⑲**佐**：帮助入殓。⑳**衰冠**：泛指丧服。**式**：谓制及色。㉑**执事**：本工之长之属。㉒**葬兆**：墓地。㉓**甫竁**：开始挖掘墓穴。

周礼

相丧祭之礼；成葬而祭墓①，为位②。凡王之会同、军旅、甸役之祷祠③，肄仪为位④。国有祸灾，则亦如之。凡天地之大灾，类社稷宗庙⑤，则为位。凡国之大礼⑥，佐大宗伯；凡小礼⑦，掌事，如大宗伯之仪。

肆师之职：掌立国祀之礼⑧，以佐大宗伯。立大祀⑨，用玉帛牲牷⑩；立次祀⑪，用牲币⑫；立小祀⑬，用牲。以岁时序其祭祀⑭，及其祈珥⑮。大祭祀，展牺牲⑯，系于牢⑰，颁于职人⑱。凡祭祀之卜日，宿为期⑲，诏相其礼，视涤濯亦如之。祭之日，表齍盛⑳，告絜㉑；展器陈告备㉒；及果㉓，筑鬻㉔。相治小礼，诛其慢怠者㉕。

注释：①成葬：坟墓已经封好。②为：设立。位：坛位。③甸役：指田猎。周代天子田猎则征发徒役，故称。甸，通"田"。④肄仪：预习礼仪。⑤类：仿效。⑥大礼：王亲为之之礼。⑦小礼：王不亲行，由群臣摄而为之之礼。⑧国祀：国家祭祀。⑨立大祀：制定天地、宗庙等大祭祀的礼仪。⑩牲牷：古代祭祀用的纯色全牷。⑪次祀：指日、月、星、辰。⑫牲币：牺牲和币帛。⑬小祀：指对风师、雨师、山川、百物等小神的祭祀。⑭序：同"叙"。次序。⑮祈珥：以牲血涂于器器。⑯展：检查。⑰系：拘禁。牢：牲畜的圈。⑱职人：牧人。指充人、监门人。职，为杙。杙，可以系牲者。⑲宿：量词，用以计算夜。为期：祭祀前夕将祭日通告有关人员。⑳表：标明，标出。齍盛：盛于簋等食器中的六谷。㉑絜：通"洁"（潔）。洁净。㉒陈：陈列。告备：告备具。㉓果：通"裸"。灌祭。㉔筑鬻：捣而煮之，以行裸礼。㉕诛：责罚。慢怠：惰慢懈怠。

掌兆中、庙中之禁令①。凡祭祀礼成，则告事毕。大宾客，莅筵几②，筑鬻，赞果将③。大朝觐，佐傧，共（供）设匪瓮之礼④，飨食，授祭⑤。与祝侯禳于畺及郊⑥。

大丧，大渳以鬯⑦，则筑鬻⑧；令外内命妇序哭⑨；禁外内命男女之衰不中法者⑩，且授之杖⑪。凡师甸（田）用牲于社宗⑫，则为位⑬。类造上帝⑭，封于大神⑮，祭兵于山川⑯，亦如之。凡师不功⑰，则助牵主车⑱。凡四时之大甸（田）猎，祭表貉⑲，则为位。尝之日⑳，莅卜来岁之芟㉑；祢之日㉒，

注释：①兆：坛堃域。②莅：临。筵几：坐席与几案。古代礼敬尊长或祭礼行礼时的陈设。③赞果将：协助举行祼礼。④匪瓮：装满食物的瓮筐。⑤授祭：授宾祭肺。⑥祝：小祝。侯禳：举行侯礼、禳礼。前者为求福，后者为除祸。畺：境，边境。⑦渳：洗尸身。鬯：古代宗庙祭祀用的香酒。以郁金香和黑黍酿成。⑧筑鬻：捣碎香草煮以为鬯。⑨外命妇：古称卿、大夫之妻。内命妇：古称皇帝的妃、嫔、世妇、女御等。序哭：根据丧服的等级决定哭丧的秩序。⑩外命男：六乡六遂及公邑大夫。内命男：朝廷卿、大夫、士。外命女：内命男之妻。内命女：王之三夫人以下。衰：丧服。中法：合乎理法规定。⑪杖：哭丧棒。⑫师甸：出师征伐与四时田猎。甸，通"田"。社宗：古谓军社与迁主。⑬为位：确定祭祀的方位。⑭类造：以类礼献祭于。造犹即。类礼，依郊祀而为之。⑮封：聚土为坛以祭。大神：社及方岳。⑯祭兵于山川：为了战事而祭祀山川。⑰师不功：军队出征却没能打胜仗。⑱助牵主车：帮助大司马牵拉装载着神主的车。⑲祭表貉：田猎时于立表之处祭祀制定军法者。⑳尝：秋祭。㉑芟：割除田中草。㉒祢：秋猎。

周礼

莅卜来岁之戒①；社之日②，莅卜来岁之稼③。若国有大故，则令国人祭，岁时之祭祀亦如之。凡卿大夫之丧，相其礼④。凡国之大事，治其礼仪⑤，以佐宗伯。凡国之小事，治其礼仪而掌其事⑥，如宗伯之礼。

郁人：掌祼器⑦。凡祭祀、宾客之祼事⑧，和郁鬯⑨，以实彝而陈之⑩。凡祼玉⑪，濯之⑫，陈之，以赞祼事。诏祼将之仪与其节⑬。凡祼事，沃盥⑭。大丧之渳⑮，共供其肆器⑯；及葬，共供其祼器，遂貍埋之⑰。大祭祀，与量人受举斝之卒爵而饮之⑱。

鬯人：掌共供秬鬯而饰之⑲。凡祭祀，

注释：①莅卜来岁之戒：占卜第二年如何防备入侵者。②社：指春秋两季祭祀社神。③稼：耕作，种植。④相其礼：负责帮助死者的嫡子按礼行事。⑤治其礼仪：负责把有关礼仪的一切事情报告给王。⑥掌：处理。⑦祼器：祼祭所用的祭器。⑧祼事：指行灌鬯礼仪之祭祀。⑨和郁鬯：把筑捣煮好的郁草汁和鬯酒掺和起来。⑩实：装满。彝：古代宗庙常用礼器的总名。⑪祼玉：祼礼用的圭瓒等。⑫濯：洗涤。⑬祼将：谓助王行祼祭之礼。节：行祼礼的时间。⑭沃盥：浇水洗手。⑮渳：洗尸身。⑯肆器：浴尸盆。⑰貍：通"埋"。埋藏。⑱量人：周官名。掌丈量、营造和制定祭献之数。斝：爵名，古代酒具的一种。卒爵：最后一杯。⑲秬鬯：古代以黑黍和郁金香草酿造的酒，用于祭祀献神及赏赐有功的诸侯。饰：打扮。

社壝用大罍①，禜门用瓢齎𩰤②，庙用脩③，凡山川四方用蜃④，凡祼事用概⑤，凡甒事用散⑥。大丧之大渳，设斗⑦，共供其衅鬯⑧。凡王之齐斋事⑨，共供其秬鬯。凡王吊临⑩，共供介鬯⑪。

注释：①社壝：四周筑有矮墙的社坛。罍：陶制酒器。②禜：祭祀名。门：国门。瓢：瓠的一种。也称葫芦。齎：通"齍"。引申指腹部。③脩：酒尊。④蜃：酒尊。⑤祼：疑当作"貍"。貍，古代祭名，指埋牲、玉、币于地以祭山林川泽。概：酒尊。⑥甒事：祭祀四方百物。散：酒尊。⑦斗：舀水的勺子。⑧衅鬯：浴尸时涂尸的鬯酒。⑨齐：通"斋"。⑩吊临：哭吊，吊唁。⑪介鬯：涂于天子之身以避秽浊的鬯酒。

罾彝图 　黄彝图 　虎彝图 　蜼彝图

著尊图 　壶尊图 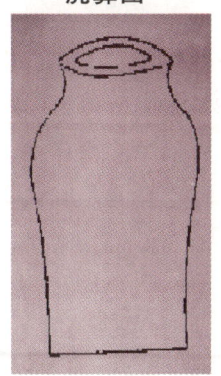　太尊图 　山尊图

周礼

鸡人：掌共(供)鸡牲，辨其物①。大祭祀，夜呼旦以嘂百官②。凡国之大宾客、会同、军旅、丧纪，亦如之。凡国事为期，则告之时。凡祭祀，面禳衅③，共(供)其鸡牲。

司尊彝：掌六尊、六彝之位④，诏其酌⑤，辨其用与其实⑥。春祠夏禴⑦，祼用鸡彝、鸟彝⑧，皆有舟⑨；其朝践用两献尊⑩，其再献用两象尊⑪，皆有罍⑫，诸臣之所昨(酢)也⑬。秋尝冬烝⑭，祼用斝彝、黄彝⑮，皆有舟；其朝献用两著尊⑯，其馈献用两壶尊⑰，皆有罍，诸臣之所昨(酢)也。凡四时之间祀、追享、朝享⑱，祼用虎彝、蜼彝⑲，皆

注释： ①物：毛色品种。②呼旦：叫喊以表示时刻到了早晨。嘂：同"叫"。高声呼叫。③面禳：禳除灾害并祭于四方。④位：所陈之处。⑤诏：告。酌：滤酒的方法。⑥实：盛装的酒类。⑦祠：祭名。春祭。禴：夏祭。⑧鸡彝：刻画有鸡形图饰的酒杯。古代祭器之一。⑨舟：托彝器的盘子。⑩朝践用两献尊：祼礼后献血腥祭品时用一对兽形的酒杯。朝践，古代祭礼仪节之一。献尊，即牺尊。祭祀用的一种酒器。⑪象尊：象形的酒杯。⑫罍：陶制酒器。⑬昨：通"酢"。以酒回敬。⑭尝：秋祭。烝：冬祭。⑮斝彝：古代祭祀用的有禾稼饰纹的酒器。斝，通"稼"。禾稼。黄彝：又称黄目彝。黄铜彝器。据说刻人目为饰，故名。⑯著尊：无足的酒杯。⑰馈献：献食。壶尊：古代盛酒器。亦为礼器。⑱间祀：谓四时正祭之间的祭祀。追享：禘祭，宗庙的一种大祭。朝享：祫祭，也是宗庙举行的大祭。⑲蜼：一种长尾猿。

有舟；其朝践用两大尊①，其再献用两山尊②，皆有罍，诸臣之所昨也。凡六彝六尊之酌，郁齐献酌③，醴齐缩酌④，盎齐涗酌⑤，凡酒修酌⑥。大丧，存奠彝⑦，大旅亦如之⑧。

司几筵：掌五几、五席之名物⑨，辨其用与其位。凡大朝觐、大飨射⑩，凡封国、命诸侯，王位设黼依⑪，依前南乡设莞筵纷纯⑫，加缫席画纯⑬，加次席黼纯⑭，左右玉几⑮。祀先王、昨席亦如之⑯。诸侯祭祀席，蒲筵缋纯⑰，加莞席纷纯，右雕几⑱；昨席莞筵纷纯，加缫席画纯，筵

春官宗伯第三

注释：①**两大尊：**一对瓦制的酒杯。②**山尊：**饰有山和云雷图案的酒杯。③**郁齐：**即郁鬯。**献：**古代一种滤酒方法。④**醴齐：**醴酒，甜酒。**缩酌：**滤酒去渣。⑤**盎齐：**酒名，与醴齐相类。**涗酌：**揩拭勺子以酌酒。⑥**凡酒：**指事酒、昔酒、清酒三种酒。**修酌：**以水洗勺而酌。修，通"涤"，洗濯。⑦**存：**省察。⑧**大旅：**国家发生重大变动举行的旅祭。⑨**五几：**玉几、素几、漆几、彤几、雕几。**五席：**莞席、缫席、次席、蒲席、熊席。⑩**大朝觐：**会合诸侯。**大飨射：**大飨礼、大射礼。⑪**黼依：**绣有黼纹（黑白斧）的屏风。⑫**乡：**通"向"。**莞：**俗名水葱、席子草。亦指用莞草织的席子。**筵：**以竹篾、枝条和蒲苇等编织成的席子。古代用来铺地作坐垫。**纷：**丝带。**纯：**镶边，边缘。⑬**缫席：**五彩的席。**画纯：**绘有云气纹的边缘。⑭**次席：**绣黑白绘画的边缘。**黼纯：**绣黑白斧纹的边缘。⑮**玉几：**玉饰的矮桌。⑯**昨席：**即酢席，指祭祀时天子受酬酢的席位。昨，通"酢"。⑰**蒲筵：**蒲席。**缋纯：**用有画纹的缯帛作镶边。缋，绘画。⑱**雕几：**刻绘文采之几。诸侯祭祀时设。

国宾于牖前亦如之①，左彤几②。甸田役③，则设熊席④，右漆几⑤。凡丧事，设苇席，右素几⑥。其柏席用萑黼纯⑦，诸侯则纷纯，每敦一几⑧。凡吉事变几⑨，凶事仍几⑩。

天府：掌祖庙之守藏与其禁令。凡国之玉镇、大宝器⑪，藏焉。若有大祭、大丧，则出而陈之；既事⑫，藏之。凡官府乡州及都鄙之治中⑬，受而藏之，以诏王察群吏之治。上春⑭，衅宝镇及宝器⑮。凡吉凶之事，祖庙之中沃盥⑯，执烛。季冬⑰，陈玉以贞来岁之媺恶⑱。若迁宝，则奉之⑲。若祭天之司民、司禄而献民数、谷数⑳，则受而藏之。

典瑞：掌玉瑞、玉器之藏，辨其名物

注释：①筵：铺设坐席。国宾：老臣。牖：窗户。②彤几：朱漆几。卿大夫来聘时设酢席间。③甸役：指田猎。甸，通"田"。④熊席：熊皮坐席。⑤漆几：黑几。⑥素几：古代丧事中用的涂以白土的小几。⑦柏席：供神的席位。萑：芦类植物。⑧敦：覆盖。⑨变：改换。⑩仍：沿用。⑪玉镇：镇国的玉器，如镇圭、桓圭。大宝器：传国的玉器。⑫即事：祭祀或丧事完毕。⑬治中：记载政绩的官府文书。⑭上春：春季的第一个月。⑮衅：血祭，谓杀生取血涂物以祭。⑯沃盥：浇水洗手。⑰季冬：冬季的第三个月。⑱陈：摆设。贞：卜问。来岁：来年。媺恶：即年成好坏。媺，同"美"。⑲奉：送。⑳司民：星名，冬季祭祀。司禄：星名，主年谷收成。

与其用事，设其服饰①。王晋搢大圭②，执镇圭，缫藉五采五就③，以朝日④。公执桓圭，侯执信圭，伯执躬圭，缫皆三采三就，子执谷璧，男执蒲璧，缫皆二采再就，以朝觐宗遇会同于王⑤。诸侯相见亦如之。琢圭璋璧琮⑥，缫皆二采一就，以眺聘⑦。四圭有邸柢⑧，以祀天、旅上帝⑨。两圭有邸柢，以祀地、旅四望⑩。祼圭有瓒⑪，以肆先王⑫，以祼宾客⑬。圭璧⑭，以祀日月星辰。璋邸柢射⑮，以祀山川，以造赠宾客⑯。土圭以致四时日月⑰，封国则以土地。珍圭以征守⑱，以恤凶荒。牙璋

春官宗伯第三

注释：①服饰：玉的衬垫。②晋：通"搢"，插。③缫藉：玉的衬垫物。就：古代服饰，五采丝一匝称为一就。从一就而上，以别等级高下。④朝日：天子春分朝日于东门外，秋分夕月于西门外。⑤朝觐宗遇会同：侯氏见于天子，春曰朝，夏曰宗，秋曰觐，冬曰遇，时见曰会，殷见曰同。⑥琢：圭璧上刻文隆起以为饰。⑦眺聘：诸国大夫同来聘称为眺；一国大夫来聘称为聘。故眺聘即朝聘之意。⑧邸：通"柢"，物的基部。⑨旅：祭名。上帝：即五帝。⑩四望：古祭名。指古代天子向四方遥祭山川。⑪祼圭：祼礼用的酌酒之器上的玉制手柄。瓒：古代祭祀用的玉制酒勺。⑫肆：祭祀名。⑬祼：对朝见的诸侯行祼礼，以爵酌香酒而敬宾客。⑭圭璧：以璧为本，其上有圭，礼器的一种。⑮璋邸射：以琮为本体，其上连有一璋，无饰文，祭器的一种。邸，通"柢"。⑯造：至宾馆致礼。赠：郊赠之礼。⑰土圭：古代用以测日影、正四时和测度土地的器具。⑱珍圭：天子使者使用的瑞节。征守：征召守国诸侯。

以起军旅①，以治兵守②。璧羡以起度③。驵(组)圭璋璧琮琥璜之渠眉④，疏璧琮以敛尸⑤。谷圭以和难⑥，以聘女⑦。琬圭以治德⑧，以结好⑨。琰圭以易行⑩，以除慝⑪。大祭祀、大旅、凡宾客之事，共(供)其玉器而奉之⑫。大丧，共饭玉、含(琀)玉、赠玉⑬。凡玉器出，则共(供)奉之。

典命：掌诸侯之五仪、诸臣之五等之命⑭。上公九命为伯⑮，其国家、宫室、车旗、衣服、礼仪，皆以九为节⑯；侯伯七命，其国家、宫室、车旗、衣服、礼仪，皆以七为节；子男五命，其国家、宫室、车旗、衣服、礼仪，皆以五为节。王之三公

注释：①牙璋：征兵的凭证，与后来虎符的作用相同。②兵守：谓用兵力防守。③璧羡：椭圆形的璧，以其径长作为一尺的标准。起度：犹计量。④驵：通"组"，丝带，用来连缀玉器。渠眉：玉上的琢刻纹，凹陷者谓渠，隆起者谓眉。⑤疏：穿孔。敛尸：给死者穿衣、入棺。敛，通"殓"。⑥和难：和解冤仇。难，仇雠。⑦聘：女子订婚或出嫁。⑧治德：诸侯有德行善事者，天子命赐琬圭。⑨以结好：用在接待诸侯使者的礼仪中表示友好。⑩易行：改善品行。⑪除慝：表示对恶行的谴责。⑫奉之：把玉器送到办事地点。⑬饭玉：以米及碎玉置于尸口之中。赠玉：下葬时，赠死者的玉。⑭五仪：公、侯、伯、子、男五等爵位享有的不同都城、宫室、车旗、衣服等规格。五等之命：诸侯、诸臣的五等命数。⑮九命：周代的官爵分为九个等级，称九命。⑯节：节度。

八命，其卿六命，其大夫四命。及其出封①，皆加一等。其国家、宫室、车旗、衣服、礼仪亦如之。凡诸侯之適(嫡)子誓于天子②，摄其君③，则下其君之礼一等；未誓，则以皮帛继子男④。公之孤四命，以皮帛视小国之君⑤，其卿三命，其大夫再命，其士壹命，其宫室、车旗、衣服、礼

注释： ①出封：在王畿内的天子的公、卿、大夫因功被封于王畿之外。②适子：即嫡子。正妻所生之子。誓：策命。指诸侯的嫡子被立为世子，且被天子核准。③摄其君：得到天子策命。④继子男：列于子、男爵之后。⑤视小国之君：礼仪待遇和小国的国君子、男一样。

四圭有邸色赤图

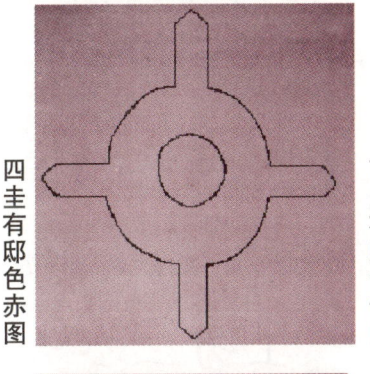

两圭有邸色青图

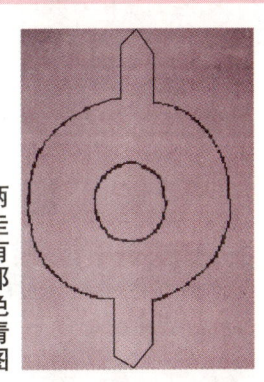

圭璧色白图

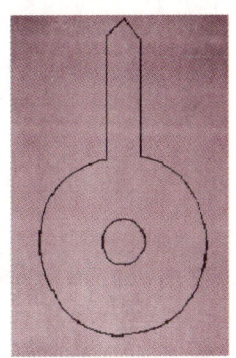

驵圭图

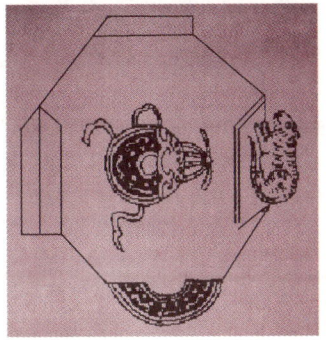

琬圭图

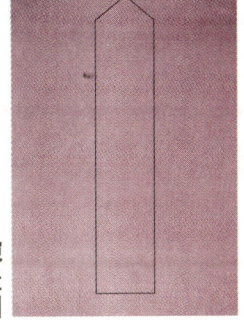

琰圭图

仪,各视其命之数。侯伯之卿大夫士亦如之。子男之卿再命,其大夫壹命,其士不命,其宫室、车旗、衣服、礼仪,各视其命之数。

司服:掌王之吉凶衣服,辨其名物与其用事。王之吉服,祀昊天、上帝,则服大裘而冕①,祀五帝亦如之。享先王则衮冕②;享先公、飨、射则鷩冕③;祀四望、山川则毳冕④;祭社稷、五祀则希冕⑤;祭群小祀则玄冕⑥。凡兵事,韦弁服⑦。视朝,则皮弁服⑧。凡甸⑨,冠弁服⑩。凡凶事,服弁服⑪。凡吊事,弁绖服⑫。凡丧,为天王斩衰⑬,为王后齐衰⑭。王为三公六

注释:①大裘而冕:天子的六种冕服之一。冕服是天子最隆重的礼服,制作考究,用料精细,纹饰丰富。②享:祭享。衮冕:天子的六种冕服之一。③鷩冕:天子的六种冕服之一。④毳冕:和下文的希服、玄冕一样,也是天子的六种冕服之一。⑤希:通"黹"。刺绣。⑥群小祀:祭林泽、坟衍、四方、百物等。⑦韦弁:古代礼冠之一。天子、诸侯、大夫从事兵事时的服饰。用熟皮制成,浅朱色,制如皮弁。弁,帽子。⑧皮弁服:古代天子视朝、诸侯告朔所著之衣,以白缯为之。也称"缟衣"。⑨甸:通"田",田猎。⑩冠弁:天子田猎时的装束。在玄冠之上加以皮帽。⑪服弁:丧冠。其服,斩衰、齐衰。⑫弁绖服:丧服名,在弁上加一圈麻绳。绖,古代丧服所用的麻袋。⑬斩衰:五种丧服中最庄严的丧服。以麻扎发,以粗麻布制成,四边不缝。⑭齐衰:次于斩衰的丧服,四边缝合。

卿锡衰①，为诸侯缌衰②，为大夫士疑衰③，其首服皆弁绖④。大札⑤、大荒、大灾，素服⑥。公之服，自衮冕而下如王之服；侯伯之服，自鷩冕而下如公之服；子男之服，自毳冕而下如侯伯之服；孤之服⑦，自希冕而下如子男之服；卿大夫之服，自玄冕而下如孤之服，其凶服加以大功小功⑧；士之服，自皮弁而下如大夫之服，其凶服亦如之。其齐服有玄端素端⑨。凡大祭祀、大宾客，共（供）其衣服而奉之。大丧，共（供）其复衣服、敛（殓）衣服、奠衣服、廞衣服⑩，皆掌其陈序。

典祀：掌外祀之兆守⑪，皆有域⑫，掌

注释：①锡衰：用细布制成的丧服，次于斩衰一等。锡，同缌，细布。②缌衰：五种丧服中最轻的一种。③疑衰：用漂白细布做成的丧服，次于缌衰一等。④首服：指头上的冠戴服饰。⑤大札：大瘟疫。⑥素服：缟冠，白布衣服。⑦孤：孤卿。⑧大功：丧服五服之一，服期九个月。小功：丧服五服之一，服期五个月。⑨玄端：士平时穿着的礼服。素端：士在凶事斋戒时穿着的礼服。⑩复衣服：招魂时穿的衣服。敛衣服：殡殓时给死人穿的衣服。敛，通"殓"。奠衣服：死者的魂衣。廞衣服：葬前一日，陈列于祖庙到下葬之日，陈列于墓道而最终下葬于椁中的衣服。⑪外祀：指在四郊的祭祀。兆守：监守祭坛的职司。兆，祭坛四周的封土。⑫域：四周的界域。

其禁令。若以时祭祀，则帅其属而修除①，征役于司隶而役之。及祭，帅其属而守其厉禁而跸之②。

守祧：掌守先王先公之庙祧③，其遗衣服藏焉④。若将祭祀，则各以其服授尸⑤。其庙，则有司修除之⑥；其祧⑦，则守祧黝垩之⑧。既祭，则藏其隋与其服⑨。

世妇：掌女宫之宿戒⑩，及祭祀，比其具⑪，诏王后之礼事⑫，帅六宫之人共(供)粢盛，相外内宗之礼事。大宾客之飨食亦如之。大丧，比外内命妇之朝莫(暮)哭⑬，不敬者而苛(诃)罚之⑭。凡王后有拜事于妇人⑮，则诏相。凡内事有达于外官者，世妇掌之。

注释：①修除：除草、清洁等。②厉禁：路障之类的障碍物。跸：禁止闲人入内。③庙祧：泛指祖庙。④遗衣服：大殓时所剩余的衣服。⑤授尸：指把衣服给代表先王先公接受祭祀的人穿上。⑥有司：指宗伯。⑦祧：远祖庙。⑧守祧：古官名，掌守先王先公的祖庙。黝垩：涂以黑色和白色。⑨藏：埋藏。隋：残剩的祭品。⑩女宫：宫中服役的女子。宿戒：即斋戒。⑪比：检查。⑫诏：告知。⑬朝莫哭：即朝夕哭。莫，通"暮"。⑭苛：通"诃"，大声责骂。⑮拜事：拜谢之事。

内宗：掌宗庙之祭祀荐加豆笾①，及以乐彻②，则佐传豆笾。宾客之飨食亦如之。王后有事则从。大丧，序哭者③。哭诸侯亦如之。凡卿大夫之丧，掌其吊临④。

注释：①荐：进献。加豆笾：宗庙祭祀于九献之后，长兄弟、众宾长在加爵时所进献的豆笾。②以乐彻：到了奏乐需撤去豆笾时。彻，同"撤"。③序：按次序排列。④吊临：哭吊，吊唁。

伯夷典礼图

外宗：掌宗庙之祭祀，佐王后荐玉豆，视豆笾，及以乐彻，亦如之。王后以乐羞齍则赞①。凡王后之献亦如之。王后不与②，则赞宗伯。小祭祀③，掌事。宾客之事亦如之。大丧，则叙外内朝莫哭者④。哭诸侯亦如之。

冢人：掌公墓之地⑤，辨其兆域而为之图⑥，先王之葬居中，以昭穆为左右⑦。凡诸侯居左右以前⑧，卿大夫士居后，各以其族⑨。凡死于兵者⑩，不入兆域。凡有功者居前⑪。以爵等为丘封之度与其树数⑫。大丧既有日⑬，请度甫竁⑭，遂为之尸⑮。及竁，以度为丘隧⑯，共丧之窆器⑰。

注释：①以乐羞齍：按照音乐的进度进献盛了粮食的祭器。羞，进献。齍，古代盛谷物的祭器。赞：协助。②与：参加。③小祭祀：宫中举行的门、户、灶等的祭祀，也称内祭祀。④叙：按次序排列。外内：内外宗及外命妇。⑤公墓：天子与同姓所葬的墓区。⑥兆域：坟地的界domain。⑦昭穆：墓地葬位的左右次序。⑧诸侯：指天子之子孙封为畿内诸侯者。⑨各以其族：各自按照家族的关系排列。⑩兵：战事。⑪居前：指葬于墓地正前方，处于昭穆的中央。⑫爵等：爵位的高低。丘封之度：坟头的高低大小，用别尊卑。王公曰丘，诸臣曰封。树数：种植的树木的多寡。⑬有日：开始掘挖墓圹的那一天。⑭度：量度。甫：始。竁：挖地造墓穴。⑮为之尸：指下葬后祭祀坟墓所在地的地神时，冢人充任尸，代表受祭的地神。⑯丘：坟墓。隧：墓道。⑰窆器：下棺立碑之类的工具。

及葬，言鸾车象人①。及窆②，执斧以莅③，遂入藏凶器④。正墓位，跸墓域⑤，守墓禁⑥。凡祭墓，为尸。凡诸侯及诸臣葬于墓者，授之兆⑦，为之跸，均其禁⑧。

墓大夫：掌凡邦墓之地域⑨，为之图，令国民族葬⑩，而掌其禁令，正其位，掌其度数⑪，使皆有私地域⑫。凡争墓地者，听其狱讼⑬。帅其属而巡墓厉⑭，居其中之室以守之⑮。

职丧：掌诸侯之丧，及卿大夫士凡有爵者之丧，以国之丧礼莅其禁令⑯，序其事⑰。凡国有司以王命有事焉⑱，则诏赞主人⑲。凡其丧祭，诏其号⑳，治其礼㉑。

注释：①鸾车：指明车，又称遣车。象人：殉葬的木俑。②窆：将棺木葬入圹穴。③莅：临。④凶器：明器，藏于墓圹中的牲体、祭器等器物。⑤跸：禁止人进入。⑥守墓禁：守护墓区的地界围栏，严禁随便动土。⑦授：给予，交付。兆：墓地。⑧均其禁：平均安排守墓的事。⑨邦墓：指王国中百姓下葬的墓地。⑩族葬：根据族别下葬。⑪掌其度数：负责执行坟墓高低大小的规定。⑫私地域：指在公墓中划拨给某族专用的葬区。⑬听：审理。⑭墓厉：墓地分界的藩篱。⑮室：公墓区域中墓大夫的办公处。⑯国之丧礼：国家规定的丧礼。⑰序：按顺序排列。事：谓小殓、大殓、下葬等事。⑱国有司：奉命来赠赙、吊丧的官吏。有事：含襚、赠赙等事。⑲诏：告诉。赞：佐助。⑳诏其号：把有关的祭品名称告知相关的官员。㉑治其礼：负责训练相关的礼仪。

周礼

凡公有司之所共(供)①,职丧令之,趣(促)其事②。

大司乐:掌成均之法③,以治建国之学政④,而合国之子弟焉⑤。凡有道者、有德者⑥,使教焉⑦。死则以为乐祖⑧,祭于瞽宗⑨。以乐德教国子⑩:中、和、祗、庸、孝、友。以乐语教国子:兴、道(导)、讽、诵、言、语⑪。以乐舞教国子⑫:舞《云门》、《大卷》、《大咸》、《大韶》、《大夏》、《大濩》、《大武》⑬。以六律、六同、五声、八音、六舞、大合乐⑭,以致鬼神示⑮,以和邦国,以谐万民,以安宾客,以说(悦)远人⑯,以作

注释:①公有司:根据规定应依法供给吊丧。②趣:催促,监督。③成均:古之大学。④学政:教育工作。⑤合:集合。国之子弟:公、卿、大夫的子弟在学者。⑥道:多才多艺。德:身体力行。⑦使教焉:让他们教育学生。⑧乐祖:音乐的祖师。⑨瞽宗:商代大学的名称。⑩乐德:乐中的六德,即下文所谓的中、和、祗(恭敬)、庸(永恒)、孝、友。⑪兴:以事譬事。道:通"导",以古导今。讽:背诵诗歌。诵:歌唱。语:回答。⑫乐舞:周代所存的上古六种大舞。⑬《云门》:周代所存六代(黄帝、尧、舜、夏、殷、周)之乐。以下《大卷》、《大咸》、《大韶》、《大夏》、《大濩》、《大武》也是六代之乐。⑭六律:十二律中的六个阳声。六同:即"六吕"、"六钟",十二律中的六个阴声。五声:指宫、商、角、徵、羽。八音:指八类乐器:金、石、土、革、丝、木、匏、竹。六舞:周代所存古代六种大舞。即《云门》、《大卷》等。⑮示:地神。⑯以说远人:让远方的人心悦诚服。说,通"悦"。

动物①。乃分乐而序之②,以祭,以享,以祀。乃奏黄钟③,歌大吕④,舞《云门》,以祀天神。乃奏大蔟⑤,歌应钟⑥,舞《咸池》,以祭地祇。乃奏姑洗⑦,歌南吕⑧,舞《大韶》,以祀四望⑨。乃奏蕤宾⑩,歌函钟⑪,舞《大夏》,以祭山川。乃奏夷则⑫,歌小吕⑬,舞《大濩》,以享先妣⑭。乃奏无射⑮,歌夹钟⑯,舞《大武》,以享先祖。凡六乐者,文之以五声⑰,播之以八音。凡六乐者,一变而致羽物及川泽之祇⑱,再变而致臝物及山林之祇⑲,三变而致鳞物及丘陵之祇⑳,四变而致毛物及坟衍之祇㉑,

注释: ①以作动物:让百物繁盛。②分:谓各用一代之乐。③黄钟:古之打击乐器,其乐为庙堂所用。④**大吕**:古代乐律名。古乐分十二律,阴阳各六,六阴皆称吕,其四为大吕。⑤**大蔟**:太蔟。十二律之一。大,通"太"。⑥应钟:古乐律名。十二律之一。古人以十二律与十二月相配,每月以一律应之。应钟与十月相应。⑦姑洗:十二律之一。⑧南吕:古代乐律调名。十二律之一,属阴律。⑨四望:四方。⑩蕤宾:古乐十二律中第七律。属阳律。⑪函钟:十二律之一。即林钟。⑫夷则:十二律之一。为阳律的第五律。⑬小吕:十二律之一。一名中吕。⑭先妣:指周天子的先母,也就是传说中的姜嫄。⑮无射:古十二律之一。位于戌。故亦指阴历九月。⑯夹钟:古十二乐律中六阴律之一。⑰文:曲调,旋律。⑱变:乐曲奏完了一遍后再次演奏,称为变。羽物:指鸟类。⑲臝物:指虎、豹之类皮毛短浅的动物。⑳鳞物:鱼类。㉑毛物:貂、狐类皮毛细而丰厚的动物。坟:堤岸。衍:大河两侧的平地。

周礼

五变而致介物及土示①，六变而致象物及天神②。

注释：①介物：有甲壳的动物。土示：土地的神。②象物：指麟、凤、龟、龙四灵。

后夔典乐图

凡乐，圜钟为宫①，黄钟为角，大蔟为徵，姑洗为羽，雷鼓雷鼗②，孤竹之管③，云和之琴瑟④，《云门》之舞；冬日至，于地上之圜丘奏之⑤，若乐六变，则天神皆降，可得而礼矣。凡乐，函钟为宫，大蔟为角，姑洗为徵，南吕为羽，灵鼓灵鼗，孙竹之管⑥，空桑之琴瑟⑦，《咸池》之舞；夏日至，于泽中之方丘奏之⑧，若乐八变，则地示皆出，可得而礼矣。凡乐，黄钟为宫，大吕为角，大蔟为徵，应钟为羽，路鼓路鼗⑨，阴竹之管⑩，龙门之琴瑟⑪，《九德》之歌，《九韶》之舞，于宗庙之中奏之，若乐九变，则人鬼可得而礼矣。

注释：①圜钟：即夹钟。古乐十二律之一。宫：古代五声音阶的第一音阶。其余四个为商、角、徵、羽。②雷鼓：一种八面的鼓。古代祭祀天神时所用。雷鼗：另一种八面的鼓。③孤竹之管：用孤伶伶生长的竹做的管。④云和之琴瑟：用云和山所产的木材做的琴瑟。⑤圜丘：天子祭天的圆形高丘。⑥孙竹之管：用竹根中后长出的竹子制成的管乐器。⑦空桑：空桑山。⑧方丘：天子祭地的方形高丘。⑨路鼓：古代祭享宗庙所用的四面鼓。路鼗：较小的一种路鼓。⑩阴竹之管：用长在山地北面的竹子制成的管乐器。⑪龙门：龙门山。

周礼

凡乐事，大祭祀宿县悬①，遂以声展之②，王出入则令奏《王夏》③，尸出入则令奏《肆夏》，牲出入则令奏《昭夏》，帅国子而舞④。大飨不入牲⑤，其他皆如祭

注释：①宿县：祭祀的前一天晚上预先悬挂好乐器。②以声展之：先叩击听其声，然后重新调整顺序，并检查是否齐全。③《王夏》：与下文的《肆夏》、《昭夏》同为"九夏"之一。④帅国子而舞：率领正在学习的王室和公卿大夫子弟跳舞。⑤大飨：天子飨宴来朝的诸侯宾客。入牲：送牲体。

箫韶九成图

祀。大射①，王出入，令奏《王夏》；及射，令奏《驺虞》。诏诸侯以弓矢舞②。王大食③，三宥④，皆令奏钟鼓。王师大献⑤，则令奏恺乐⑥。凡日月食，四镇五岳崩⑦，大傀异灾⑧，诸侯薨，令去乐。大札、大凶、大灾、大臣死⑨，凡国之大忧，令弛县(悬)⑩。凡建国，禁其淫声、过声、凶声、慢声⑪。大丧，莅廞乐器。及葬，藏乐器，亦如之。

乐师：掌国学之政⑫，以教国子小舞⑬。凡舞，有帗舞⑭，有羽舞，有皇舞⑮，有旄舞⑯，有干舞⑰，有人舞⑱。教乐仪，行以《肆夏》，趋以《采荠》，车亦如之⑲，环拜以钟鼓为节⑳。凡射，王以《驺虞》为节，诸侯

注释：①**大射：**天子、诸侯参与，因礼大于宾射、燕射、乡射而名。②**弓矢舞：**在行射礼时奏乐章，射者执弓挟矢，其行动之节与舞相应。③**大食：**初一、十五用膳另外有牲肉相配。④**三宥：**三次劝食。⑤**大献：**于宗庙献胜利的成果。⑥**恺乐：**喜悦庆功的乐曲。⑦**四镇：**四方大山。⑧**大傀异灾：**天地奇变。傀，珍奇，怪异。⑨**札：**瘟疫。⑩**弛县：**解下钟磬等悬挂的乐器，谓罢乐。⑪**淫声：**郑国、卫国的音乐。**过声：**哀乐失节的音乐。**凶声：**亡国之音。**慢声：**惰慢不恭的音乐。⑫**国学：**小学。⑬**小舞：**年幼时之舞。⑭**帗舞：**执帗而舞。帗，五彩帛制成的舞具。⑮**皇：**插了羽毛的帽子。⑯**旄：**旄牛尾。⑰**干舞：**兵舞。⑱**人舞：**即手舞。古代祭祀等典礼所用的一种不拿道具的舞蹈。⑲**车：**乘车进出。⑳**环：**旋，转身。

以《貍首》为节,大夫以《采蘋》为节,士以《采蘩》为节。凡乐,掌其序事①,治其乐政②。凡国之小事用乐者③,令奏钟鼓,凡乐成④,则告备⑤。诏来瞽皋嗥舞⑥,及

注释:①序事:有关用乐次序之事。②治其乐政:处理有关奏乐的事情。③小事:小祭祀。④成:每奏乐一遍为一成。⑤告备:向王禀告已经奏完。⑥诏来瞽:告知(视瞭)扶瞽者来入。一说瞽当为鼓,即呼击鼓者。皋:通"嗥"。号呼,呼告。舞:指当舞者。

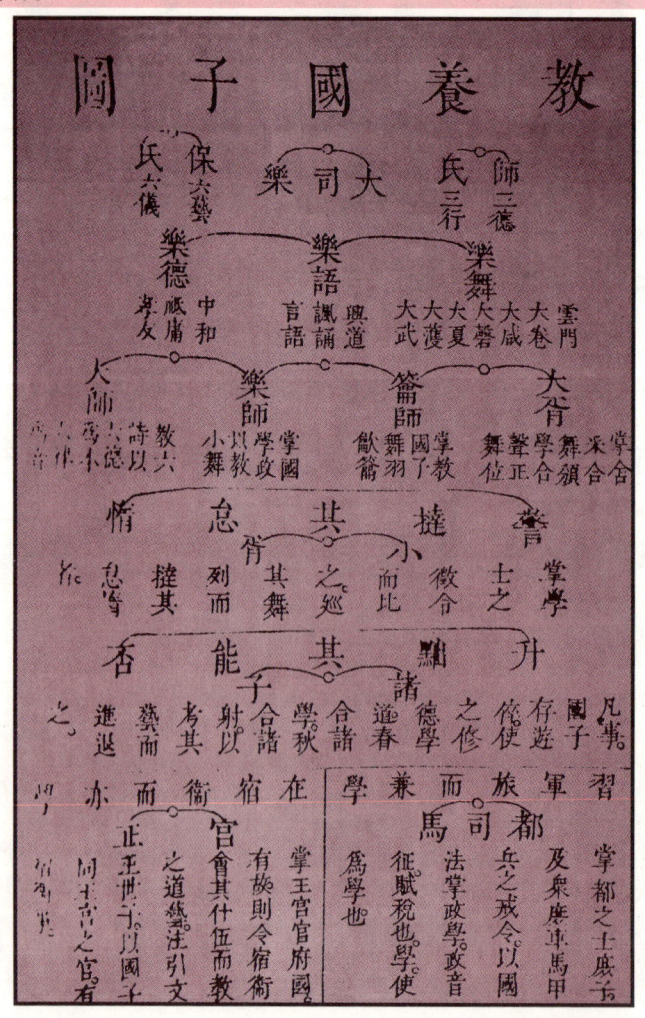

教养国子图

彻，帅学士而歌彻①，令相。飨食诸侯，序其乐事，令奏钟鼓，令相，如祭之仪。燕射②，帅射夫以弓矢舞③，乐出入，令奏钟鼓。凡军大献④，教恺歌⑤，遂倡之⑥。凡丧，陈乐器，则帅乐官。及序哭，亦如之。凡乐官，掌其政令，听其治讼⑦。

大胥：掌学士之版⑧，以待致诸子⑨。春入学，舍采⑩，合舞⑪；秋颁学⑫，合声。以六乐之会正舞位⑬，以序出入舞者，比乐官⑭，展乐器⑮。凡祭祀之用乐者，以鼓征学士⑯，序宫中之事⑰。

小胥：掌学士之征令而比之⑱，觵其不敬者⑲，巡舞列而挞其怠慢者⑳。正乐

注释：①学士：国子。歌彻：撤祭时唱歌。②燕射：燕飨宾客而行射事。③射夫：指众射者。④大献：谓师克胜，献捷报于祖庙。⑤恺歌：作恺乐时唱的歌。⑥倡：领唱。⑦治讼：听断他们的争讼。⑧学士：卿、大夫诸子学舞者。版：名册。⑨以待：以便准备。致：召来学习。⑩舍采：即释菜礼。古代学子入学以苹蘩之属祭祀先圣先师叫舍采。舍，通"释"。⑪合舞：合练所学的舞蹈。⑫颁学：颁布学员才艺高下。⑬会：指乐章与舞相应，同其节奏。⑭比：考核。⑮展：陈设并检查。⑯征：召集。⑰序：调度和管理。⑱比：考核。⑲觵：同"觥"，酒器。⑳舞列：跳舞者的队列。挞：鞭打。

周礼

县悬之位①，王宫县悬②，诸侯轩县悬③，卿大夫判县悬④，士特县悬⑤，辨其声。凡县悬钟磬，半为堵⑥，全为肆⑦。

大太师：掌六律六同，以合阴阳之声。阳声：黄钟、大太蔟、姑洗、蕤宾、夷则、无射。阴声：大吕、应钟、南吕、函钟、小吕、夹钟。皆文之以五声：宫、商、角、徵、羽。皆播之以八音：金、石、土、革、丝、木、匏、竹。教六诗⑧：曰风，曰赋，曰比，曰兴，曰雅，曰颂。以六德为之本⑨，以六律为之音。大祭祀，帅瞽登歌⑩，令奏击拊⑪，下管⑫，播乐器，令奏鼓朄⑬。大飨亦如之。大射，帅瞽而歌射节⑭。大师⑮，

注释：①乐县：可以悬挂的乐器。县，通"悬"。下同。②王宫县：王的乐队四面悬挂乐器。③轩县：三面悬挂钟磬等乐器，缺南方。④判县：两面悬挂钟磬等乐器，缺南北方。⑤特县：仅在东方悬挂钟磬等乐器。⑥堵：悬钟磬的架子，每架称一堵，每堵共悬十六枚。⑦肆：指钟一架、磬一架。⑧六诗：《诗经》的六种内容：风、雅、颂、赋、比、兴，前三种为体裁，后三种为表现手法。⑨六德：如前所述中、和、祗、庸、孝、友。⑩登歌：即升堂鼓琴瑟、唱歌。⑪拊：一种鼓形的乐器。⑫下管：在堂下吹管乐。⑬朄：小鼓的一种。⑭射节：大射奏《驺虞》为节。⑮大师：大规模出动军队。

执同律以听军声①，而诏吉凶。大丧，帅瞽而廞②，作柩③，谥④。凡国之瞽矇正焉⑤。

小师：掌教鼓鼗、柷、敔、埙、箫、管、弦、歌⑥。大祭祀，登歌⑦，击拊⑧，下管⑨，击

注释：①军声：将士发出的呼喊声。②帅瞽而廞：率领盲乐师和协助他们行动的人陈设乐器。③作柩：葬前抬举灵柩入车。④谥：陈述死者生前事迹。⑤瞽矇：乐官。古代乐官多为盲人，故称。瞽，失明的人，盲人。矇，盲，目失明。正：听从政令。⑥鼓：演奏。柷：打击乐器，形似方桶。敔：打击乐器。歌：合着音乐咏诗。⑦登歌：即升堂鼓琴瑟、唱歌。⑧击拊：敲击拊鼓。⑨下管：堂下吹奏笙管。

春官宗伯第三

具训蒙士图

191

周礼

应鼓①，彻，歌。大飨亦如之。大丧，与廞②。凡小祭祀、小乐事，鼓棘③。掌六乐声音之节与其和④。

瞽矇：掌播鼗、柷、敔、埙、箫、管、弦、歌⑤。讽诵诗，世奠系⑥，鼓琴瑟。掌《九德》、《六诗》之歌，以役大[太]师⑦。

视瞭：掌凡乐事播鼗，击颂磬、笙磬⑧。掌大[太]师之县[悬]。凡乐事，相瞽。大丧，廞乐器，大旅亦如之。宾射，皆奏其钟鼓。鼙、恺献⑨，亦如之。

典同：掌六律六同之和，以辨天地四方阴阳之声，以为乐器⑩。凡声⑪，高声硍⑫，正声缓⑬，下声肆⑭，陂声散⑮，险声敛⑯，达

注释：①应鼓：即应鼙，小鼓的一种。②与：参与。廞：陈设。③棘：小鼓。④和：谐和。⑤播：演奏。⑥世奠系：王、诸侯、卿大夫氏族的世次谱籍。⑦以役大师：以听从大师的指挥。大，通"太"。⑧颂磬：悬挂在西面的编磬。笙磬：悬挂在东面的编磬。⑨鼙：戒守时击的鼓。恺献：得胜时回师所奏的恺乐。⑩为：调正。⑪声：钟声。⑫硍：声音不远扬。⑬正声缓：钟体的上下部内径一样，声音传播便缓慢。⑭下声肆：钟的下部内径大，声音就容易迅速散播。⑮陂声散：钟口一边大一边小，声音就离散。⑯险声敛：钟口有一边偏向里面，声音就内敛而不外扬。

声赢①，微声韽②，回声衍③，侈声筰④，弇声郁⑤，薄声甄⑥，厚声石⑦。凡为乐器⑧，以十有又二律为之数度⑨，以十有又二声为之齐量⑩。凡和乐亦如之⑪。

磬师：掌教击磬，击编钟。教缦乐、燕乐之钟磬⑫。凡祭祀，奏缦乐。

钟师：掌金奏⑬。凡乐事，以钟鼓奏《九夏》⑭：《王夏》、《肆夏》、《昭夏》、《纳夏》、《章夏》、《齐夏》、《族夏》、《祴夏》、《骜夏》。凡祭祀、飨食，奏燕宴乐。凡射，王奏《驺虞》⑮，诸侯奏《貍首》，卿大夫奏《采蘋》，士奏《采蘩》。掌鼙，鼓缦乐。

笙师：掌教吹竽、笙、埙、籥、箫、篪、

注释：①达声赢：钟体略大，声音就洪大。②韽：声音小。③回声衍：钟形略成回旋形，声音就盈溢，渐大渐小的趋势不明显。④筰：声音迫窄。⑤弇声郁：钟体内径过大而口小，声音就抑郁不出。⑥甄：通"震"，震动。⑦厚声石：钟壁厚，声音就像敲击石头一样。⑧为：制作。⑨数度：度数。⑩齐量：标准的度量。⑪和乐：调正乐器。⑫缦乐：祭祀的杂乐。燕乐：君臣及四方来宾宴饮时所奏的音乐。⑬金奏：击钟、镈作为奏乐之节。⑭九夏：周代九种乐名，无歌词，以钟鼓进行演奏。⑮王奏：天子（射时）演奏。

春官宗伯第三

周礼

笛、管①，舂牍、应、雅②，以教祴乐③。凡祭祀、飨射，共供其钟笙之乐，燕宴乐亦如之。大丧，廞其乐器；及葬，奉而藏之。大旅，则陈之。

镈师：掌金奏之鼓。凡祭祀，鼓其金奏之乐④；飨食、宾射亦如之。军大献⑤，则鼓其恺乐。凡军之夜三鼜⑥，皆鼓之，守鼜亦如之⑦。大丧，廞其乐器⑧，奉而藏之⑨。

韎师：掌教韎乐⑩。祭祀则帅其属而舞之。大飨亦如之。

旄人：掌教舞散乐⑪，舞夷乐⑫，凡四方之以舞仕者属焉⑬。凡祭祀、宾客，舞其燕宴乐。

注释：①箎：竹制成的横吹管乐。②舂：撞。牍：乐器，撞地以发声。应、雅：古乐器名。与牍相似。③祴乐：指《祴夏》之乐。④鼓其金奏之乐：敲击引领金属乐器的晋鼓。⑤军大献：战事之后在祖庙呈献战功。⑥三鼜：军队中一夜三次敲击守备的鼓以示平安无事。⑦守鼜：平时宫中戒守的鼓。⑧廞：陈设。⑨奉而藏之：护送进墓穴，放入棺材中。⑩韎乐：东夷（东方少数民族）的音乐名。⑪散乐：指雅乐之外的杂乐。⑫夷乐：四夷之乐。东方"韎"乐；南方"任"乐；北方"禁"乐；西方"株离"乐。⑬以舞仕者：所选从事跳舞的人。

籥师：掌教国子舞羽吹籥①。祭祀，则鼓羽籥之舞。宾客飨食，则亦如之。大丧，廞其乐器，奉而藏之。

籥章：掌土鼓豳籥②。中(仲)春③，昼击土鼓，吹《豳诗》以逆暑④。中(仲)秋，夜迎

注释：①舞羽：持羽而舞。②土鼓：上古乐器，又称瓦鼓。豳籥：豳国人吹籥之乐。③中春：即仲春，春季的第二个月，农历二月。中，通"仲"。④《豳诗》：指《诗经·豳风·七月》的第一章、第二章。逆暑：迎暑气之至而祭之。

九歌劝民图

春官宗伯第三

寒①，亦如之。凡国祈年于田祖②，吹《豳雅》③，击土鼓，以乐田畯④。国祭蜡⑤，则吹《豳颂》⑥，击土鼓，以息老物⑦。

鞮鞻氏：掌四夷之乐与其声歌⑧。祭祀，则吹而歌之，燕亦如之。

典庸器：掌藏乐器、庸器⑨。及祭祀，帅其属而设笋虡⑩，陈庸器。飨食、宾射亦如之。大丧，廞笋虡⑪。

司干：掌舞器⑫。祭祀，舞者既陈，则授舞器，既舞则受之⑬。宾飨亦如之。大丧，廞舞器。及葬，奉而藏之。

大卜：掌"三兆"之法⑭，一曰"玉兆"，二曰"瓦兆"，三曰"原兆"。其经兆

> 注释：①迎寒：迎寒气之至而祭之。②祈年：祈祷丰年。田祖：谓始耕田者。指神农氏时教民种田之官。③《豳雅》：指《诗经·豳风·七月》的第三章至第六章。④田畯：周代教民种田的官。⑤蜡：古代年终大祭。⑥《豳颂》：指《诗经·豳风·七月》的第七章、第八章。⑦息老物：岁终，祭万物之神，使其休息而送之。⑧四夷之乐：即夷乐。东方"靺乐"、南方"任"乐、北方"禁"乐、西方"株离"乐。⑨庸器：征伐时获得的重器，如兵器等。⑩笋虡：悬挂钟、磬的木架，两边的立柱叫虡，两柱之间悬挂钟、磬的横木叫笋。⑪廞：陈设。⑫舞器：舞蹈时执持的器具，如羽、籥、干、戚之类。⑬受之：把跳舞的道具收回。⑭"三兆"之法：以火灼龟甲，凭龟甲裂纹而判断凶吉，共有三种征兆，即下文所称裂纹似玉、瓦、田野（原）。

之体①，皆百有又二十，其颂皆千有又二百②。掌"三易"之法③，一曰《连山》，二曰《归藏》，三曰《周易》。其经卦皆八④，其别皆六十有又四⑤。掌"三梦"之法⑥，一曰

注释：①经兆：龟甲上的征兆。②颂：龟卜所得卜辞。③"三易"之法：以蓍草变化而判断吉凶，共有三种方法，即下文所说的周代的《周易》，商代的《归藏》，夏代的《连山》。④经卦：易的本卦，共八个，即乾、坤、震、巽、坎、离、艮、兑。⑤别：指八个经卦相重得到的六十四卦。⑥三梦：指《致梦》、《觭梦》、《咸陟》三部占梦的书。

三兆习吉图

《致梦》，二曰《觭梦》，三曰《咸陟》。其经运十①，其别九十②。以邦事作龟之八命③，一曰征④，二曰象⑤，三曰与⑥，四曰谋⑦，五曰果⑧，六曰至⑨，七曰雨⑩，八曰瘳⑪。以八命者赞"三兆"⑫、"三易"、"三梦"之占，以观国家之吉凶，以诏救政⑬。凡国大贞⑭，卜立君，卜大封，则视高作龟⑮。大祭祀，则视高命龟⑯。凡小事，莅卜⑰。国大迁、大师⑱，则贞龟⑲。凡旅⑳，陈龟。凡丧事，命龟。

卜师：掌开龟之四兆㉑，一曰方兆，二曰功兆，三曰义兆，四曰弓兆。凡卜

注释：①经运：占梦的基本方法。②别：由十种经运派生的占梦方法。③作龟之八命：用龟决定的命辞有八大类。④征：预卜征伐的吉凶。⑤象：占卜象。⑥与：预卜是否可以参与。⑦谋：占卜所谋划的事情是否可行。⑧果：占卜是否能得到预期的结果。⑨至：占卜看某人是否来。⑩雨：占卜看是否下雨。⑪瘳：占卜看病能否治好。⑫八命：国家有八种大事需要龟卜。⑬以诏救政：以此向王报告，看是否采取补救的措施。⑭大贞：为立君、封国等大事而占卜。⑮视高：指明龟腹部骨近足的高处（祷告则灼火钻孔点）。作龟：以火灼龟骨，得到卜纹。⑯命龟：又称"令龟"，指占卜前祷告将所卜的事。⑰莅卜：亲临并主持卜事。⑱大迁：指迁都。⑲贞龟：正龟于卜位。⑳旅：祭名。㉑开龟：钻凿龟甲壳。四兆：指下文方兆、功兆、义兆、弓兆，每类三十体，共一百二十体。

事,视高^①,扬火以作龟^②,致其墨^③。凡卜,辨龟之上下左右阴阳^④,以授命龟者而诏相之^⑤。

注释：①**高**：龟甲上隆起之处，供烧灼。②**扬火以作龟**：把灼龟的火烧旺来灼龟。③**墨**：特指龟甲壳上灼出的大裂痕。小裂纹称坼。④**辨龟**：辨别龟甲。**上下左右阴阳**：上仰的、下俯的、向左斜的、向右斜的、前边长的、后边长的。⑤**以授命龟者**：把应该用的龟壳交给相关负责人，这个负责人负责告知龟要占卜这样的事。**诏相之**：提示应说的话和应有的礼仪。

纳锡大龟图

周礼

龟人：掌六龟之属①，各有名物②。天龟曰灵属③，地龟曰绎属，东龟曰果裸属④，西龟曰雷属，南龟曰猎属，北龟曰若属，各以其方之色与其体辨之⑤。凡取龟用秋时，攻龟用春时⑥，各以其物入于龟室⑦。上春衅龟⑧，祭祀先卜⑨。若有祭事，则奉龟以往。旅亦如之，丧亦如之。

菙氏：掌共供燋契⑩，以待卜事。凡卜，以明火爇燋⑪，遂吹其焌契⑫，以授卜师，遂役之⑬。

占人：掌占龟⑭，以八簭占八颂⑮，以八卦占簭之八故⑯，以视吉凶。凡卜簭，君占体⑰，大夫占色⑱，史占墨⑲，卜人占坼⑳。

注释： ①属：种类。②名物：名称和特点。③天龟：根据龟骨形状、颜色而对卜龟的分类，下文地龟、东龟等亦然。④果：通"裸"。赤露。⑤其方之色：所相配的方向的颜色。天龟玄，地龟黄，东龟青，西龟白，南龟赤，北龟黑。**其体**：龟俯者灵，仰者绎，前弇果，后弇猎。地龟仰，南龟前，南龟却，西龟左，北龟右，各从其耦。⑥攻龟：剥取龟骨。⑦龟室：藏龟骨的府库。⑧衅龟：杀牲以血涂于龟。⑨先卜：指最早用卜筮问吉凶的人。⑩燋：火炬。契：灼龟骨的荆木条。⑪爇：点燃。⑫焌契：把契放于火炬上，点燃它。⑬遂役之：然后听从卜师的指挥协助办事。⑭占龟：占筮和龟卜。⑮以八簭占八颂：指卜八事之前首先占筮，占其筮辞。簭，同"筮"。用蓍草占卦。⑯八故：八事。⑰君占体：君王亲自察看龟甲上的裂纹的整体形象。⑱色：裂纹的气色。⑲墨：裂纹的主枝。⑳坼：裂纹的小枝。

凡卜簭既事①，则系币以比其命②。岁终，则计其占之中否③。

簭人④：掌"三易"，以辨九簭之名，一曰《连山》，二曰《归藏》，三曰《周易》。九簭之名，一曰巫更⑤，二曰巫咸⑥，三曰巫式⑦，四曰巫目⑧，五曰巫易⑨，六曰巫比⑩，七曰巫祠⑪，八曰巫参⑫，九曰巫环⑬，以辨吉凶。凡国之大事，先簭而后卜。上春⑭，相簭⑮。凡国事，共(供)簭。

占梦：掌其岁时⑯，观天地之会⑰，辨阴阳之气。以日、月、星辰占六梦之吉凶⑱。一曰正梦⑲，二曰噩梦，三曰思梦⑳，四曰寤梦㉑，五曰喜梦㉒，六曰惧梦㉓。季

注释：①既：完毕。②系币：（在龟上）系上献给神的玉帛。比：考校。命：命龟之事。③计：检验。占之中否：占卜是否应验。④簭：同"筮"。以蓍草占卜。⑤巫：占卜。更：迁都。⑥咸：国家有所兴作是否顺民心。⑦式：国家新定法律是否恰当。⑧目：众多事务中哪种最重要。⑨易：百姓不满意怎样改变。⑩比：能否与邻国和好。⑪祠：祭祀用什么牲及何时举行。⑫参：天子的车夫及马匹配置是否恰当。⑬环：是否向敌国宣战。⑭上春：每年春季的第一个月。⑮相簭：选择筮草以备用。⑯其岁时：一年四季。⑰天地之会：日月所会之次。⑱六梦：占梦时分成六种不同的梦。⑲正梦：平安无事的梦。⑳思梦：梦见白天所思所想的梦。㉑寤梦：梦见到白天所见的梦。㉒喜梦：喜悦的梦。㉓惧梦：恐惧的梦。

冬①，聘王梦②，献吉梦于王，王拜而受之；乃舍萌于四方③，以赠噩梦④，遂令始难驱疫⑤。

注释：①季冬：冬季的最后一个月。②聘王梦：献玉帛于神，以为天子祈祷吉祥之梦。③舍萌：同释采礼，指行释菜之礼。④赠：送别。⑤令始难驱疫：令方相氏除击凶恶。疫，疾疫。

钟图

镛图

编钟 歌钟图

编磬图

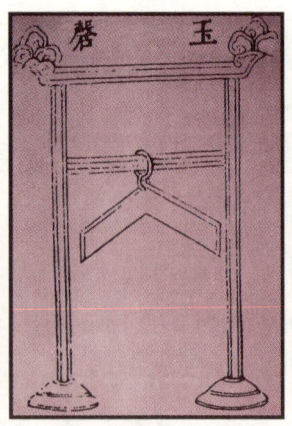

玉磬图

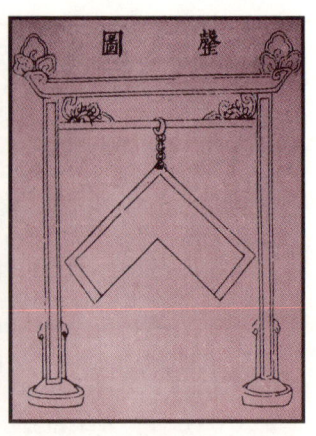

磬图

视祲：掌十煇之法①，以观妖祥，辨吉凶。一曰祲②，二曰象③，三曰镌④，四曰监⑤，五曰暗⑥，六曰瞢⑦，七曰弥⑧，八曰叙⑨，九曰隮⑩，十曰想⑪。掌安宅叙降⑫。正岁则行事，岁终则弊其事⑬。

大祝：掌六祝之辞，以事鬼神示，祈福祥，求永贞⑭。一曰顺祝⑮，二曰年祝⑯，三曰吉祝⑰，四曰化祝⑱，五曰瑞祝⑲，六曰策祝⑳。掌六祈㉑，以同鬼神示㉒，一曰类㉓，二曰造㉔，三曰禬㉕，四曰禜㉖，五曰攻㉗，六曰说㉘。作六辞㉙，以通上下亲疏远近，一曰祠㉚，二曰命，三曰诰，四曰会㉛，五

注释： ①煇：日光云气。②祲：阴阳之气相侵。③象：日光云气形成了鸟等形状。④镌：太阳旁有云气环绕。⑤监：太阳的一种光象，指日边似冠珥的赤云气。⑥暗：白天没有日光。⑦瞢：日光暗淡不明朗。⑧弥：云气穿过太阳中心。⑨叙：日上之气如同山形。⑩隮：升起。虹为云气上升在阳光照射下形成，所以虹也被称为"隮"。⑪想：日旁之气类似人形。⑫安宅叙降：禳除宅居的祆祥，使其平安。并凭方位推知凶祸所降之地。⑬弊：判断。⑭求永贞：祈祷年年得到正命。⑮顺祝：祈求丰年之祝。⑯年祝：祈求年年顺遂。⑰吉祝：祈求福祥。⑱化祝：祈求消除兵灾。⑲瑞祝：祈求风调雨顺。⑳策祝：祈求远离刑罚疾病。㉑六祈：指下文所说的类、造、禬、禜、攻、说六种祭祀名。㉒同鬼神示：使天神、人鬼、地神与人和谐。㉓类：祭上帝。㉔造：祭父亲和祖父。㉕禬：消除疾疫。㉖禜：消除水旱灾害。㉗攻：击鼓以救日食。㉘说：陈辞请求消灾。㉙六辞：指下文的祠、命、诰、会、祷、诔六种常用的文体。㉚祠：当为辞，谓辞令。㉛会：会同盟誓之辞。

周礼

曰祷,六曰诔①。辨六号②,一曰神号,二曰鬼号,三曰示号,四曰牲号,五曰齍号,六曰币号。辨九祭,一曰命祭,二曰衍祭,三曰炮祭,四曰周祭,五曰振祭,六曰擩祭,七曰绝祭,八曰缭祭,九曰共祭。辨九拜③,一曰稽首④,二曰顿首⑤,三曰空首⑥,四曰振动⑦,五曰吉拜⑧,六曰凶拜⑨,七曰奇拜⑩,八曰褒拜⑪,九曰肃拜⑫,以享右侑祭祀⑬。

凡大禋祀、肆享、祭示⑭,则执明火水而号祝⑮;隋衅、逆牲、逆尸⑯,令钟鼓,右侑亦如之⑰;来瞽,令皋嘷舞⑱,相尸礼⑲;既祭,令彻。大丧,始崩,以肆鬯涗尸⑳,

注释: ①诔:悼词。②六号:神、鬼、示、牲、齍、币六种美称。③九拜:行礼时的九种礼拜方式,即下文所说稽首、顿首等。④稽首:叩头至地,九拜中最恭敬者。⑤顿首:磕头。以头叩地即举而不停留。⑥空首:先以两手拱至地,乃头至手,是为空首。以其头不至地,故名空首。⑦振动:以两手相击。⑧吉拜:先拜手而后稽颡。⑨凶拜:先顿首,后空首,于丧礼时施之。⑩奇拜:一拜。⑪褒拜:多次拜。⑫肃拜:跪而举下手。⑬右:通"侑"。此处指侑者祭祀时劝尸食而拜。⑭禋祀:祭天神。肆享:祭宗庙。示:地神。⑮明水火:明水与明火,明水指以阴镜对月而得阴气所生的水,明火指以阳燧在阳光下取的火。⑯隋衅:谓杀牲荐血以祭祀。逆牲:犹迎牲。逆尸:犹迎尸。⑰右:劝尸食。⑱皋:通"嘷",号呼。⑲相尸礼:帮助尸按礼仪行动。⑳肆:陈,指摆放好尸体。鬯:古代宗庙祭祀用的香酒,以郁金香和黑黍制成。涗:浴。

相饭①，赞敛殓②，彻奠③；言甸人读祷④；付、练、祥⑤，掌国事。国有大故、天灾，弥祀社稷⑥，祷祠。大师⑦，宜于社⑧，造于祖⑨，

春官宗伯第三

注释：①**相饭**：古时丧礼仪节之一。纳含敛之物于死者口中。天子以珠，诸侯以玉，大夫以璧，士以贝，庶人以饭。②**敛**：通"殓"。给死者穿衣，入棺。③**彻**：撤退。**奠**：祭品。④**言**：宣读。**甸人**：古官名。掌田野之事及公族死刑。⑤**付、练、祥**：均为祭祀名。⑥**弥**：遍，满。⑦**大师**：王出六军，亲行征伐。⑧**宜**：祭祀名。⑨**造**：祭祀名。

元祀告庙图

周礼

设军社①，类上帝②，国将有事于四望③，及军归献于社④，则前祝⑤。大会同，造于庙，宜于社，过大山川，则用事焉；反(返)行⑥，舍(释)奠⑦。建邦国，先告后土⑧，用牲币⑨。禁督逆祀命者⑩。颁祭号于邦国都鄙⑪。

小祝：掌小祭祀，将事侯禳祷祠之祝号⑫，以祈福祥，顺丰年⑬，逆时雨⑭，宁风旱⑮，弥灾兵⑯，远罪疾⑰。大祭祀，逆粢盛，送逆尸，沃尸盥，赞隋⑱，赞彻，赞奠⑲。凡事，佐大(太)祝。大丧，赞渳⑳，设熬㉑，置铭㉒；及葬，设道赍之奠㉓，分祷五祀㉔。大

注释：①军社：军中所祭的社主。②类：古代祭名。以类祭祭告天神。③国将有事于四望：谓军行过山川，造祭之乃过。④献于社：谓征伐有功，得因俘而归，献捷于社。⑤前祝：在天子之前的行祝。⑥反行：返回国都。反，通"返"。⑦舍奠：即释奠。古代祭祀的一种仪式，谓陈设酒食以祭祀。舍，通"释"。⑧后土：指土或地神。⑨牲币：牺牲和玉帛。⑩禁督：禁止并纠正。逆祀命：违背祭礼的命令。⑪祭号：祭祀的名号。⑫侯：指下文所说祈福祥、顺丰年、逆时雨等小祭祀。禳：除去凶咎，指下文所说宁风旱、弥灾兵、远罪疾等小祭祀。祝号：即六祝六号。六祝，谓祭神的六种祈祷辞。六号，古代对三种神祇和三种祭品的美称。⑬顺丰年：迎接丰收。⑭逆时雨：祝愿及时降雨。逆，迎。⑮宁：解除。⑯弥灾兵：化解天灾兵祸。⑰远罪疾：消除罪恶疾病。⑱隋：古祭祀名。指尸未食前的隋祭。⑲奠：奠神的爵。⑳渳：浴尸。㉑熬：指干炒的谷物。㉒铭：书写去世者的姓名于旗上。㉓道赍之奠：从大道出发至墓下葬前行大遣奠礼。赍，遣送，送。㉔五祀：指宫中的户、灶、中霤、门、行经之处等小祭祀。

师，掌衅祈号祝。有寇戎之事，则保郊，祀于社。凡外内小祭祀、小丧纪、小会同、小军旅，掌事焉。

　　丧祝：掌大丧劝防之事①。及辟②，令启③。及朝④，御柩⑤，乃奠⑥。及祖⑦，饰棺⑧，乃载，遂御⑨。及葬，御柩，出宫乃代⑩。及圹⑪，说[脱]载⑫，除饰。小丧亦如之。掌丧祭祝号。王吊⑬，则与巫前⑭。掌胜国邑之社稷之祝号⑮，以祭祀祷祠焉。凡卿大夫之

注释：①**劝防：**柩车前进时，在道路两旁观察并告知引柩者防止棺柩倾跌。②**辟：**谓除蔌涂椁。蔌，特指把木材堆聚在灵柩的周围。③**令启：**谓丧祝主命役人开之。④**朝：**迁柩于庙以朝祖。⑤**御柩：**谓扶正灵柩不使倾覆。⑥**乃奠：**谓朝庙奠。⑦**祖：**死者将葬时之祭。⑧**饰棺：**古人按等级以不同织物装饰覆盖官柩。⑨**御：**后疑脱一"之"字。⑩**乃代：**丧、祝二人互相更替行事。⑪**圹：**墓穴。⑫**说载：**把棺木从柩车上卸下来。说，通"脱"。⑬**王吊：**指君临臣丧。⑭**与巫前：**指丧祝与男巫在王前。⑮**胜国邑：**被消灭的国家。

柩图　　　　　　　　布帏图

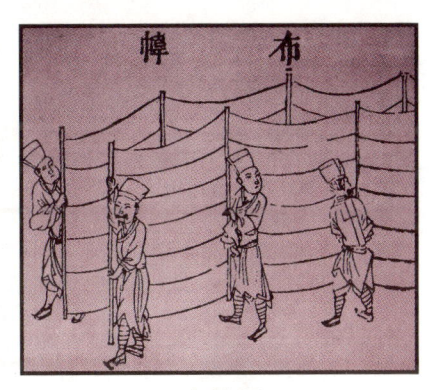

丧，掌事，而敛(殓)饰棺焉①。

甸祝：掌四时之田表貉(祃)之祝号②。舍(释)奠于祖庙③，祢亦如之④。师甸(田)⑤，致禽于虞中⑥，乃属禽⑦。及郊，馌兽⑧，舍(释)奠于祖祢，乃敛禽⑨。祷牲、祷马⑩，皆掌其祝号。

诅祝：掌盟、诅、类、造、攻、说、襘、禜之祝号⑪。作盟诅之载辞⑫，以叙国之信用⑬，以质邦国之剂信⑭。

司巫：掌群巫之政令。若国大旱，则帅巫而舞雩⑮。国有大灾，则帅巫而造巫恒⑯。祭祀，则共匰主及道布及蒩馆⑰。凡祭事，守瘗⑱。凡丧事，掌巫降之礼⑲。

注释： ①敛：通"殓"。给死者穿衣，入棺。②表貉：田猎前的祭祀。貉，通"祃"。③舍奠：释奠。古代祭祀的一种仪式。谓陈设酒食以祭祀。舍，通"释"。④祢：亲庙，父庙。⑤师甸：发动大众参加田猎。甸，田猎。⑥致：献纳。虞中：田猎时虞人所立虞旗之中央。⑦属禽：聚其所获之禽而别其种类。⑧馌兽：田猎时以猎获之兽祭四郊之神。⑨敛禽：古代将四时田猎所获的禽兽，取三十交给腊人制成干肉，供祭祀用。⑩祷：祷告。古代用于祈求马匹等牲口肥健。⑪盟、诅：双方立誓约，大事曰盟，小事曰诅。⑫载辞：书写盟辞于策上。⑬叙：陈述，记述。国：国家。⑭质：对质，验证。邦国：诸侯国。剂：用来表示守信的契券。⑮舞雩：大旱时祭祀、跳舞以求雨。⑯造：到，去。巫恒：世代习巫者的通称。⑰匰：盛放神主的匣子。道布：为神所设的毛巾。蒩馆：古代祭祀时盛草蒩的筐。⑱守瘗：守护着并将祭祀完地祇的牲玉埋于地下。⑲巫降：神灵附于巫身。

男巫：掌望祀望衍授号①，旁招以茅②。冬堂赠③，无方无筭④。春招弭⑤，以除疾病。王吊，则与祝前。

女巫：掌岁时祓除、衅浴⑥。旱暵⑦，则舞雩。若王后吊，则与祝前。凡邦之大灾，歌哭而请⑧。

大（太）史：掌建邦之六典，以逆邦国之治⑨，掌法以逆官府之治，掌则以逆都鄙之治⑩。凡辨（辩）法者考焉⑪，不信者刑之。凡邦国都鄙及万民之有约剂者藏焉⑫，以贰六官⑬，六官之所登⑭。若约剂乱，则辟法⑮，不信者刑之。正岁年以序事⑯，颁之于官府及都鄙，颁告朔于邦国⑰。闰

注释：①望祀：遥望而祝祀，包括五岳、四镇、四渎等。望衍：古祭名。犹望祀，惟礼有详略不同。②旁招：向四方号呼而招。茅：茅旌。③堂赠：谓逐疫。④无方：四个方向均可以。无筭：无论路途遥远。筭，古代计数的筹码。⑤招弭：招徕吉祥，消除灾祸。⑥祓除：祛除凶疾的祭祀。衅浴：用香草涂浴身体。⑦暵：干旱。⑧请：祈求。⑨逆：迎。⑩则：法。⑪辨：争议。通"辩"。考：断决，裁断。⑫约剂：盟书，契券。⑬贰：副本。⑭六官之所登：六官所订的盟书。⑮辟：开。法：指约剂。⑯正岁年：订正年历。以序事：以次序授民时之事。⑰告朔：岁终天子于朔日朝于庙。

周礼

月，诏王居门终月①。大祭祀，与执事卜日，戒及宿之日②，与群执事读礼书而协事③。祭之日，执书以次位常④，辨事者考焉⑤，不信者诛之。大会同，朝觐，以书

注释：①门：路寝门。②戒：斋戒。宿：祭祀前，主祭人别居斋戒称宿。③协事：同心合力地办事。协，合。④执书：执行祭礼之书。以次位常：各居所掌位次。常，此礼一定，常行不改，故云常。⑤辨事者：负责处理、解决争议的官员。辨，通"辩"。

命作册度图

协礼事,及将币之日①,执书以诏王。大师②,抱天时③,与大太师同车。大迁国,抱法以前④。大丧,执法以莅劝防⑤,遣之日⑥,读诔⑦。凡丧事,考焉⑧。小丧,赐谥⑨。凡射事,饰中⑩,舍释筭⑪,执其礼事。

小史:掌邦国之志⑫,奠系世⑬,辨昭穆⑭。若有事,则诏王之忌讳⑮。大祭祀,读礼法,史以书叙昭穆之俎簋⑯。大丧、大宾客、大会同、大军旅,佐大太史。凡国事之用礼法者,掌其小事。卿大夫之丧,赐谥读诔⑰。

冯相氏:掌十有又二岁、十有又二

注释:①将币:授玉(作为见面礼)。②大师:大出师。③天时:星盘,用以占卜吉凶的器具。④法:司空营国之法。抱法以前即抱之以前,当先王至,知诸位处。⑤莅:临。劝防:柩车前进时,在道路两旁观察并告知引柩者防止棺柩倾跌。⑥遣:古代将葬时祭奠。⑦诔:古代陈述死者德行,表示哀悼并以之定谥(多用于上对下)。⑧考:察考。⑨赐谥:大臣死后,天子依其生前事迹评定褒贬给予称号。⑩饰:洗刷干净。中:盛放筹码的器物。⑪舍:通"释"。筭:计数的筹码。⑫志:谓记。⑬奠:确定并记载。系世:记载天子、国王家谱的书籍。⑭昭穆:一种古代宗法制度,宗庙或宗庙中的神主的排列次序,始祖居中,以下父子(祖、父)递为昭穆,左为昭,右为穆。⑮诏:告知。⑯叙:理正次序。俎簋:皆为祭器。⑰读诔:宣读诔文。

月、十有又二辰①、十日、二十有又八星之位②，辨其叙事③，以会天位④。冬夏致日⑤，春秋致月⑥，以辨四时之叙。

保章氏：掌天星⑦，以志星辰日月之变动⑧，以观天下之迁⑨，辨其吉凶。以星土辨九州之地⑩，所封封域⑪，皆有分星⑫，以观妖祥。以十有又二岁之相⑬，观天下之妖祥。以五云之物⑭，辨吉凶、水旱降丰荒之祲象⑮。以十有又二风察天地之和⑯，命乖别之妖祥⑰。凡此五物者，以诏救政⑱，访序事⑲。

内史：掌王之八枋之法⑳，以诏王

注释：①十有二岁：木星绕太阳运转一周共12年，以此与十二地支相配纪年，被称为太岁纪年法。十有二月：地球绕太阳运转一周为一年。十有二辰：指十二时辰，每时辰合今二小时。②十日：天干十个，即甲、乙、丙、丁、戊、己、庚、辛、壬、癸。二十有八星：天空的二十八宿。③叙：次序。④会：会合。⑤冬夏致日：冬至、夏至立表测日影。⑥春秋致月：春分、秋分立表测月影。⑦掌天星：负责观测恒星的运动。⑧志：记。⑨迁：指祸福的变迁。⑩星土：二十八宿所对应的地上区域。⑪封域：诸侯国的地域。⑫分星：区域比星土小，指封国对应的天上星宿。⑬相：一周中天的运动状况。⑭物：颜色。⑮祲象：谓日边云气之色所显示的吉凶迹象。⑯十有二风：十二种风，用以辨吉凶。⑰命：观察。乖别：不和，反常。⑱诏：告。此句谓告王改休德政，以备之以救之前之恶政。⑲访：商议。序：次序。⑳八枋：八柄，治理群臣的八种方法，即爵、禄、废、置、杀、生、予、夺。

治。一曰爵,二曰禄,三曰废,四曰置,五曰杀,六曰生,七曰予,八曰夺。执国法及国令之贰①,以考政事,以逆会计。掌叙事之法,受纳访以诏王听治②。凡命诸侯及孤卿大夫,则策命之③。凡四方之事书④,内史读之。王制禄,则赞为之,以方出之⑤。赏赐亦如之。内史掌书王命,遂贰之⑥。

外史:掌书外令,掌四方之志,掌三皇五帝之书,掌达书名于四方⑦。若以书使于四方,则书其令。

御史:掌邦国都鄙及万民之治令,以赞冢宰。凡治者受法令焉。掌赞书。凡数从政者⑧。

巾车:掌公车之政令,辨其用与其

注释:①贰:副本。②受纳访:接受群臣建议,以转告天子。③策:用简策记录天子的命令。④事书:奏疏。⑤方:木版,形式上比策短,作用相同。⑥遂:并且。贰:(保存)副本。⑦书名:文字。⑧凡数:一作"数凡"。数,统计。

周礼

旗物而等叙之①，以治其出入②。王之五路③：一曰玉路④，钖⑤，樊缨⑥，十有又再就⑦，建大(太)常⑧，十有又二斿，以祀；金路⑨，钩⑩，樊缨九就，建大旂⑪，以宾⑫，同姓以封；象路⑬，朱，樊缨七就，建大赤⑭，以朝，异

注释：①等叙：按照等级次序排列。②其：指车辆。③路：指车。④玉路：五路中最尊贵的车。⑤钖：马额上皮革饰物。上缀金属，半月形，马走动时振动有声。⑥樊缨：马的带饰。樊，马腹带；缨，马颈革。⑦十有再就：十二就。就即斿，斿，古代旌旗下垂的飘带等饰物。⑧大常：旗帜名。大，通"太"。⑨金路：五路之一。古代帝王家乘用的饰金之车。⑩钩：马额之间革络的金饰。⑪大旂：九旗之画交龙者。⑫以宾：以会宾客。⑬象路：以象牙为饰的车子，为帝王所乘。⑭大赤：赤色旗。

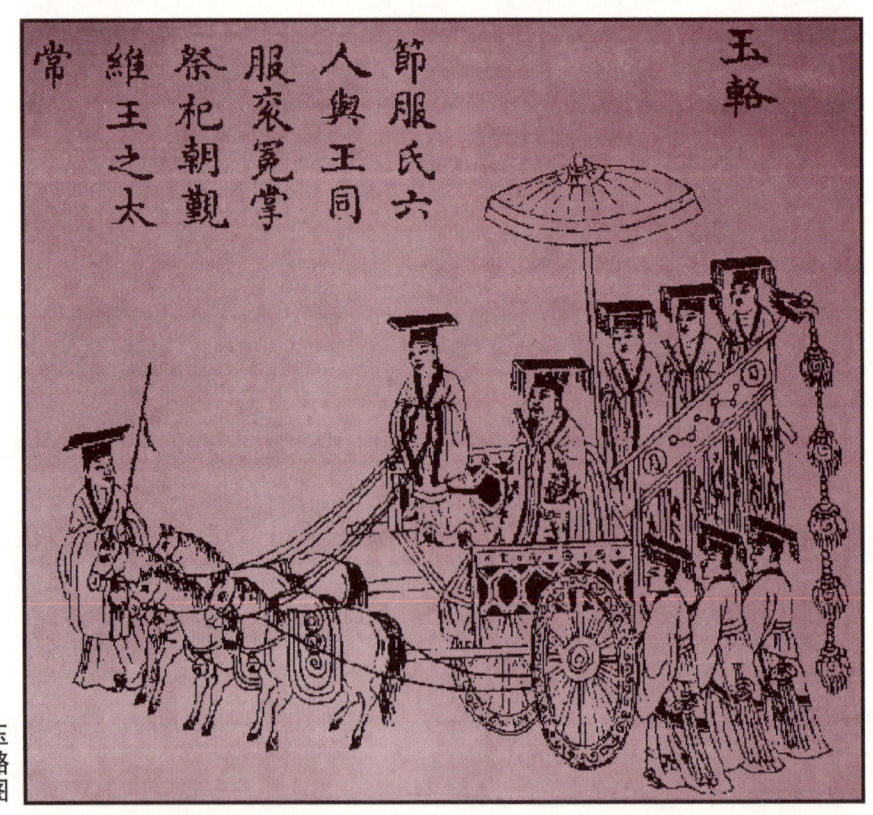

玉辂图

214

姓以封；革路①，龙勒②，条缨五就③，建大白④，以即戎⑤，以封四卫⑥；木路⑦，前樊鹄缨⑧，建大麾，以田，以封蕃国。王后之五路：重翟⑨，钖面朱总⑩；厌翟⑪，勒面缋总⑫；安车⑬，雕面鹥总⑭，皆有容盖⑮；翟车，贝面⑯，组总⑰，有握⑱；辇车，组挽⑲，有翣⑳，羽盖。

王之丧车五乘㉑：木车，蒲蔽㉒，犬襂㉓，尾櫜㉔，疏饰㉕，小服皆疏㉖；素车㉗，棼蔽㉘，犬襂素饰㉙，小服皆素；藻车㉚，藻蔽，鹿浅襂㉛，革饰；駹车㉜，萑蔽㉝，然襂㉞，髹饰㉟；

注释：①革路：古代帝王所乘的一种兵车。覆之以革，无他饰，用于作战或巡视诸侯国土或四境。**②龙勒**：以染白黑色皮革作为马络。**③条缨**：编彩丝而成的缨。**④大白**：白色旗。**⑤即戎**：谓兵事。**⑥四卫**：卫护四方的侯国。**⑦木路**：只涂漆而不覆以革，亦无金玉、象牙之饰。**⑧前樊**：浅黑色的马肚带。前通"翦"。**鹄缨**：白色的革带。**⑨重翟**：二重雉羽。古代王后祭祀时乘坐的车子。**⑩钖面**：即当卢。马头上的镂金饰物。**朱总**：马耳旁系红色的丝缕。**⑪厌翟**：后、妃、公主所乘的车。因以翟羽为蔽，故称。翟，雉。**⑫勒面**：即当卢。**缋总**：马耳旁系红色的丝缕。**⑬安车**：古代可以坐乘的小车。**⑭雕**：绘饰，涂饰。**鹥总**：马耳旁系青黑色的丝缕。**⑮容盖**：车上的帷幔和篷盖。**⑯贝面**：以贝壳饰当卢。**⑰组**：丝带。**⑱握**：即幄。**⑲挽**：牵引。**⑳翣**：大扇。**㉑五乘**：五种。**㉒蒲蔽**：古时以蒲草编成的车蔽。**㉓犬襂**：狗皮覆盖车轼。襂，同"幦"。古时覆盖在车轼上挡御风尘的帷度。**㉔尾櫜**：狗尾皮做戈戟的套子。櫜，收藏弓矢、盔甲的袋子。**㉕疏**：粗布。**㉖小服**：盛刀剑短兵器的套子。**㉗素车**：古代凶事、丧事所用之车，以白土涂刷。**㉘棼**：麻的一种。**㉙素**：白色生绢。**㉚藻**：苍色水草。**㉛鹿浅**：指鹿在夏天新生浅毛的皮。**㉜駹**：杂色。**㉝萑**：细苇席。**㉞然**：兽名。猨然的省称。**㉟髹**：赤多黑少之色，赤黑漆。

215

漆车,藩蔽①,豻禠②,雀饰③。服车五乘④:孤乘夏篆⑤,卿乘夏缦⑥,大夫乘墨车⑦,士乘栈车⑧,庶人乘役车⑨。凡良车、散车不在等者⑩,其用无常。凡车之出入,岁终则会之⑪,凡赐阙之⑫,毁折入赍于职币⑬。大丧,饰遣车⑭,遂廞之⑮,行之;及葬,执盖从车,持旌;及墓,呼启关⑯,陈

注释: ①藩:刷了漆的席子。②豻:少数民族地区的狗。③雀:赤黑色。④服车:服王事者所用之车。指官车。⑤夏篆:古代三孤所乘以五彩雕刻为饰的车。⑥夏缦:古代卿所乘坐的五彩车。⑦墨车:不加文饰的黑色车。⑧栈车:古代用木制成的车,不张皮革,为士所乘。⑨役车:供役之车,庶人所乘。⑩良车:制作精良的车子。散车:粗陋的车子。⑪会:计。⑫赐:赏赐给人。阙之:即不计。⑬赍:通"资"。费用,钱财。职币:古官名。掌官用余财。⑭遣车:又称鸾车、涂车,木头制成的随葬的车。⑮廞之:陈驾之。⑯关:墓门。

五乘从游图·孔子圣迹图

车①。小丧，共柩路与其饰。岁时更续②，共其弊车③。大祭祀，鸣铃以应鸡人④。

典路：掌王及后之五路，辨其名物与其用说(税)⑤。若有大祭祀，则出路，赞驾说⑥。大丧、大宾客亦如之。凡会同、军旅、吊于四方⑦，以路从。

车仆：掌戎路之萃(倅)⑧，广车之萃(倅)⑨，阙车之萃(倅)⑩，苹车之萃(倅)⑪，轻车之萃(倅)⑫。凡师，共(供)革车，各以其萃(倅)，会同亦如之。大丧，廞革车⑬。大射⑭，共(供)三乏⑮。

司常：掌九旗之物名⑯，各有属⑰，以待国事。日月为常，交龙为旂，通帛为旜，杂帛为物，熊虎为旗，鸟隼为旟，龟蛇为旐，全羽为旞，析羽为旌。及国之大

> **注释：**①陈车：陈设五路的副车。②更续：更换（车辆）。③弊车：坏车。④鸡人：大祭祀时清晨唤醒百官的人。⑤用：使用。说：通"税"，停置。引申指休憩，止息。⑥赞：帮助。⑦吊于四方：凭吊四方诸侯之丧。⑧戎路：天子在军中所乘的车。萃：通"倅"，副。⑨广车：纵横排列的车辆，指战车。⑩阙车：古时供填补空缺的兵车。⑪苹车：有屏蔽的车。苹，同"屏"。⑫轻车：古代兵车名。为兵车中最为轻便者。⑬廞：陈列。⑭大射：为祭祀择士而举行的射礼。⑮乏：又称容，皮革做成的蔽身器具。⑯九旗：指常、旂、旜、物、旗、旟、旐、旞、旌。⑰属：徽识。

阅①，赞司马颁旗物：王建大常，诸侯建旗，孤卿建旃，大夫士建物，师都建旗②，州里建旟③，县鄙建旐④，道车载旞⑤，斿车载旌⑥，皆画其象焉⑦，官府各象其事⑧，州里各象其名，家各象其号。凡祭祀，各建其旗。会同、宾客，亦如之，置旌门⑨。大丧，共铭旌⑩，建廞车之旌，及葬亦如之。凡军事，建旌旗；及致民⑪，置旗，弊之⑫。甸亦如之⑬。凡射，共获旌⑭。岁时共更旌⑮。

都宗人：掌都祭祀之礼⑯。凡都祭祀，致福于国⑰，正都礼与其服。若有寇戎之事，则保群神之壝⑱。国有大故，则

注释：①大阅：冬季大阅兵。②师：通"帅"。六军统帅。都：都家行政长官。③州里：六乡之吏，如卿大夫、州长、党正、族师、比长等。④县鄙：遂吏与公邑之长，如县师、遂师、县正、鄙师等。⑤道车：天子御车之一。⑥斿：古代旌旗下垂的飘带等饰物。⑦画：以文字表明。象：状貌，图像。⑧象：摹拟，描摹。⑨旌门：古代帝王出行，张帷幕为行宫，宫前树旌旗为门，称旌门。⑩铭旌：天子丧，以大常为铭旌。⑪致：召集。⑫弊：仆，放倒。⑬甸：即田猎。甸，通"田"。⑭获旌：射时唱获者拿的旌旗。⑮更旌：换旗。⑯都：周代王的子弟及三公的封地、采地。⑰致福：把献祭的余肉呈给天子。又称归胙、归福。⑱保：守护。壝：坛、埠及其矮土围墙的总称。

令祷祠①；既祭，反命于国②。

家宗人：掌家祭祀之礼③。凡祭祀，致福。国有大故，则令祷祠，反命。祭亦如之。掌家礼与其衣服、宫室、车旗之禁令④。

凡以神仕者⑤，掌三辰之法⑥，以犹鬼神示之居⑦，辨其名物。以冬日至致天神人鬼⑧，以夏日至致地示物魅⑨，以禬国之凶荒、民之札丧⑩。

注释：①祷祠：谓向神求福及得福而后报塞以祭。②反命：复命。③家：卿大夫或卿大夫的采地食邑。④禁令：禁止礼节、衣服、宫室、车旗之不合法者。⑤仕：为官，任职。⑥三辰之法：根据日月星辰的宿次，推算群神的形象位次的方法。⑦犹：描绘。居：谓坐。即处所。⑧冬日至：冬至那一天。致：招来。⑨物魅：传说中的百物之神。魅，同"魅"，旧时迷信认为物老变成的精怪。⑩禬：消除。札丧：因疫病死亡。

墨车图

墨车制图

春官宗伯第三

兄弟方来图

夏官司马第四

惟王建国，辨方正位①，体国经野②，设官分职，以为民极③。乃立夏官司马④，使帅其属而掌邦政⑤，以佐王平邦国⑥。

政官之属⑦：大司马，卿一人⑧；小司马，中大夫二人⑨；军司马，下大夫四人⑩；舆司马，上士八人⑪。行司马，中士十有六人⑫；旅下士三十有二人⑬。府六人⑭，史十有六人⑮，胥三十有二人⑯，徒三百有二十人⑰。

注释：①**辨方**：辨别四方。**正位**：确定宫室宗庙的位置。②**体国经野**：分划国都，丈量田野。③**民极**：民众效法的准则。④**夏官**：官名。周时设置六官，以司马为夏官，掌军政和军赋。⑤**帅**：统率，率领。**属**：官属，部属。**邦政**：王邦的军事法令等事务。⑥**佐**：辅佐。**平**：治理。⑦**政官**：即夏官，因夏官掌邦政而名。⑧**大司马**：官名。**卿**：古代高级官员的名称。⑨**小司马**：周官名，司马的属官，为司马的副职。**中大夫**：古代官名。周王室及诸侯各国卿以下有上大夫、中大夫、下大夫。⑩**军司马**：官名。职为监军。⑪**舆司马**：位次军司马，掌兵车。**上士**：古代官阶之一。其地位次于下大夫，高于中士。⑫**行**：谓军行列。⑬**旅下士**：处理一般杂务的下士。**旅**，众，一般。⑭**府**：掌管仓库者。⑮**史**：掌管文书者。⑯**胥**：做事的小头目，负责带领徒。⑰**徒**：古代官府中供役使的人。

凡制军①，万有又二千五百人为军②。王六军，大国三军，次国二军，小国一军，军将皆命卿③。二千有又五百人为师，师帅皆中大夫④；五百人为旅，旅帅皆下大夫⑤；百人为卒，卒长皆上士⑥；二十五人为两，两司马皆中士；五人为伍，伍皆有长。一军则二府，六史，胥十人，徒百人。

注释：①制军：军队的编制。②有：通"又"。③军将皆命卿：一军的将领都是王策命的卿。④师帅：军制中师的统帅，亦为州长。⑤旅帅：官名。统一旅之众。⑥长：长官。

序官之夏官图

司勋①，上士二人，下士四人，府二人，史四人，胥二人，徒二十人。

马质②，中士二人，府一人，史二人，贾四人③，徒八人。

量人④，下士二人，府一人，史四人，徒八人。

小子⑤，下士二人，史一人，徒八人。

羊人⑥，下士二人，史一人，贾二人，徒八人。

司爟⑦，下士二人，徒六人。

掌固⑧，上士二人，下士八人，府二人，史四人，胥四人，徒四十人。

司险⑨，中士二人，下士四人，史二人，徒四十人。

夏官司马第四

注释：①司勋：掌赏赐有功将士的官员。②马质：负责评定马价、供给军马的官员。小子、羊人为其属下。③贾：古官名。主市买，知物价。④量人：周官名。掌丈量、营造和制定祭献之数。⑤小子：祭祀中办理杂事的官。⑥羊人：负责祭祀中羊牲供给、宰割之官。⑦司爟：掌理薪柴供给的官。⑧掌固：掌管修筑城郭沟池等工程的官员。⑨司险：山林川泽等险要地段的守护官。

223

周礼

掌疆①，中士八人，史四人，胥十有又六人，徒百有又六十人。

候人②，上士六人，下士十有又二人，史六人，徒百有又二十人。

环人③，下士六人，史二人，徒十有又二人。

挈壶氏④，下士六人，史二人，徒十有又二人。

射人⑤，下大夫二人，上士四人，下士八人，府二人，史四人，胥二人，徒二十人。

服不氏⑥，下士一人，徒四人。

射鸟氏⑦，下士一人，徒四人。

罗氏⑧，下士一人，徒八人。

掌畜⑨，下士二人，史二人，胥二人，

注释：①掌疆：掌理疆界划分、守护的官。②候人：边境迎候宾客的官。③环人：负责向敌挑战、却敌的官。④挈壶氏：负责掘井、筹备军粮、确定营地的官。⑤射人：负责射礼的官，又称射正。以下服不氏、射鸟氏、罗氏、掌畜为其下属。⑥服不氏：负责驯兽的官员。⑦射鸟氏：掌射鸟的官。⑧罗氏：负责张网捕鸟的官。⑨掌畜：专门负责饲养捕获鸟类的官。

徒二十人。

司士①，下大夫二人，中士六人，下士十有二人，府二人，史四人，胥四人，徒四十人。

诸子②，下大夫二人，中士四人，府二人，史二人，胥二人，徒二十人。

司右③，上士二人，下士二人，府四人，史四人，胥八人，徒八十人。

虎贲氏④，下大夫二人，中士十有二人，府二人，史八人，胥八十人，虎士八百人⑤。

旅贲氏⑥，中士二人，下士十有六人，史二人，徒八人。

节服氏⑦，下士八人，徒四人。

注释：①司士：负责管理群臣的官，以下诸子、司右、虎贲氏、旅贲氏、节服氏、方相氏为其下属。②诸子：负责公、卿、大夫之子的教育和相关法规的官员。③司右：政令官。④虎贲氏：天子身边的武士。⑤虎士：谓勇猛如虎之战士。⑥旅贲氏：禁卫军。⑦节服氏：负责天子冕服的官员。

方相氏①，狂夫四人②。

大(太)仆③，下大夫二人；小臣④，上士四人；祭仆⑤，中士六人；御仆⑥，下士十有(又)二人，府二人，史四人，胥二人，徒二十人。

隶仆⑦，下士二人，府一人，史二人，胥四人，徒四十人。

弁师⑧，下士二人，工四人⑨，史二人，徒四人。

司甲⑩，下大夫二人，中士八人，府四人，史八人，胥八人，徒八十人。

司兵⑪，中士四人，府二人，史四人，胥二人，徒二十人。

司戈盾⑫，下士二人，府一人，史二

注释：①**方相氏**：周官名。由武夫充任，职掌驱逐疫鬼和山川精怪。②**狂夫**：古代掌驱疫和在墓葬时驱鬼的人。③**大仆**：大，通"太"。即太仆。专掌服位、传达政令的官。以下小臣、祭仆、御仆、隶仆为其下属。④**小臣**：掌王之小命。诏相王之小法仪。⑤**祭仆**：掌受命于王以视祭祀。⑥**御仆**：掌群吏之逆及庶民之复。⑦**隶仆**：掌理天子宫室、车辆的清洁。⑧**弁师**：负责天子冠冕的官员。⑨**工**：官吏，职事。⑩**司甲**：兵器总管，司兵、司戈盾等为其下属。⑪**司兵**：掌五兵、五盾及授兵，从司马之法。⑫**司戈盾**：其职云："祭祀，授旅贲殳、故士戈盾，授舞者兵。"

人，徒四人。

司弓矢①，下大夫二人，中士八人，府四人，史八人，胥八人，徒八十人。

缮人②，上士二人，下士四人，府一人，史二人，胥二人，徒二十人。

槁人③，中士四人，府二人，史四人，胥二人，徒二十人。

戎右④，中大夫二人，上士二人。

齐右⑤，下大夫二人。

道右⑥，上士二人。

大驭⑦，中大夫二人。

戎仆⑧，中大夫二人。

齐斋仆⑨，下大夫二人。

道仆，上士十有又二人。

注释：①司弓矢：弓弩矢箙官之长。②缮人：专门保管天子所用的弓弩矢的官员。③槁人：专门为天子制造弓弩矢的官员。槁，箭杆。④戎右：天子身旁的武官。⑤齐右：充王路、金路之右。古代帝王所乘的五种车子分别为玉路、金路、象路、革路、木路。⑥道右：充象路之右。⑦大驭：周代为王驾车的官。为最尊的驭者。⑧戎仆：犹戎御。官名，掌驭兵车。⑨齐：古人在祭祀或其他典礼前整洁身心，以示庄敬。

周礼

田仆①,上士十有又二人。

驭夫②,中士二十人,下士四十人。

校人③,中大夫二人,上士四人,下士十有又六人,府四人,史八人,胥八人,徒八十人。

趣马④,下士,皂一人⑤,徒四人。

巫马⑥,下士二人,医四人,府一人,史二人,贾二人,徒二十人。

注释:①田仆:周代掌管君王猎车的小吏。②驭夫:古代官名。掌驭贰车、从车、使车,分公马而驾治之。③校人:专管马匹的官员,以下趣马、巫马、牧师、廋人、圉师、圉人均为其下属。④趣马:古官名,掌管王马。⑤皂:古代下等人之称。⑥巫马:官名。掌管医疗马病事务。

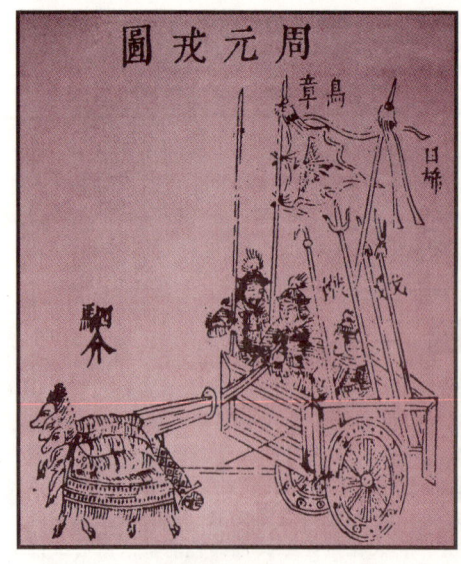

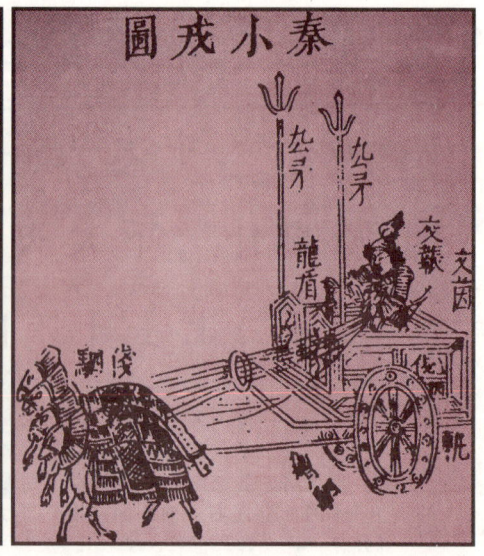

周元戎图

秦小戎图

牧师①，下士四人，胥四人，徒四十人。

廋人②，下士，闲二人③，史二人，徒二十人。

圉师④，乘一人⑤，徒二人。

圉人⑥，良马匹一人，驽马丽一人⑦。

职方氏⑧，中大夫四人，下大夫八人，中士十有六人，府四人，史十有六人，胥十有六人，徒百有六十人。

土方氏⑨，上士五人，下士十人，府二人，史五人，胥五人，徒五十人。

怀方氏⑩，中士八人，府四人，史四人，胥四人，徒四十人。

合方氏⑪，中士八人，府四人，史四

夏官司马第四

注释：①牧师：专管放牧马及饲养马的人。②廋人：负责驯马者。③闲：马厩。④圉师：掌管养马的人。⑤乘：四马为乘。⑥圉人：专门养马的人，为圉师的属下。⑦驽马：劣马。丽：两匹。驽马丽一人：每两匹驽马由一个圉人负责。⑧职方氏：周代官名。掌天下地图与四方贡赋之事。以下土方氏至形方氏均为其下属。⑨土方氏：管理四方邦国的土地。⑩怀方氏：掌管招来的远方之民的官。⑪合方氏：统一全国各地度量衡的官员。

229

人，胥四人，徒四十人。

训方氏①，中士四人，府四人，史四人，胥四人，徒四十人。

形方氏②，中士四人，府四人，史四人，胥四人，徒四十人。

山师③，中士二人，下士四人，府二人，史四人，胥四人，徒四十人。

川师④，中士二人，下士四人，府二人，史四人，胥四人，徒四十人。

原师⑤，中士四人，下士八人，府四人，史八人，胥八人，徒八十人。

匡人⑥，中士四人，史四人，徒八人。

撢人⑦，中士四人，史四人，徒八人。

都司马⑧，每都上士二人⑨，中士四人，

注释：①训方氏：掌教导四方之民之事的官员。②形方氏：根据天子命令划分诸侯国疆界的官员。③山师：掌管邦国山林及其出产的官。④川师：掌管邦国川泽及其出产之官。⑤原师：掌管四方地名，辨其丘陵、坟衍、原隰之名的官员。⑥匡人：以法则教化诸侯的天子属官。⑦撢人：掌巡天下之邦国，向万民宣传天子思想的官。撢，同"探"。⑧都司马：诸侯的私臣，掌理诸侯国的军务。⑨都：周代王子弟及三公的封地、采地。

下士八人,府二人,史八人,胥八人,徒八十人。

家司马①,各使其臣,以正于公司马②。

大司马之职:掌建邦国之九法,以佐王平邦国③。制畿封国,以正邦国④;设仪辨位,以等邦国⑤;进贤兴功,以作邦国⑥;建牧立监,以维邦国⑦;制军诘禁,以纠邦国⑧;施贡分职,以任邦国⑨;简稽乡民,以用邦国⑩;均守平则,以安邦国⑪;比小事大,以和邦国⑫。以九伐之法正邦国⑬,冯弱犯寡则眚之⑭,贼贤害民则伐之⑮,暴内陵外则坛墠之⑯,野荒民散则削

夏官司马第四

注释:①**家司马:**大夫的私臣,掌理军赋。②**正:**犹听。**公司马:**即大司马。**公,**国家。③**平:**治理。④**制畿封国:**划分诸侯领地的范围,在边界上树立标志。**正邦国:**使诸侯国的等级准确无误。⑤**设仪辨位:**制定各诸侯国君尊卑的等差。仪,谓诸侯及诸臣之仪。辨,别也。别尊卑之位。**等:**分等,区别。⑥**兴功:**推举有功之人。兴,举。**作邦国:**振奋诸侯国人民劝善乐业之心。作,起。⑦**牧:**州长。**监:**各侯国之君。**维:**联结。⑧**诘禁:**谓按照禁令究办。诘,查究,究办。**纠:**犹正。⑨**贡:**进贡,进献方物于帝王。**职:**谓赋税。**任:**犹事。⑩**简稽:**简阅统计。**用:**用于。⑪**均守:**使同一等级诸侯所得封地大致相等。**平则:**根据地质制定税率。⑫**比小:**大国亲小国。比,犹亲。**事大:**小国事大国。**和:**合和。⑬**九伐之法:**古代指对九种罪恶的讨伐。⑭**冯弱:**以强凌弱。冯,欺凌,侵侮。**眚:**减削其地。⑮**贼:**谗毁。**贤:**贤良。**伐:**征讨,攻打。⑯**暴内:**谓伤害臣民。**陵:**侵犯,欺侮。**外:**指诸侯。**坛:**通"墠",清除土地,夺其位,立其次贤。

231

之^①，负固不服^②，则侵之^③；贼杀其亲^④，则正之^⑤；放弑其君^⑥，则残之^⑦；犯令陵政^⑧，则杜之^⑨；外内乱，鸟兽行^⑩，则灭之。

注释：①野荒民散：谓田不治，民不附。荒，芜。削：削除，削减。②负固：依恃险阻。负，恃。固，险阻。不服：不事大国。③侵：越境进犯。④贼杀：杀害。⑤正：谓治罪。⑥放弑：谓放逐并诛杀君主。放，逐。弑，古代卑幼杀死长辈叫弑，多指臣子杀死君主，子女杀死父母。⑦残：杀。⑧犯令：犹违命。令，犹命。陵政：轻政法，不遵循。⑨杜：堵塞，使不得与邻国互通。⑩鸟兽行：禽兽一般淫乱的行为。

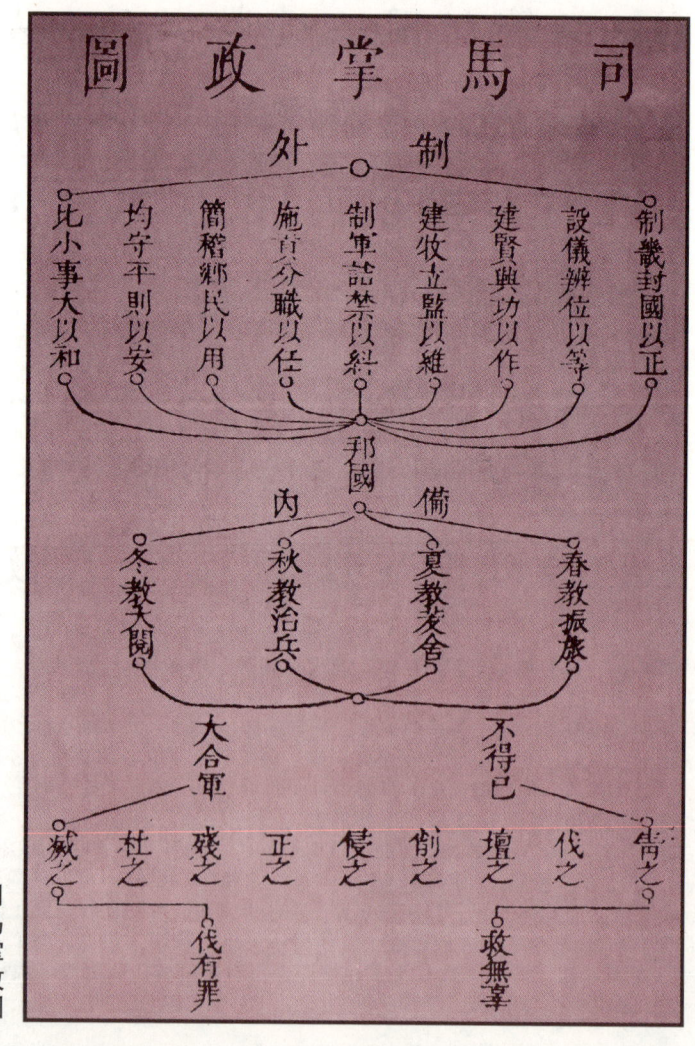

司马掌政图

正月之吉①，始和布政于邦国都鄙②，乃县悬政象之法于象魏③，使万民观政象，挟浃日而敛之④，乃以九畿之籍⑤，施邦国之政职⑥。方千里曰国畿⑦，其外方五百里曰侯畿，又其外方五百里曰甸畿，又其外方五百里曰男畿，又其外方五百里曰采畿，又其外方五百里曰卫畿，又其外方五百里曰蛮畿，又其外方五百里曰夷畿，又其外方五百里曰镇畿，又其外方五百里曰蕃畿。凡令赋⑧，以地与民制之⑨，上地食者参之二⑩，其民可用者家三人；中地食者半，其民可用者二家五人；下地食者参叁之一，其民可用者家二人。

注释：①**吉**：谓朔日。②**始**：开始。**和**：指调和，即修整。《周礼注疏》："凡政有故，言始和者，若改造云耳。"**布**：宣告。**都鄙**：周公卿、大夫、王子弟的采邑、封地。③**县**：通"悬"，挂。**政象**：指政法条文。**象魏**：古代天子、诸侯宫门外的一对高建筑，亦叫阙或观，为悬示教令的地方。④**挟日**：十天。从甲至癸，十干一周，故云。挟，通"浃"，周匝。**敛**：收藏。⑤**九畿之籍**：记载九畿礼仪等差的书。九畿，相传古时王城以外五千里之内，自内而外，每五百里为一畿，共有侯、甸、男、采、卫、蛮、夷、镇、蕃九畿，为各级诸侯之领地及外族所居之地。⑥**政职**：赋税。⑦**方**：古代计量面积用语。多用于计量土地。⑧**赋**：赋税。⑨**以**：按照。**地与民**：指地之美恶、民之众寡。**制**：制定。⑩**上地**：根据土质好坏分为三等，即上地、中地、下地。**参之二**：每年耕种分配土地的三分之二，余下的三分之一休耕。

中(仲)春①，教振旅②，司马以旗致民③，平列陈(阵)④，如战之陈(阵)。辨鼓铎镯铙之用⑤：王执路鼓⑥，诸侯执贲鼓，军将执晋鼓⑦，师帅执提⑧，旅帅执鼙⑨，卒长执铙⑩，

注释：①**中春**：即仲春，农历二月，春季的第二个月。中，通"仲"。②**振旅**：战斗结束还师回国。③**司马**：官名。**致**：召集。④**平**：犹正。**陈**：通"阵"。⑤**铎**：有舌的铃。**镯**：古代军中乐器，钟状的铃。**铙**：古代军中用以止鼓退军的乐器。⑥**路鼓**：路鼓及下文贲鼓、晋鼓、鼙、铙等参见本书《地官·鼓人》。⑦**军将**：军中的主持。⑧**师帅**：师的统帅，亦为州长。**提**：有柄的小鼓。⑨**旅帅**：官名。统一旅之众。**鼙**：军中小鼓。⑩**长**：长官。

太康盘游图

两司马执铎①,公司马执镯②。以教坐作进退疾徐疏数之节③,遂以蒐田④,有司表貉(祃)⑤,誓民⑥,鼓⑦,遂围禁⑧,火弊⑨,献禽以祭社⑩。

中(仲)夏⑪,教茇舍⑫,如振旅之陈(阵)⑬。群吏撰(算)车徒⑭,读书契⑮,辨号名之用⑯。帅以门名⑰,县鄙各以其名⑱,家以号名⑲,乡以州名,野以邑名,百官各象其事⑳,以辨军之夜事㉑。其他皆如振旅。遂以苗田㉒,如蒐之法㉓,车弊㉔,献禽以享祊㉕。

中(仲)秋㉖,教治兵㉗,如振旅之陈(阵)。

注释:①**两司马**:百人之长。②**公司马**:伍长。③**坐作**:坐与起,止与行。古代练兵的科目之一,多与"进退"连用。**徐**:缓慢。**疏**:拉开距离。**数**:缩小间隔。**节**:节奏。④**遂**:于是。**蒐田**:春季田猎名。⑤**有司**:官吏。古代设官分职,各有专司,故称。**表貉**:在军阵前祭祀始造军法者。**貉**,通"祃",古代军中祭名。⑥**誓民**:约束、告诫吏民。⑦**鼓**:令击鼓。⑧**禁**:用以防卫、封闭、阻隔、遮蔽的设施。⑨**火弊**:春季田猎时用火烧草,结束时把火扑灭。**弊**,停止。⑩**献禽**:把猎获的禽兽上缴。**祭社**:祀土地神。⑪**中夏**:即仲夏,夏季的第二个月。中,通"仲"。⑫**茇舍**:露营。⑬**振旅**:整顿部队,操练士兵。⑭**撰车徒**:整顿、统计车徒。**撰**,通"算"。⑮**读**:记录。**书契**:契约之类的文书凭证。⑯**号名**:标志,称谓,位号。⑰**帅**:谓军将及师帅、旅帅至伍长。**门**:指门前所树的徽识。⑱**县鄙**:县正、鄙师,下至邻长等官。⑲**家**:食邑、采邑中的臣子。⑳**各象其事**:各以所承担的职事为徽号。㉑**夜事**:夜间戒备守御等事。㉒**苗田**:夏季田猎。㉓**蒐**:打猎。特指春猎。㉔**车弊**:停止车行。㉕**祊**:夏季宗庙祭祀名。㉖**中秋**:秋季的第二个月。中,通"仲"。㉗**治兵**:古指在秋季进行的练兵仪式。出曰治兵,入曰振旅。

辨旗物之用①：王载大常②，诸侯载旂，军吏载旗③，师都载旟④，乡遂载物⑤，郊野载旐⑥，百官载旞，各书其事与其号焉⑦。其他皆如振旅。遂以狝田⑧，如蒐之法，罗弊⑨，致禽以祀祊⑩。

注释：①旗物：画有物象的旗帜。②载：陈设，放置。大常：太常及以下旂等多种旗帜名，参见本书《春官·司常》注释。大，通"太"。③军吏：指军帅。④师都：遂大夫。⑤乡遂：乡大夫。一说"遂"当作"家"。⑥郊野：乡遂大夫与公邑大夫的并称。⑦事：官职。⑧狝田：秋季田猎名。⑨罗弊：秋季田猎时用网捕猎，收网表示田猎结束。罗，网。弊，停止。⑩祀祊：祭祀四方之神。祊，通"方"。

左右恭命图

中[仲]冬①，教大阅②：前期，群吏戒众庶修战法③。虞人莱所田之野④，为表⑤，百步则一，为三表，又五十步为一表。田之日⑥，司马建旗于后表之中⑦，群吏以旗物鼓铎镯铙，各帅其民而致⑧。质明弊旗⑨，

注释：①中冬：冬季的第二个月。中，通"仲"。②大阅：大检阅。③群吏：乡师以下。众庶：众民，百姓。修：整饬。④虞人：古掌山泽苑囿之官。莱：芟除杂草。田：狩猎。⑤为表：立木为标志。⑥田：田猎。⑦建：树立。后表：古代田猎时，树木为表，标识步数，以正进退之行列。最北面的一表称为后表。⑧帅：率领。致：致之司马。⑨质明：天亮。质，正。弊：仆，放倒。

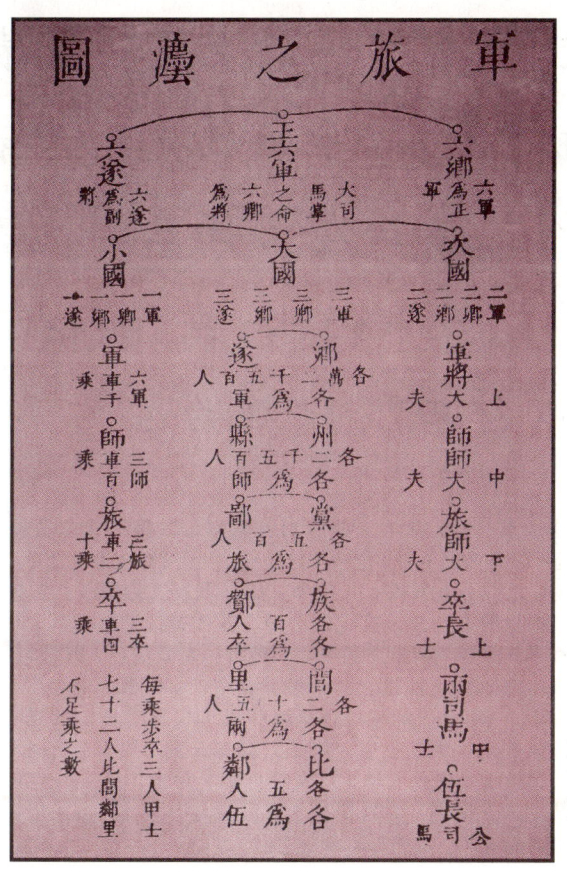

军旅之法图

周礼

诛后至者①。乃陈车徒如战之陈[阵]②，皆坐。群吏听誓于陈[阵]前，斩牲以左右徇陈[阵]③，曰："不用命者斩之④。"中军以鼙令鼓⑤，鼓人皆三鼓⑥，司马振铎⑦，群吏作旗⑧，车徒皆作⑨；鼓行⑩，鸣镯，车徒皆行，及表乃止；三鼓，摝铎⑪，群吏弊旗，车徒皆坐。又三鼓，振铎，作旗，车徒皆作。鼓进，鸣镯，车骤徒趋⑫，及表乃止，坐作如初。乃鼓，车驰徒走⑬，及表乃止。鼓戒三阕⑭，车三发⑮，徒三刺⑯。乃鼓退，鸣铙且却⑰，及表乃止，坐作如初。

遂以狩田⑱，以旌为左右和之门⑲，

注释：①诛：处罚。至：到，来。②陈(1)：陈列。车徒：兵车和步卒。陈(2)：通"阵"。下同。③徇陈：在队列四周巡视一遍。④用命：遵从命令。⑤中军：中军之将。鼙：军中小鼓。⑥鼓人：指师帅、旅帅等人。⑦振铎：摇铃。古代宣布政教法令时，振铎以警众。铎，有舌的大铃。⑧作旗：举起旗帜。⑨车徒皆作：战车上的戎士和随车的步卒都站立起来。⑩鼓行：敲鼓前行。⑪摝铎：掩住铎口摇动，使声音闷哑，以示停止前进。摝，振动，摇动。⑫骤：疾速，急速而猛，急促。徒：步兵。趋：疾行，奔跑。⑬车驰：战车快速前进。徒走：步兵快跑前进。⑭鼓戒：击鼓警众。阕：止息，终了。⑮车三发：战车上的战士跟随鼓音射三次箭。⑯徒三刺：步兵刺杀三轮。⑰鸣铙：敲击铜铙。铙，古代军中用以止鼓退军的乐器。却：退，使退。⑱狩田：冬季田猎名。⑲旌：古人用牦牛尾或兼五彩羽毛饰竿头的旗子。和：古代军队营垒之门。

238

群吏各帅其车徒以叙和出①,左右陈车徒②,有司平之③。旗居卒间以分地④,前后有屯百步⑤,有司巡其前后⑥。险野⑦,人为主⑧;易野⑨,车为主。既陈,乃设驱逆之车⑩,有司表貉祃于陈阵前⑪。中军以鼙令鼓,鼓人皆三鼓,群司马振铎,车徒皆作。遂鼓行,徒衔枚而进⑫。大兽公之⑬,小禽私之⑭,获者取左耳。及所弊⑮,鼓皆駴⑯,车徒皆噪⑰。徒乃弊⑱,致禽馌兽于郊⑲,入献禽以享烝⑳。

及师㉑,大合军㉒,以行禁令㉓,以救无辜,伐有罪㉔。若大师㉕,则掌其戒令,

夏官司马第四

注释: ①**以叙和出:** 依次出和门(军门)。叙,次序。②**陈:** 陈列,布阵。③**平之:** 把阵列排好。④**卒:** 士兵。**分地:** 划分地段。⑤**屯:** 各军聚集处。⑥**巡:** 巡阅,巡行。⑦**险野:** 险要地形。⑧**主:** 指走在前面。⑨**易:** 平坦。⑩**驱逆:** 谓驱赶禽兽,使进入围猎圈并阻止其逃逸。⑪**表貉:** 亦作表祃、表貉。古代田猎或出征,于阵前或营前立望表以祭神,谓之表貉。貉,通"祃"。⑫**衔枚:** 横衔枚于口中,以防喧哗或叫喊。枚,形如筷子,两端有带,可系于颈上。⑬**公:** 归公。⑭**私之:** 归自己所有。⑮**及所弊:** 到了田猎场所的终点。⑯**駴:** 原意惊惧,此处指短促。⑰**噪:** 欢呼。⑱**弊:** 停止。⑲**致:** 奉献,献纳。**馌兽:** 田猎时以猎获之兽祭四郊之神。⑳**烝:** 冬祭名。㉑**及:** 等到。**师:** 出师征伐。㉒**合军:** 集结军队。㉓**禁令:** 禁律和号令。㉔**伐:** 攻打。㉕**大师:** 天子亲率军队征讨。

239

周礼

莅大卜①，帅执事莅衅主及军器②。及致③，建大常④，比军众⑤，诛后至者⑥。及战，巡陈，视事而赏罚⑦。若师有功，则左执律⑧，右秉钺⑨，以先，恺乐献于社⑩。若

注释：①莅：临。**大卜**：卜问出兵吉凶的仪式。②帅：帅领。**执事**：有职守之人，官员。**衅主**：杀牲以血涂主。主，即随军的迁庙之主与社主。**军器**：即鼓铎之属。③致：召集军士。④**大常**：太常。古代旌旗名。大，通"太"。⑤比：核查。⑥诛：惩罚。⑦事：谓战功。⑧律：古代用竹管或金属管制成的定音仪器。以管的长短确定音阶高低。亦用作测定季节变化的仪器。⑨钺：大斧，象征威严。⑩先：先导。**恺乐**：庆祝作战胜利的军乐。**社**：社坛。古代封土为社，栽种其土所宜之树，以为祀社神之所在。

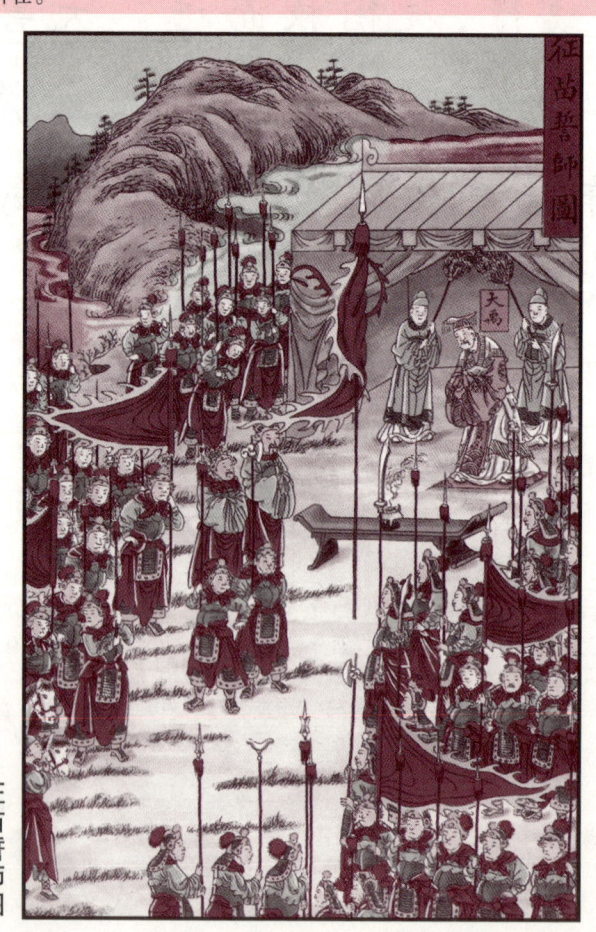

征苗誓师图

师不功,则厌而奉主车①。王吊劳士庶子②,则相③。大役④,与虑事属其植⑤,受其要⑥,以待考而赏诛⑦。大会同⑧,则帅士庶子而掌其政令。若大射⑨,则合诸侯之六耦⑩。大祭祀、飨食⑪,羞牲鱼⑫,授其祭。大丧,平士大夫⑬。丧祭,奉诏马牲⑭。

小司马之职:掌(阙)。

凡小祭祀、会同⑮、飨射⑯、师田⑰、丧纪⑱,掌其事,如大司马之法。

军司马(阙)。

舆司马(阙)。

行司马(阙)。

司勋:掌六乡赏地之法⑲,以等其

注释:①厌:厌冠,丧冠的一种。奉:犹送。主车:运载神主的车。②吊劳:吊祭存问。士庶子:从军的卿大夫之子。③相:使为相。④大役:筑城等大兴土木之事。⑤虑事:参与谋划者。属其植:集合徒役和版筑所需的木桩。属,聚集。⑥受:计。要:徒役的名册。⑦考:谓考校其功。⑧会同:古代诸侯朝见天子的通称。⑨大射:为祭祀择士而举行的射礼。⑩耦:射时比赛双方各一人同时登场为一耦。⑪飨食:举行飨食之礼。⑫羞:进献。牲鱼:即鱼牲。⑬平:正服位。⑭奉诏:接受皇帝的命令。马牲:指用作牺牲的马。⑮会同:古代诸侯朝见天子的通称。⑯飨射:飨食宾客时的射礼。⑰师田:征伐与田猎。⑱丧纪:丧事。⑲司勋:掌赏赐有功将士的官。六乡:周制王城之外百里以内分为六乡,每乡设乡大夫管理政务。赏地:赏赐田地。

功①。王功曰勋②，国功曰功③，民功曰庸④，事功曰劳⑤，治功曰力⑥，战功曰多⑦。凡有功者，铭书于王之大常⑧，祭于大烝⑨，司勋诏之⑩。大功，司勋藏其贰⑪。掌赏地之政征令⑫，凡赏无常⑬，轻重视功。凡颁赏地，三之一食⑭，惟加田无国正征⑮。

马质：掌质马⑯。马量三物⑰，一曰戎马⑱，二曰田马⑲，三曰驽马⑳，皆有物贾价㉑。纲恶马㉒。凡受马于有司者，书其齿毛与其贾价㉓，马死，则旬之内更㉔，旬之外入马耳，以其物更㉕，其外否㉖。马及行，则以任齐其行㉗。若有马讼㉘，则听之。禁原

注释： ①等：使有等差。②王功：辅助天子建立功业。③国功：保家卫国之功。④民功：对于人民有功。⑤事功：指为国勤奋努力工作的功勋。⑥治功：谓制定法则并有效实施之政绩。⑦战功：战争中所立的功劳。⑧铭：即名字。书：写。大常：太常。古代旌旗名。大，通"太"。⑨烝：冬祭名。⑩诏：宣告。⑪贰：（功书的）副本。⑫政：通"征"。赋税。⑬常：固定的标准。⑭三之一食：土地产物的三分之一归获赏土地的人。⑮加田：赏田以外另加恩赏的田。正：通"征"，赋税。⑯马质：周代官名。掌管买马并评定马的优劣及价值等。质：评估。⑰量：评价，评定。三物：三种。⑱戎马：作战时所用的马。⑲田马：田猎时所用的马。⑳驽马：较低劣的马。㉑贾：通"价"。㉒纲：古代系侯（箭靶）于植之绳。引申为系束。恶马：顽劣不驯的马。㉓书：登记。㉔旬：十日。更：赔偿。㉕以其物更：按照原马的毛色买马赔偿，不要求与原来的马年齿一样。㉖其外：指超过二十天。㉗任：所载轻重。齐：调配。㉘马讼：关于马的诉讼。

蚕者^①。

量人：掌建国之法^②，以分国为九州，营国城郭，营后宫^③，量市朝道巷门

注释：①原蚕：一年养两次蚕。周代认为蚕为龙精，与马同气，一年养两次蚕会伤及马气，不利于马。②量人：周官名。掌丈量、营造和制定祭献之数。③营：营建。后：君。

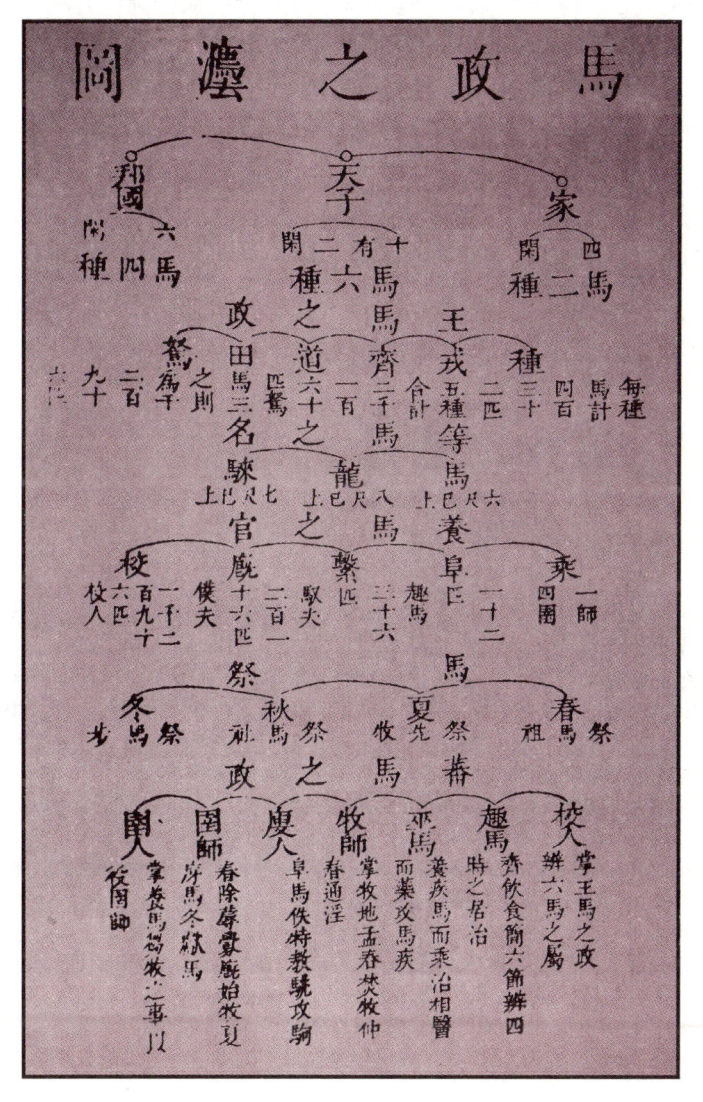

马政之法图

渠①。造都邑亦如之②。营军之垒舍③，量其市朝州涂(途)④，军社之所里⑤。邦国之地与天下之涂(途)数⑥，皆书而藏之⑦。凡祭祀飨宾⑧，制其从献脯燔之数量⑨。掌丧祭奠窆之俎实⑩。凡宰祭⑪，与郁人受斚⑫，历(沥)而皆饮之⑬。

小子：掌祭祀⑭，羞羊肆、羊殽、肉豆⑮。而掌珥(耳)于社稷⑯，祈于五祀⑰。凡沈辜侯禳⑱，饰其牲⑲。衅邦器及军器⑳。凡师田㉑，斩牲以左右徇陈(阵)。祭祀，赞羞㉒，受彻焉㉓。

羊人：掌羊牲㉔。凡祭祀，饰羔㉕。祭

注释：①渠：分界的樊篱。②造：营造。都邑：指京城、京都。之：此。③垒舍：犹营房。④州涂：绕城之道。涂，通"途"。下同。⑤军社：军中的社神坛。里：居。⑥涂数：道路的情况。⑦书：绘制图形记录在案。⑧飨宾：以隆重的礼仪宴请宾客。⑨制：控制。从献脯燔：跟在献酒后的肉肴。脯燔，干肉和烤肉。⑩窆：谓将祭奠品放入墓穴中的棺材之旁。俎实：俎上所盛祭献的食品。⑪宰祭：大宰助天子祭祀。⑫郁人：古官名，掌祼器，凡祭祀宾客之祼事，各郁鬯以实彝而陈之。斚：古代青铜制贮酒器。有鋬（把手）、两柱、三足、圆口，上有纹饰，供盛酒与温酒用。⑬历：通"沥"，倾斝使酒倒出。⑭小子：周官名，掌祭祀。⑮羞：进献。羊肆、羊殽：均为分割成块的羊肉。肉豆：盛放于豆中的肉块。⑯珥：通"耳"。割牲以牲血行衅礼。⑰祈：向天或神求祷。五祀：五行（金、木、水、火、土）之神的祭祀。⑱沈辜：古代宰牲以祭川。侯禳：古代迎祥除灾的祭祀。侯，迎候。⑲饰其牲：洗刷清洁祭祀用的牲畜。饰，拭。⑳衅：血祭，谓杀生取血涂物以祭。邦器：礼乐之器及祭器。军器：鼓、铎、铙等乐器。㉑师田：征伐与田猎。㉒赞羞：指古代祭祀时官员赞助进献贡品。㉓彻：撤除，撤去。谓祭毕。㉔羊人：负责祭祀中羊牲供给、宰割之官。羊牲：指用作牺牲的羊。㉕饰：洗。羔：小羊。

祀，割羊牲，登其首①。凡祈珥②，共供其羊牲。宾客，共供其法羊③。凡沈辜、侯禳、衅、积④，共供其羊牲。若牧人无牲⑤，则受布于司马⑥，使其贾买牲而共供之⑦。

司爟：掌行火之政令⑧，四时变国火⑨，以救时疾⑩。季春出火⑪，民咸从之⑫。季秋内纳火⑬，民亦如之⑭。时则施火令⑮。凡祭祀，则祭爟⑯。凡国失火⑰，野焚莱⑱，则有刑罚焉。

掌固：掌修城郭、沟池、树渠之固⑲，颁其士庶子及其众庶之守⑳。设其饰器㉑，分其财用，均其稍食㉒，任其万民，用其

注释：①登其首：把羊头送到室内。登，升。②祈珥：宫室刚建成、器物新制成时举行衅礼以牲血涂抹。③法羊：按牢礼之法供宾客的羊。④积：积柴焚烧以祭天。⑤牧人：官名，掌畜牧。⑥布：钱币。司马：官名。⑦贾：古官名。主市买，知物价。⑧司爟：掌理薪材供给的官。行火：用火。⑨四时变国火：四季转换时变换取火的木燧（使二者相符合）。⑩时疾：季节性流行病。⑪季春：春季的最后一个月，农历三月。出火：指开始在野外用火。⑫咸：都，皆。⑬季秋：秋季的最后一个月，农历九月。内火：禁止在野外用火。内，通"纳"。⑭如：随顺，依照。⑮时则施火令：按时下达焚烧野草的指令。⑯爟：此处指钻木取火的燧人氏（即发明取火法的祖先）。⑰失火：发生火灾。⑱野焚莱：在野外放火烧草。莱，指丛生的杂草。⑲掌固：官名。负责修建城郭的官员。树渠：用树木组成的樊篱。⑳士庶子：谓卿大夫士之子。众庶：服役的平民。守：职守。㉑设：设置，安排。饰器：有装饰的兵甲之器。㉒均：使平均分配。稍食：守卫兵士的薪俸。

245

材器。凡守者受法焉①，以通守政②，有移甲与其役财用③，唯是得通，与国有司帅之④，以赞其不足者⑤。昼三巡之，夜亦如之。夜三鼜以号戒⑥。若造都邑，则治其固⑦，与其守法。凡国都之竟境有沟树之固⑧，郊亦如之。民皆有职焉⑨。若有山川，则因之⑩。

司险：掌九州之图⑪，以周知其山林川泽之阻⑫，而达其道路⑬。设国之五沟五涂途⑭，而树之林⑮，以为阻固⑯，皆有守禁，而达其道路。国有故⑰，则藩塞阻路而止行者⑱，以其属守之⑲，唯有节者达之⑳。

掌疆（阙）㉑。

注释：①受法：接受掌固所掌管的守卫之法。②以通守政：依据此种法令使各地守卫互通。③移甲：调拨兵力械器。④国有司：指司险、掌疆之类的官员。帅：统率，率领。⑤赞：补充。⑥鼜：古代巡夜戒守所击之鼓。⑦治：建造。固：防御工事。⑧竟：通"境"。边境。⑨职：责任。⑩因：利用。⑪司险：官名。掌畿外阻固。图：版图，地图。⑫周：犹遍。阻：阻隔，障隔。⑬达：通达。⑭五沟：田间的五种水沟，遂、沟、洫、浍、川。五涂：五沟旁的五种道路：径、畛、涂、道、路。涂，通"途"。⑮树：种植。⑯阻固：险要和坚固的防御工事。⑰有故：有变故。⑱藩：保护，捍卫。塞：险要之处。多指边界上可以据险固守的要地。⑲属：指司险之下胥徒四个人。⑳节：凭信。㉑掌疆：官名。

候人：各掌其方之道治①，与其禁令，以设候人。若有方治②，则帅而致于朝③。及归，送之于竟[境]④。

环人：掌致师⑤，察军慝⑥，环四方之故⑦，巡邦国，搏谍贼⑧，讼敌国⑨，扬军旅⑩，降围邑⑪。

挈壶氏：掌挈壶以令军井⑫。挈辔以令舍⑬，挈畚以令粮⑭。凡军事，县[悬]壶以序聚柝⑮；凡丧，县[悬]壶以代哭者⑯。皆以水火守之⑰，分以日夜⑱。及冬，则以火爨鼎水而沸之⑲，而沃之⑳。

射人：掌国之三公、孤、卿、大夫之

夏官司马第四

注释： ①候人：古代掌管整治道路、稽查奸盗及迎送宾客的官员。方：地方。道治：即治理道路。②方治：四方诸侯国奉命来办理事务的使者。③帅：引导。致于朝：送使者进入朝廷。④竟：通"境"。边境，疆界。⑤环人：《周礼》夏官和秋官均置环人。属夏官者，掌却敌及巡察内外之事；属秋官者，掌迎送宾客及警卫之事。致师：挑战。⑥军慝：军中叛乱者。⑦环：却，使退却。故：变故。⑧搏：捕捉，抓。谍：间谍。贼：企图投降敌军者。⑨讼：斥责。⑩扬军旅：宣扬军威。⑪降：使……投降。⑫挈壶：悬壶。挈，提起，悬持。挈壶以令军井：谓为军穿井，井成，挈壶悬其上，令军中士众皆望见，知其下有井。⑬挈辔：悬辔。古代表示停马止息的标志。舍：驻扎，宿营。⑭畚：盛粮的桶。⑮县：同"悬"。序聚柝：安排击柝巡夜人员。⑯壶：漏水计时器。代哭者：替换哭丧者。⑰水火守之：以水火来值守。水加入壶中以计时，火用以照明，察看时辰。⑱分以日夜：白天和黑夜分别使用不同的计时方法。⑲爨：泛指烧煮。⑳沃之：把沸水倒入漏壶，以免天气寒冷而使壶里的水结冰，这样就无法计时。

247

周礼

位①，三公北面，孤东面，卿、大夫西面。其挚②，三公执璧，孤执皮帛，卿执羔③，大夫雁④。诸侯在朝，则皆北面，诏相其法⑤。若有国事，则掌其戒令，诏相其事，

注释：①射人：古官名。掌射法以习射仪。三公：古代中央三种最高官衔的合称。周以太师、太傅、太保为三公。孤：古代官名。其地位在三公之下。卿：古代高级官员的名称。分上、中、下三等。大夫：古官职名。分上、中、下三等。位：治朝之位。②挚：朝见时所持的礼物。③羔：小羊。④雁：鹅。⑤诏相：谓教导行大礼的言辞与礼节。

遒人徇路图

掌其治达①。以射法治射仪②。王以六耦射三侯③，三获三容④，乐以《驺虞》⑤，九节五正⑥；诸侯以四耦射二侯⑦，二获二容，乐以《狸首》⑧，七节三正⑨；孤卿大夫以三耦射一侯，一获一容，乐以《采蘋》⑩，五节二正；士以三耦射豻侯⑪，一获一容，乐以《采蘩》⑫，五节二正。若王大射，则以狸步张三侯⑬。王射，则令去侯，立于后，以矢行告，卒⑭，令取矢。祭侯，则为位⑮。与大史数射中⑯，佐司马治射正⑰。祭祀，则赞射牲⑱，相孤卿大夫之法仪⑲。

注释：①治达：王和诸侯间相关事情的传达。②射法：射礼。③六耦：六对射手。三侯：以熊、虎、豹皮为饰的三种箭靶。④获：在箭靶附近观察射中与否的人。容：障蔽物。古代行射礼，用皮革做小屏风，作为障蔽。⑤驺虞：古乐曲名。⑥节：乐节。五正：射仪用的五色箭靶，正中朱色，依次向外为白、苍、黄、玄诸色。⑦二侯：以熊、豹皮为饰的箭靶。⑧狸首：逸诗篇名。上古行射礼时，诸侯歌《狸首》为发矢的节度。⑨三正：指中心朱色、次白、次苍的三色箭靶。⑩采蘋：《诗·召南》篇名。⑪豻侯：古代士人射仪的箭靶。以豻皮为靶心，两边并饰以豻皮。豻，古代北方的一种野狗。形如狐狸而小，黑嘴，善守。⑫采蘩：《诗·召南》篇名。⑬狸步：古代大射时测量侯道的器具，长六尺。⑭卒：（天子）射完。⑮为位：指定服不氏及其徒受献的位置。⑯数：计数。射中：指射者射中箭靶。⑰佐：辅佐，帮助。射正：射礼的仪式。⑱赞：辅导，帮助。射牲：大祭祀牵牲入庭，系于碑，用箭射之。⑲相：观察。法仪：法度礼仪。

夏官司马第四

249

周礼

会同朝觐①，作大夫介②。凡有爵者③。大师④，令有爵者乘王之倅车⑤。有大宾客⑥，则作卿大夫从⑦，戒太史及大夫介⑧。大丧，与仆人迁尸⑨，作卿大夫掌事⑩，比其庐⑪，不敬者苛词罚之⑫。

服不氏：掌养猛兽而教扰之⑬。凡祭祀，共供猛兽。宾客之事，则抗皮⑭，射则赞张侯⑮，以旌居乏而待获⑯。

射鸟氏：掌射鸟。祭祀，以弓矢驱乌鸢⑰。凡宾客、会同、军旅，亦如之。射则取矢，矢在侯高⑱，则以并夹取之⑲。

罗氏：掌罗乌鸟⑳。蜡㉑，则作罗襦㉒。

注释：①**会同**：古代诸侯朝见天子的通称。**朝觐**：谓臣子朝见君主。②**作**：选派。**介**：传宾主之言的人。③**有爵者**：命士以上。④**大师**：谓王出征伐。⑤**倅车**：为戎车配备的副车。⑥**大宾**：周王朝对来朝觐的要服以内的诸侯的尊称。⑦**作**：选使从王见诸侯。**从**：跟随，随从。⑧**戒**：告诫。⑨**仆人**：古代太仆等官的通称。**迁尸**：搬运尸体。⑩**掌事**：掌管事物的人。⑪**比**：校核。**庐**：古人为守丧而构筑在墓旁的小屋。⑫**苛罚**：谴责与处罚。苛，通"诃"，谴责，诘问。⑬**猛兽**：虎豹熊黑之属。**教扰**：驯养。⑭**抗**：收藏。此句意谓宾客来朝聘者，服不氏主举藏之。⑮**赞**：辅佐，帮助。**张侯**：安设箭靶。⑯**旌**：小旗。**居**：处于。**乏**：古代行射礼时报靶者用以防箭的护身物。**待获**：等待观察射中的情况。⑰**矢**：箭。**乌鸢**：乌鸦和老鹰。均为贪食之鸟。⑱**矢在侯高**：箭射在靶的顶部。⑲**并夹**：钳子。⑳**罗**：张网捕鸟。㉑**蜡**：古代年终大祭。㉒**罗襦**：捕获小鸟的细网。

中(仲)春,罗春鸟,献鸠以养国老①,行羽物②。

　　掌畜:掌养鸟而阜蕃教扰之③。祭祀,共(供)卵鸟④。岁时贡鸟物⑤,共(供)膳献之鸟⑥。

注释:①国老:年老告退的卿、大夫、士。②行:颁赐。羽物:指车饰、旌旗之属。③阜蕃:饲养,繁殖。④卵鸟:下卵的家禽,如鸡、鹅。⑤岁时:每年按季节。贡:进贡。⑥膳:饭食。献:进献。

射侯示罚图

周礼

司士：掌群臣之版①，以治其政令，岁登下其损益之数②，辨其年岁与其贵贱③，周知邦国都家县鄙之数④，卿大夫士庶子之数⑤，以诏王治⑥。以德诏爵⑦，以功诏禄⑧，以能诏事⑨，以久奠食⑩。惟赐无常⑪。正朝仪之位⑫，辨其贵贱之等。王南向，三公北面东上⑬，孤东面北上⑭，卿大夫西面北上；王族故士、虎士在路门之右⑮，南面东上；大仆、大右、大仆从者在路门之左⑯，南面西上。司士摈⑰，孤卿特揖⑱，大夫以其等旅揖⑲，士旁三揖⑳，

注释：①版：名册。②岁：一年。登下：登记和注销。损益：黜陟，升降。③年岁：即群臣在任及年齿多少。贵贱：大夫以上贵，士以下贱。④周知：遍知。邦国：谓周之诸侯国。都家：周代王子弟、公卿、大夫的采地。县鄙：县与鄙。均为古代行政区划之名。⑤士庶子：卿大夫之子。⑥诏：告诉。⑦德：谓贤者。诏：皇帝下达命令。爵：爵位。⑧功：功绩。禄：俸禄。⑨能：能者。诏事：任命相应的职位。⑩奠：定。食：稍食，古代指官府按月发给的官俸。⑪惟赐无常：只有王按自己的意愿颁发的赏赐没有固定的数目。⑫朝仪：朝廷的礼仪。⑬三公：古代中央三种最高官衔的合称。⑭孤：古代官名。其地位在三公之下。⑮故士：士退职后担任宫室侍卫。虎士：谓勇猛如虎之战士。路门：古代宫室最里层的正门。⑯大仆：即太仆。官名。掌正王之服位，出入王命，为王左驭而前驱。大右：即司右。大仆从者：即小臣、祭仆、御仆、隶仆。大，通"太"。⑰摈：诏告天子出摈来朝的群臣。⑱特揖：一一揖之。⑲以其等旅揖：大夫爵同者众揖之。旅，众。⑳旁：周遍，普遍。三揖：因士有上中下三等。

王还(旋)揖门左①,揖门右。大(太)仆前,王入,内朝皆退②。掌国中之士治③,凡其戒令。掌摈士者④,膳其挚⑤。凡祭祀,掌士之戒令,诏相其法事⑥;及赐爵⑦,呼昭穆而进之⑧,帅其属而割牲,羞俎豆⑨。凡会同⑩,作士从⑪。宾客亦如之。作士适四方使⑫,为介⑬。大丧,作士掌事,作六军之士执披⑭。凡士之有守者⑮,令哭无去守⑯。国有故⑰,则致士而颁其守⑱。凡邦国,三岁则稽士任⑲,而进退其爵禄⑳。

诸子:掌国子之倅㉑,掌其戒令与其教治㉒,辨其等㉓,正其位㉔。国有大事㉕,则

注释:①还:通"旋",转身。②内朝:古代天子、诸侯处理政事和休息的场所。③国中:天子都城之中。④摈士:引见初为士者进见于王。⑤膳其挚:把刚任命的士带来的礼物交给膳人烹调。⑥诏相:谓教导举行大礼的言辞与礼节。⑦爵:酒器,此处指酒。⑧昭穆:古代祭祀时,子孙按照宗法制度的规定排列行礼。⑨羞:进献。俎豆:俎和豆。古代祭祀、宴飨时盛食物用的两种礼器。⑩会同:古代诸侯朝见天子的通称。⑪作士从:选派士作为王的随从人员。⑫作:选派。适:去,往。⑬为介:作为大夫的副使。⑭执披:古代丧仪,殡时于棺之两侧系披,使人夹枢车秉持而行,以防路险倾覆。披,系于棺枢的布带,使左右牵持,以防倾倒。⑮守:岗位。⑯令哭:命令(他们)哭泣。无去守:不离开守卫的岗位。⑰故:变故。此指兵灾。⑱致士:招引贤士。颁其守:分派任务。⑲三岁:三年。稽:考察。士:指卿、大夫、士。任:业绩。⑳进退:升降,任免。㉑诸子:官名。国子:王、诸侯、卿、大夫、士之子弟入学者。倅:军队。㉒戒令:警戒的命令,禁令。教治:教化,教育。㉓辨:辨别,区分。等:等级。㉔位:朝位。㉕大事:此处指祭祀。

周礼

帅国子而致于大(太)子①,惟所用之。若有兵甲之事②,则授之车甲,合其卒伍③,置其有司④,以军法治之。司马弗正(征)⑤。凡国正(征)弗及⑥。大祭祀,正六牲之体⑦。凡乐事⑧,正舞位⑨,授舞器⑩。大丧,正群子之服位⑪。会同、宾客,作群子从⑫。凡国之政事,国子存游倅⑬,使之修德学道⑭,春合诸学⑮,秋合诸射⑯,以考其艺而进退之⑰。

司右:掌群右之政令⑱。凡军旅会同⑲,合其车之卒伍⑳,而比其乘㉑,属其右㉒。凡国之勇力之士能用五兵者属焉㉓,掌其政令。

注释:①致:转告,回报。大子:世子。大,通"太"。②兵甲:战事,战争。③卒伍:军队。④置:设置。有司:各级军官。⑤弗:不。正,通"征",征调。⑥凡国正弗及:凡是国家的一切征敛都可免去。⑦正:摆放好。⑧乐事:指作乐有舞之处。⑨位:倅处。谓天子八佾、诸公六佾、诸侯四佾之等。⑩授舞器:文舞则授羽龠,武舞授干戚之等。⑪位:谓在殡宫外内器位。⑫作群子从:选派众子弟作随从。⑬游倅:贵族子弟学而未仕者就闲宴而群聚。倅,通"萃",聚集。⑭道:技艺。⑮合:集合。学:大学(天子都城的学宫)。⑯射:射宫。⑰进退:才艺长,进与官爵。才艺短,退之,使更服膺受业。⑱群右:在车上担任护卫的人,如戎右、齐右、道右等。⑲会同:汇合。⑳卒伍:古代军队编制,五人为伍,百人为卒。㉑比其乘:编制战车队列。㉒属其右:配置车右。㉓五兵:五种兵器。属:聚集,会合。

虎贲氏：掌先后王而趋以卒伍①。军旅、会同亦如之。舍则守王闲②。王在国③，则守王宫。国有大故④，则守王门，大丧亦如之⑤。及葬，从遣车而哭⑥。适四方使，则从士大夫⑦。若道路不通，有征事⑧，则奉书以使于四方⑨。

旅贲氏：掌执戈盾，夹王车而趋⑩，左八人，右八人，车止则持轮⑪。凡祭祀、会同、宾客，则服而趋⑫。丧纪⑬，则衰葛执戈盾⑭。军旅⑮，则介而趋⑯。

节服氏：掌祭祀朝觐衮冕⑰，六人维王之大常⑱。诸侯则四人，其服亦如之。郊祀裘冕⑲，二人执戈，送逆尸从车⑳。

注释：①趋以卒伍：编列军队在前后保护。②舍：休息，住宿。闲：置于门口或路口的楗柮，以禁人行。③国：国都。④大故：谓兵灾。⑤大丧：谓王丧。⑥从：跟随，跟从。遣车：古代指送葬载牲体的车子。⑦从：跟随。⑧有征事：需要征调军队或劳役的任务。⑨奉书：手持君主的文书。⑩夹：从左右相持或相对。趋：疾行，奔跑。⑪持轮：站在车轮两旁。⑫服而趋：穿着斋服跟随在天子车辆周围。⑬丧纪：丧事。纪，犹事。⑭衰葛：丧服。此作动词，穿上丧服。⑮军旅：作战或战争。⑯介：甲胄。此作动词，披上甲胄。⑰衮冕：衮衣和冕。古代帝王与上公的礼服和礼冠。⑱维：用白丝牵持住旗杆。大常：即太常。古代旌旗名。大，通"太"。⑲郊祀：古代于郊外祭祀天地，南郊祭天，北郊祭地。郊谓大祀，祀谓君祀。裘冕：黑羔羊皮礼服。⑳送逆尸从车：跟随送迎尸的车。送逆，犹送迎。从，跟随。

夏官司马第四

255

周礼

方相氏：掌蒙熊皮①，黄金四目②，玄衣朱裳③，执戈扬盾，帅百隶而时难④，以索室驱疫⑤。大丧，先柩⑥，及墓⑦，入圹⑧，以戈击四隅⑨，驱方良⑩。

太仆：掌正王之服位⑪，出入王之大命⑫。掌诸侯之复逆⑬。王视朝，则前正位

注释：①方相氏：周官名。夏官之属，由武夫充任，掌驱除疫鬼和山川精怪之职。蒙：覆盖，遮蔽。②黄金四目：用黄金做成假面具，上有四只眼睛。③玄：黑色。朱：红色。④百隶：众官吏。时难：古代按时驱除疫鬼的仪式。难，通"傩"。⑤索室驱疫：挨屋驱除传播疾疫的厉鬼。⑥柩：已装尸体的棺材。⑦墓：葬。⑧圹：墓穴。⑨四隅：四角。隅，角，角落。⑩方良：即魍魉，山川中的精、怪。⑪服：服饰。位：立处。⑫大命：天子的命令。出大命，指王之教。入大命，指群臣所奏行。⑬复逆：回复。

节服氏图

方相氏图

而退①，入亦如之。建路鼓于大寝之门外②，而掌其政。以待达穷者与遽令③，闻鼓声，则速逆御仆与御庶子④。祭祀、宾客、丧纪，正王之服位，诏法仪⑤，赞王牲事⑥。王出入，则自左驭而前驱⑦。凡军旅田役⑧，赞王鼓。救日月亦如之⑨。大丧，始崩⑩，戒鼓⑪，传达于四方，窆亦如之⑫，县丧首服之法于宫门⑬。掌三公孤卿之吊劳⑭。王燕饮⑮，则相其法⑯。王射，则赞弓矢⑰。王视燕朝⑱，则正位⑲，掌摈相⑳。王不视朝，则辞于三公及孤卿㉑。

小臣：掌王之小命㉒，诏相王之小法

夏官司马第四

注释：①**前正位而退**：引导王到正确的位置，然后退下来。②**路鼓**：鼓名，古时祭享宗庙所用的四面鼓。**大寝**：即路寝。天子、诸侯处理政事的宫室。③**达穷者**：替人申告冤苦的朝士。**遽令**：乘车传达的紧急命令。④**逆**：迎。**御仆、御庶子**：在路鼓旁值勤者。⑤**诏法仪**：从旁边提示王所应当行的礼仪。诏，告。⑥**赞**：辅佐，帮助。**牲事**：指宰杀、分割牲体等。⑦**左驭**：周代乘车时，驭者在中，尊者处左，右有车右。此处大仆驾驶天子的副车，不敢旷左，所以在车左自己驾驶。**前驱**：导引。⑧**军旅**：作战。**田役**：诸侯为狩猎而役使民众。⑨**救日月**：发生日、月食时击鼓呐喊（以使日、月得救）。⑩**崩**：古代称帝王、皇后之死。⑪**戒鼓**：击鼓警戒众人。⑫**窆**：墓圹，此处指棺柩放入墓圹。⑬**首服**：指头上的冠戴服饰。⑭**吊劳**：吊祭存问。⑮**燕饮**：聚会在一起吃酒饭。燕，通"宴"。⑯**相**：左右（相助王）。⑰**赞弓矢**：把弓与箭交给王。⑱**燕朝**：古代天子、诸侯在路门内的路寝会见臣子。亦指天子、诸侯处理政事后的休息之所。⑲**正**：规正。⑳**摈相**：导引宾客，执赞礼仪。㉑**辞**：告知，告诉。㉒**小命**：关于日常小事的命令。

257

仪①。掌三公及孤卿之复逆②，正王之燕服位③。王之燕出入④，则前驱。大祭祀、朝觐，沃王盥⑤。小祭祀、宾客、飨食、宾射掌事⑥，如大太仆之法。掌士大夫之吊劳⑦。凡大事，佐大太仆⑧。

祭仆：掌受命于王以视祭祀⑨，而警戒祭祀有司⑩，纠百官之戒具⑪。既祭，帅群有司而反返命⑫，以王命劳之⑬，诛其不敬者⑭。大丧，复于小庙⑮。凡祭祀，王之所不与⑯，则赐之禽⑰，都家亦如之⑱。凡祭祀致福者⑲，展而受之⑳。

御仆：掌群吏之逆㉑，及庶民之复㉒，

注释：①小法仪：平时的揖让等仪容。②复逆：谓臣民上书告请。③燕：平时家居。④燕出入：闲时外出游玩。⑤沃王盥：王洗手时负责自上浇水。沃，浇，灌。⑥飨食：飨礼和食礼。宾射：来朝的诸侯射。⑦吊劳：吊祭慰劳。⑧佐：帮助。⑨受命于王以视祭祀：代表天子参加祭祀。⑩祭祀有司：在祭祀中有职事的官员。⑪纠：检查。戒具：古代祭祀、朝觐、会同、迎接宾客等事应备的陈设器具。⑫反命：复命。⑬劳：慰劳。⑭诛：惩罚，责罚。⑮小庙：自高祖以下的祖庙。⑯王之所不与：天子不参加的祭祀。⑰禽：牲禽。⑱都家：王的子弟和大夫的领地的祭祀。⑲福：指祭祀之后撤回的肉。⑳展而受之：登记数目，然后接受下来。展，记录，校验。㉑御仆：官名。夏官之属。为王者侍从之官。掌理群吏庶民之奏告，奉王命吊劳及处理其他琐事。群吏：府史以下的杂役。逆：奏事上书。㉒复：回复，答复。

与其吊劳①。大祭祀,相盥而登②。大丧,持翣③。掌王之燕令④,以序守路鼓⑤。

隶仆:掌五寝之扫除粪洒之事⑥。祭祀,修寝⑦。王行,洗乘石⑧。掌跸宫中之事⑨。大丧,复于小寝、大寝⑩。

弁师:掌王之五冕⑪,皆玄冕⑫,朱里⑬,延綖⑭,纽⑮,五采缫藻十有又二就⑯,皆五采玉十有又二⑰,玉笄⑱,朱纮⑲。诸侯之缫斿九就⑳,瑉玉三采㉑,其馀如王之事。缫斿皆就㉒,玉瑱㉓,玉笄。王之皮弁㉔,会五

注释:①**吊劳:**指王对群吏与庶民的慰问与吊唁。②**相:**帮助。**盥:**洗手。**登:**谓为王登牲体于俎。③**翣:**大扇形的棺饰。④**燕令:**帝王退朝闲居时所发的命令。⑤**序:**顺序,次序。**路鼓:**古代祭享宗庙所用的四面鼓。⑥**隶仆:**亦称隶仆人。周官名。职掌清扫宗庙后殿以及行大射礼时清扫射宫侯道。**五寝:**五庙之寝。周代以来的宗庙均为前部是庙,后部是寝。寝,古代帝王宗庙之后殿,为放置祖宗衣冠之处。**粪:**清除污物。⑦**修寝:**清扫寝庙。⑧**乘石:**上车所登的石头。⑨**跸:**指禁止闲人通行。⑩**复:**古丧礼称召唤始死者的灵魂为复。**小寝:**高祖以下庙之寝。**大寝:**始祖庙的寝。⑪**五冕:**古代帝王祭祀时戴的五种礼冠,指裘冕、衮冕、鷩冕、毳冕、絺冕。⑫**玄:**黑色。⑬**朱里:**里层为红色。⑭**延:**通"綖"。覆盖在冕上的布。⑮**纽:**垂在延下面的两边,用来把冕固定在发髻上。⑯**五采缫:**用朱、白、苍、黄、玄五种颜色的丝拧成的绳。缫,通"藻"。五彩丝绳。**有:**通"又"。**就:**五彩齐全为一就。⑰**五采玉:**玉有五色,青、赤、黄、白、黑。⑱**玉笄:**玉质的簪子,亦指玉饰的簪子。⑲**纮:**从领下绕过系笄的带子。⑳**斿:**同"旒"。冕前后悬挂的玉串。㉑**瑉玉:**质地与玉相似的石头。**三采:**朱、白、苍。㉒**缫斿皆就:**冕上用丝绳所作的斿,每一根都是色彩完备。㉓**瑱:**冠冕上垂在耳边的玉。㉔**皮弁:**用数块三角形皮革缝制的帽子。

采玉瑱①，象邸柢②，玉笄。王之弁绖③，弁而加环绖④。诸侯及孤卿大夫之冕，韦弁⑤、皮弁、弁绖，各以其等为之⑥，而掌其禁令。

司甲(阙)。

司兵：掌五兵、五盾⑦，各辨其物与其等⑧，以待军事。及授兵⑨，从司马之法以颁之⑩。及其受兵输⑪，亦如之。及其用兵⑫，亦如之。祭祀，授舞者兵⑬。大丧，廞五兵⑭。军事，建车之五兵⑮。会同亦如之。

司戈盾：掌戈盾之物而颁之。祭祀，授旅贲殳⑯、故士戈盾⑰，授舞者兵亦如

注释： ①会：接缝。玉瑱：镶嵌在缝中的玉串，用作装饰。②象邸：用象牙作下面边缘的底。邸，通"柢"，物体的基部。③弁绖：古代贵族吊丧时所戴加麻的素冠。绖，古代丧服所用的麻带。扎在头上的称首绖，缠在腰间的称腰绖。④环绖：古丧服名。用麻绕成环状，戴在头上。⑤韦弁：白鹿皮做的弁。⑥等：爵等。为：制作。⑦五兵：五种兵器：戈、殳、戟、酋矛、夷矛。五盾：五种盾牌。⑧等：等级。⑨授兵：古代藏兵器于国，有战事时经祭告后发给兵士。⑩从：依照，按照。颁：分发。⑪兵输：打仗归来上缴兵甲。⑫用兵：谓出给卫守。⑬兵：兵器。⑭廞：陈列展示。⑮建：插。这里指装备、配备。⑯旅贲：旅贲氏。殳：古代兵器。⑰故士：王族故士。

之。军旅、会同，授贰车戈盾①，建乘车之戈盾②，授旅贲及虎士戈盾③。及舍④，设藩盾⑤，行则敛之⑥。

司弓矢：掌六弓四弩八矢之法⑦，辨

注释： ①贰车：副车。②乘车：王所乘之车。③虎士：虎贲氏。④舍：休息，止息。⑤藩盾：用大盾临时构筑的屏藩。帝王出行时，用来护卫住所。⑥行：继续前进。敛：收藏。⑦弩：用机械发箭的弓。矢：箭。

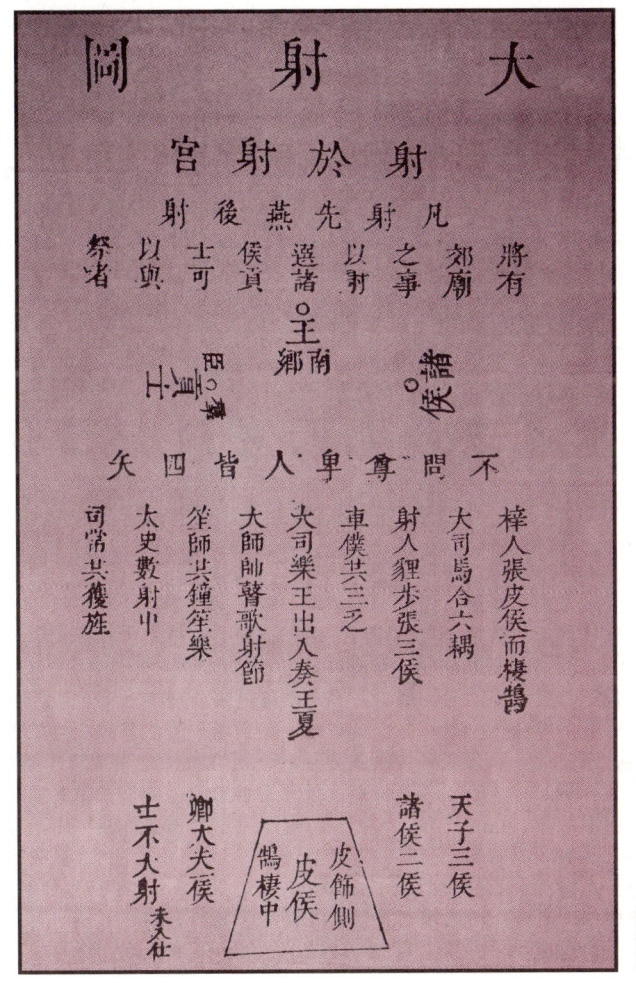

大射图

周礼

其名物，而掌其守藏与其出入①。中(仲)春献弓弩②，中(仲)秋献矢箙③。及其颁之，王弓、弧弓以授射甲革、椹质者④，夹弓、庾弓以授射豻侯、鸟兽者⑤，唐弓、大弓以授学射者、使者、劳者⑥。其矢箙皆从其弓⑦。凡弩，夹、庾利攻守，唐、大利车战、野战⑧。凡矢，枉矢、絜矢利火射⑨，用诸守城、车战⑩，杀矢、鍭矢用诸近射、田猎⑪，矰矢、茀矢用诸弋射⑫，恒矢、痹矢用诸散射⑬。

天子之弓合九而成规⑭，诸侯合七

注释：①**出入**：发出，收进。②**中春**：春季的第二个月。中，通"仲"。下同。**献**：送交。③**中秋**：秋季的第二个月。**矢箙**：兽皮做的箭筒。④**王弓**：古代六弓（王弓、弧弓、夹弓、庾弓、唐弓、大弓）之一，为最强劲的弓。**弧弓**：其力强，可以远射甲革坚硬之物。**椹质**：用椹做的箭靶。椹，砧，垫板。⑤**夹弓**：弓干多曲，射力较弱，宜于射近。**庾弓**：弓力较弱，用于近射。**豻侯**：古代士人射仪的箭靶。以豻皮为靶心，两边并饰以豻皮。⑥**唐弓**：弓力强弱为中等，多用于习射。**大弓**：是一种弓力强弱程度中等的弓。**使者**：奉命出使的人。**劳者**：外派慰劳的大臣。⑦**从其弓**：从弓数。即每弓一箙百矢。⑧**车战**：用兵车作战。**野战**：交战于旷野。⑨**枉矢**：箭名。八矢之一。**絜矢**：古代箭之一种。可在箭头上著火以射烧敌军。**火射**：用火箭射击。⑩**诸**：之于。⑪**杀矢**：古代用于打猎的一种箭。**鍭矢**：矢名。金属箭头，剪齐箭羽的箭。在周代为八矢之一。用于近射或田猎。亦可用于礼射。一说鍭矢为八矢之通名。⑫**矰矢**：箭名。古代八矢之一，用以射飞鸟。**茀矢**：矢末系丝绳者。**弋射**：系绳的箭，用于射飞鸟。⑬**恒矢**：八矢之一。礼射和习射时所用的箭。**痹矢**：古代八矢之一。主要用于礼射、习射等。**散射**：谓礼射及习射。⑭**合九而成规**：九张弓合起来为一个圆，即每张弓的弧度为40度。规，圆形。

而成规，大夫合五而成规，士合三而成规，句者谓之弊弓①。凡祭祀，共供射牲之弓矢②。泽③，共供射椹质之弓矢④。大射、燕宴射⑤，共供弓矢如数并夹⑥。大丧，共供

注释：①句者：弯曲度大于规定之数。弊弓：恶弓。②射牲：天子在大祭祀时亲自向祭牲射箭，表示亲自杀牲。③泽：泽宫，学习射箭的地方。④椹质：用椹做的箭靶。⑤大射：为祭祀择士而举行的射礼。燕射：古代射礼之一，指宴饮之射。⑥并夹：古代取箭的工具。

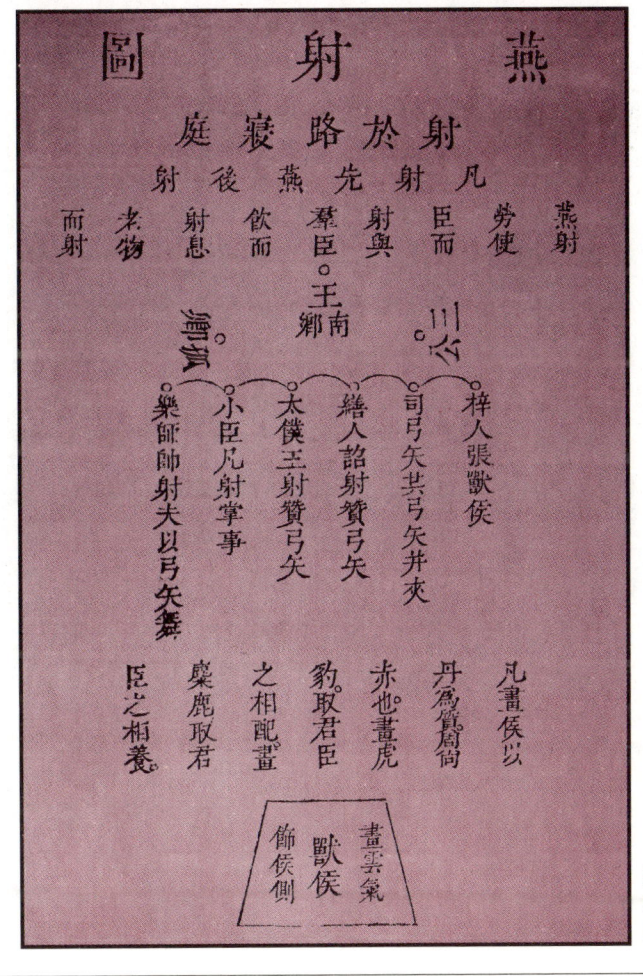

燕射图

明弓矢①。凡师役②，会同③，颁弓弩，各以其物④，从授兵甲之仪。田弋⑤，充笼箙矢⑥，共（供）赠矢。凡亡矢者⑦，弗用则更⑧。

注释：①明弓矢：明器类的弓矢（专用于殉葬）。②师役：谓军队从事大规模劳作。③会同：聚会，会见。④物：弓弩矢箙之属。⑤田弋：打猎。弋，猎获禽类。⑥充：补充，增添。笼：竹制的箭筒。箙：兽皮做的箭筒。⑦亡：丢失。⑧弗用：不是用于攻战、田猎的。更：赔偿。

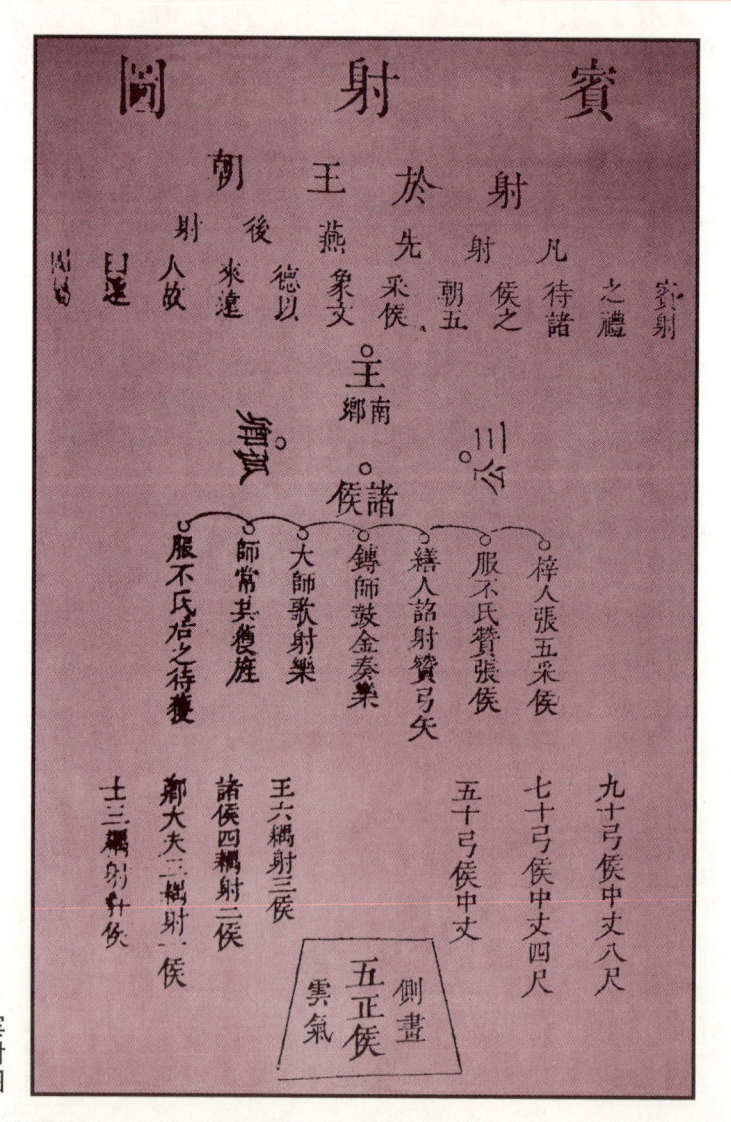

宾射图

夏官司马第四

缮人：掌王之用弓、弩、矢、箙、矰、弋、抉、拾①。掌诏王射②，赞王弓矢之事③，凡乘车，充其笼箙，载其弓弩，既射则敛之④。无会计⑤。

槀人：掌受财于职金⑥，以赍其工⑦。弓六物为三等⑧，弩四物亦如之。矢八物皆三等，箙亦如之。春献素⑨，秋献成⑩。书其等以飨工⑪。乘其事⑫，试其弓弩，以下上其食而诛赏⑬。乃入功于司弓矢及缮人。凡赍财与其出入，皆在槀人，以待会而考之⑭，亡者阙之⑮。

戎右：掌戎车之兵革使⑯。诏赞王鼓⑰。传王命于陈[阵]中⑱。会同⑲，充革车⑳，盟㉑，

注释：①抉、拾：射箭工具。抉即扳指；拾即臂衣，套于左臂上用以护臂。②诏：告。③赞：帮助。④既：完成，之后。敛：收藏。⑤无会计：不需统计使用了多少。⑥槀：箭杆。职金：古官名。掌管金、玉、锡、石、丹青的检验和收藏，并掌管接受士之金罚、货罚。⑦赍：费用，钱财。此作动词，把财物给槀工。⑧三等：上制、中制、下制。⑨素：制造弓矢等物的原材料。⑩成：已经制作好的箭和箭袋。⑪飨：设酒宴慰劳。⑫乘：计算。⑬下上：降低或提高。食：指工钱或报酬。诛：责罚。⑭会：总计。⑮亡：消耗的。阙：除。⑯兵革使：戎右作为使者到军队中去监督、执行军法。⑰诏赞王鼓：既告王当鼓之节，又助击之。⑱陈：同"阵"。⑲会同：诸侯朝见天子的通称。⑳充革车：充任革车的左位。革车为天子会同时所乘金路（车名）的副车。㉑盟：古代诸侯为释疑取信而对神立誓缔约的一种礼仪。多杀牲歃血。

265

周礼

则以玉敦辟盟①，遂役之②。赞牛耳、桃茢③。

齐（斋）右：掌祭祀、会同、宾客前齐（斋）车④，王乘则持马，行则陪乘⑤。凡有牲事⑥，则前马⑦。

道右：掌前道车⑧。王出入，则持马陪乘，如齐（斋）车之仪。自车上谕命于从车⑨，诏王之车仪⑩。王式（轼）则下⑪，前马⑫，王下则以盖从⑬。

大驭：掌驭玉路以祀⑭。及犯軷⑮，王自左驭⑯，驭下祝⑰，登⑱，受辔⑲，犯軷⑳，遂驱之㉑。及祭，酌仆㉒，仆左执辔，右祭两轵㉓，祭軓㉔，乃饮。凡驭路㉕，行以《肆夏》㉖，

注释：①玉敦：古代盟誓时歃血的器皿。敦，古代食器。辟盟：谓开诚心，歃血立盟。②役之：主盟者先歃血，此后会盟者依次进行，戎右持敦皿传递。③桃茢：桃杖与扫帚。古代用以辟邪除秽。④齐车：斋戒时所用之车。⑤陪乘：充当车右。⑥牲事：古代祭祀中有关准备牺牲的事。⑦前马：天子行轼礼时，齐右站在马前，牵马缓行。⑧道车：天子上朝时所乘的车——象路。⑨自：由。谕：旧指上对下的文告或指示。亦特指皇帝的诏令。从车：跟随天子的诸臣所乘之车。⑩诏：告。车仪：车上的威仪。⑪式：通"轼"。双手扶按车前扶手横木，系古人用以表示致敬的一种礼节。下：下车。⑫前马：在马的前面看好马。⑬盖：伞盖。从：跟从。⑭大驭：周代为王驾车的官。为最尊的驭者。玉路：即玉辂。帝王所乘有玉饰的车子。以祀：参加祭祀。⑮犯軷：古代出行前祭路神的仪式。⑯自：由。驭：驾驶车马。⑰驭：指大驭。下：下车。祝：祝祷。⑱登：上车（指大驭）。⑲受辔：受取王手中之辔。⑳犯軷：举行軷祭碾土山而行。㉑驱：鞭马前进。㉒酌：斟酒。仆：指大驭。㉓右：右手。轵：车轴两端露出毂外的部分。㉔軓：车轼前板。㉕驭路：谓五路。㉖行：谓大寝至路门。肆夏：古乐章名。《九夏》之一。

趋以《采荠》①。凡驭路仪，以鸾和为节②。

戎仆：掌驭戎车③。掌王倅车之政④，正其服⑤。犯軷，如玉路之仪。凡巡守及兵车之会⑥，亦如之。掌凡戎车之仪⑦。

齐(斋)仆：掌驭金路以宾⑧。朝、觐、宗、遇、飨、食皆乘金路⑨，其法仪各以其等⑩，为车送逆之节⑪。

道仆：掌驭象路以朝夕⑫、燕出入⑬，其法仪如齐(斋)车。掌贰车之政令⑭。

田仆：掌驭田路以田以鄙⑮。掌佐车之政⑯。设驱逆之车⑰，令获者植旌⑱，及

注释：①趋：谓路门至应门。采荠：古乐曲名。一说为逸诗名。②鸾和：铜铃。在衡的铜铃称鸾，在轼的铜铃称和。节：节奏，节拍。③戎仆：犹戎御。官名。掌驭兵车。④倅车：副车。⑤正：纠正。服：众乘戎车者之衣服。⑥巡守：亦作巡狩。谓天子出行，视察邦国州郡。兵车之会：有征讨之事时会合诸侯。⑦凡：所有，凡是。⑧金路：亦作金辂。五路之一。古代帝王家乘用的饰金之车。五路，古代帝王所乘的五种车子。即玉路、金路、象路、革路、木路。宾：迎接宾客。⑨朝：诸侯春季朝见天子。觐：诸侯秋季朝见天子。宗：诸侯夏见天子。遇：诸侯冬时朝王。飨：指飨礼。古代一种隆重的宴请宾客之礼。食：指食礼。古代宴请之礼的一种。⑩法仪：礼仪。等：等级，差别。⑪逆：迎。节：谓王乘车迎宾客及送相去远近之数。上公九十步，侯伯七十步，子男五十步。⑫象路：以象牙为饰的车子。朝夕：早晨上朝和夕暮听事。⑬燕：在宫中行事皆称燕。⑭贰车：象路的副车。⑮田仆：周代掌管帝王猎车的小吏。田路：木路。古代帝王所乘的一种车。只涂漆而不覆以革，亦无金、玉、象、牙之饰。田：田猎。鄙：巡行县鄙。⑯佐车：木路的副车。⑰驱逆之车：田猎时驱赶禽兽的车。⑱植：树立。旌：小旗。

献①，比禽②。凡田③，王提马而走④，诸侯晋⑤，大夫驰⑥。

驭夫：掌驭贰车、从车、使车⑦。分公马而驾治之⑧。

注释： ①献：献于旌下。②比：编次，排比。③凡田：谓四时田猎。④提马而走：人牵头部高昂的马，缓步而行。提：控持，执持。⑤晋：抑制，按捺。意谓人牵马中速前行。⑥驰：疾走，奔驰。⑦从车：跟随之车。使车：使者乘坐的车。⑧公马：即下文"六马"。驾治：训练，调教。

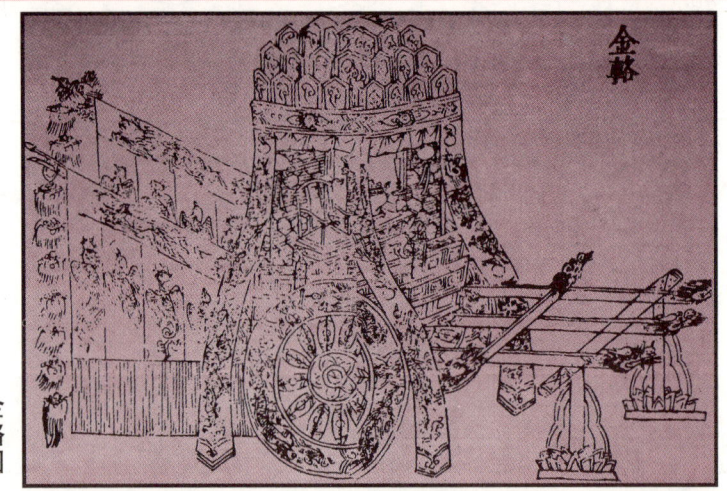

金辂图

象辂图

校人：掌王马之政①。辨六马之属：种马一物②，戎马一物③，齐马一物④，道马一物⑤，田马一物⑥，驽马一物⑦。凡颁良马而养乘之⑧。乘马一师四圉⑨。三乘为皂⑩，皂一趣马⑪。三皂为系，系一驭夫⑫。六系为厩⑬，厩一仆夫⑭。六厩成校⑮，校有左右⑯。驽马三良马之数⑰，丽马一圉⑱，八丽一师⑲，八师一趣马，八趣马一驭夫。天子十有又二闲⑳，马六种。邦国六闲，马四种㉑。家四闲，马二种㉒。

凡马，特居四之一㉓。春祭马祖㉔，执絷驹㉕。夏祭先牧㉖，颁马㉗，攻特㉘。秋祭马社㉙，

注释：①王马：官马。政：职务。②种马：专供繁殖的马。一物：同类物，同一事。③戎马：军马，战马。④齐马：驾金路之马。⑤道马：驾象路之马。⑥田马：打猎所用的马。⑦驽马：劣马。⑧颁：赏赐，分赏。养乘：谓饲养马匹而驾御之。⑨乘：四匹马，等于"驷"。师：管马之官。圉：养马人。⑩皂：古称马十二匹为一皂。⑪皂一趣马：每皂一个趣马。趣马，古官名，掌管王马。⑫系一驭夫：每系一个驭夫。驭夫，古代官名。⑬厩：马房。⑭仆夫：管马之官。⑮校：校人，养马官。⑯左右：侍从。⑰驽马三良马之数：颁发驽马时，以三倍良马之数为单位。⑱丽马：两匹马。⑲八：一说当作六。下同。⑳有：通"又"。闲：养马的圈栏。㉑四种：种马、戎马、齐马、道马。㉒二种：田马、驽马。㉓特：公马。四：三牝一牡。㉔马祖：二十八宿中的房星，周人以此星主马。㉕执：通"絷"，拴住马足。驹：二岁的马。泛指少壮的马。㉖先牧：最早养马的人。㉗颁：分。㉘攻特：阉割公马。㉙马社：养马之地所设立的祭祀后土之社，为发明用马驾车之人配食。亦指配食者。

臧仆①。冬祭马步②，献马，讲驭夫③。凡大祭祀、朝觐、会同，毛马而颁之④，饰币马⑤，执扑而从之⑥。凡宾客，受其币马。大丧⑦，饰遣车之马⑧。及葬，埋之。田猎，则帅驱逆之车⑨。凡将事于四海、山川⑩，则饰黄驹⑪。凡国之使者，共(供)其币马。凡军事，物马而颁之⑫。等驭夫之禄⑬，宫中之稍食⑭。

趣马：掌赞正良马⑮，而齐其饮食⑯，简其六节⑰。掌驾说(税)之颁⑱，辨四时之居治⑲，以听驭夫。

巫马：掌养疾马而乘治之⑳，相医而药攻马疾㉑，受财于校人㉒。马死，则使其

注释：①臧仆：训练驾夫。②马步：祸害马匹的神。③讲：选择。④毛马：选择马的毛色。⑤饰：装饰，修饰。币马：指用作礼物的马。币，泛指车马皮帛玉器等礼物。⑥扑：马鞭。⑦大丧：指帝王、皇后、世子之丧。⑧遣车之马：用草扎成的马（殉埋使用）。遣车为专供殉葬的明器车。⑨驱逆之车：田猎时驱赶禽兽的车。⑩将事于四海、山川：天子外出所经过的山川，事前均需祭祀。⑪黄驹：黄色幼马。⑫物马：挑选良马。⑬等：等同。禄：俸禄。⑭稍食：古代指官府按月发给的官俸。⑮赞：佐助。正良马：正其养马之法。⑯齐：调节。⑰简：分别，辨别。六节：谓马之行、止、进、退、驰、骤的节度。⑱说：通"税"。解马停车。颁：次第。⑲居治：养马的牧场。⑳巫马：官名。掌管医疗马病事务。疾马：病马。乘：赶马行动以诊断马病所在。㉑相：帮助。医：医生。攻：治疗。㉒校人：马官之长。

贾粥(鬻)之①，入其布于校人②。

牧师：掌牧地③，皆有厉禁而颁之④。孟春焚牧⑤，中春通淫⑥，掌其政令。凡田事⑦，赞焚莱⑧。

注释：①贾：谓其属官小吏。粥：通"鬻"，卖。②布：钱。③牧师：古代掌管牧畜的官。牧地：牧放牲畜的地方。④厉禁：严禁，禁令。⑤孟春：春季第一个月。焚牧：烧去陈草。⑥中春：春季第二个月。通淫：使马匹交配。⑦田事：狩猎之事。⑧赞：帮助。焚莱：烧掉田猎地区的杂草。

夏官司马第四

趣马小尹图

周礼

庾人：掌十有又二闲之政教①，以阜马、佚特、教駣、攻驹及祭马祖②、祭闲之先牧及执絷驹、散马耳、圉马③。正校人员选④。马八尺以上为龙，七尺以上为騋，六尺以上为马。

圉师：掌教圉人养马⑤，春除蓐、衅厩⑥、始牧，夏庌马⑦，冬献马。射则充椹质⑧，茨墙则翦阖⑨。

圉人：掌养马刍牧之事⑩，以役圉师⑪。凡宾客、丧纪⑫，牵马入陈⑬。廞马亦如之⑭。

职方氏：掌天下之图⑮，以掌天下之地，辨其邦国、都鄙、四夷、八蛮、七闽、

注释：①有：通"又"。闲：马厩。②阜马：使马强壮。佚特：使马有所放松。佚，通"逸"。教駣：驯化长大的马。駣，三岁的马。攻驹：骟马。③先牧：牧马创始人，后奉为司牧之神。散马耳：在马耳安上竹片，使马在运动中习惯异响而不致易受惊吓。圉马：叫圉人养马。④正：决定，确定。员：官员的定额，人员的数额。选：后备人员。⑤圉师：官名。教：传授技艺。圉人：养马的人。⑥除蓐：清除马厩内的陈草。衅：衅祭。⑦庌：搭凉棚。⑧射：射箭。充：充实。椹质：用椹做的箭靶。⑨茨墙：用茅草盖房顶。翦：斩断。阖：草苫。⑩圉人：官名。掌管养马放牧等事。亦以泛称养马的人。刍牧：割草放牧。刍，以草喂牲口。⑪以役圉师：听从圉师的安排。役，受役使，差遣。⑫丧纪：丧事。⑬陈：陈列于庭。⑭廞马：拉遣车的马。遣车，古代送葬时载牲体的车。⑮职方氏：周代官名。掌天下地图与四方职贡。

九貉、五戎、六狄之人民与其财用①、九谷、六畜之数要②，周知其利害③。

乃辨九州之国，使同贯利④。东南曰扬州⑤，其山镇曰会稽⑥，其泽薮曰具区⑦，其川三江，其浸五湖⑧，其利金、锡、竹、箭⑨，其民二男五女⑩，其畜宜鸟兽⑪，其谷宜稻。正南曰荆州⑫，其山镇曰衡山，其泽薮曰云梦，其川江、汉，其浸颍、湛⑬，其利丹、银、齿、革，其民一男二女⑭，其畜宜鸟兽，其谷宜稻。河南曰豫州⑮，其山镇曰华山，其泽薮曰圃田，其川荥、雒⑯，其浸波、溠⑰，其利林、漆、丝、枲⑱，其民

注释：①**邦国**：国家。**都鄙**：京城和边邑。**四夷**：古代华夏族对四方少数民族的统称，含有轻蔑之意。**八蛮**：古谓南方的八蛮国。**七闽**：指古代居住在今福建省和浙江省南部的闽人，因分为七族，故称。**九貉**：古代北方的少数民族。貉，同"貊"。**五戎**：古代泛指我国西部地区的少数民族。**六狄**：指我国古代北方民族狄的六部落。②**九谷**：古代九种主要农作物。其名目相传不一。**六畜**：指马、牛、羊、鸡、狗、猪。**数要**：总数。③**周知**：遍知。**利害**：可利用的财物及能祸害人的财物。④**贯利**：事利。⑤**扬州**：今东南江、浙、皖一带。⑥**山镇**：突出的名山。⑦**泽薮**：大的池沼湖泊。**具区**：古泽名，位于今江苏吴江。⑧**浸**：灌注。⑨**利**：出产。⑩**二男五女**：男女比例是二比五。⑪**宜**：合适，适当，适宜。⑫**荆州**：今湖南、湖北。⑬**颍、湛**：古水名。⑭**一男二女**：男女比例是一比二。⑮**河**：黄河。**豫州**：今河南省。⑯**荥**：同"荥"，水名。**雒**：水名。⑰**波、溠**：皆水名。⑱**枲**：大麻的雄株。亦泛指麻。

二男三女,其畜宜六扰①,其谷宜五种②。正东曰青州③,其山镇曰沂山④,其泽薮曰望诸⑤,其川淮、泗⑥,其浸沂、沭⑦,其利蒲、鱼⑧,其民二男二女,其畜宜鸡、狗,其谷宜稻、麦。河东曰兖州⑨,其山镇曰岱山⑩,其泽薮曰大野⑪,其川河、泲⑫,其浸卢、维⑬,其利蒲、鱼,其民二男三女,其畜宜六扰,其谷宜四种。正西曰雍州⑭,其山镇曰岳山⑮,其泽薮曰弦蒲,其川泾、汭,其浸渭、洛,其利玉石,其民三男二女,其畜宜牛、马,其谷宜黍、稷。东北曰幽州⑯,其山镇曰医无闾⑰,其泽薮曰貕养⑱,其川河、泲,其浸淄、时,其利鱼、

> 注释:①六扰:即六畜。马、牛、羊、鸡、狗、猪。②五种:黍、稷、菽、麦、稻。③青州:今山东省胶东、济南及辽河之东等地。④沂山:山名。在山东省沂水县北,临朐县南。又称东泰山。⑤望诸:即孟诸,在今河南商丘县。⑥淮、泗:古水名。⑦沂、沭:沂河和沭河。⑧蒲:蒲柳。⑨兖州:今山东兖州一带。⑩岱山:泰山的别称。⑪大野:古泽名。又名巨野、钜野。在今山东省巨野县、嘉祥县一带。⑫河、泲:古水名。泲,同"济"。⑬卢、维:古水名。⑭雍州:今甘、陕二省及青海的一部分。⑮岳山:山名。即狄山。⑯幽州:今河北、辽宁及山东部分地区。⑰医无闾:即医巫闾山。⑱貕养:泽名,在今山东莱阳县东。

盐，其民一男三女，其畜宜四扰①，其谷宜三种②。河内曰冀州③，其山镇曰霍山④，其泽薮曰杨纡⑤，其川漳⑥，其浸汾、潞⑦，其利松、柏，其民五男三女，其畜宜牛、羊，其谷宜黍、稷。正北曰并州⑧，其山镇曰恒山⑨，其泽薮曰昭馀祁⑩，其川虖池、呕夷⑪，其浸涞、易⑫，其利布帛，其民二男三女，其畜宜五扰⑬，其谷宜五种⑭。

乃辨九服之邦国⑮，方千里曰王畿，其外方五百里曰侯服⑯，又其外方五百里曰甸服，又其外方五百里曰男服，又其外方五百里曰采服，又其外方五百里曰卫服，又其外方五百里曰蛮服，又其

注释：①四扰：指马、牛、羊、猪。②三种：黍、稷、稻。③河内：古代指黄河以北的地区。冀州：今河北、山西及河南的一部分。④霍山：在山西省霍县东南。⑤杨纡：亦作杨陓，古泽薮名。确址旧说不一，不可考。⑥漳：水名。⑦汾、潞：均为水名。⑧并州：在今河北保定、山西太原、大同一带。⑨恒山：山名。五岳中的北岳。主峰在今河北省曲阳县西北。⑩昭馀祁：古泽薮名。在今山西省祁县西南、介休县东北。⑪虖池：即今之滹沱河。虖，同"滹"。呕夷：水名。也叫沤夷水。⑫涞、易：均为水名。⑬五扰：指马、牛、羊、狗、猪。⑭五种：黍、稷、菽、麦、稻。⑮九服：王畿以外的九等地区。⑯服：王畿之外，每五百里为一服，依次是侯服、甸服、男服、采服、卫服、蛮服、夷服、镇服、藩服。

275

外方五百里曰夷服，又其外方五百里曰镇服，又其外方五百里曰藩服。

凡邦国千里[1]，封公以方五百里则四公[2]，方四百里则六侯，方三百里则七伯[3]，方二百里则二十五子，方百里则百男，以周知天下。凡邦国，小大相维[4]。王设其牧[5]，制其职[6]，各以其所能；制其贡[7]，各以其所有。王将巡守[8]，则戒于四方[9]，曰："各修平乃守[10]，考乃职事[11]，无敢不敬戒[12]，国有大刑[13]。"及王之所行[14]，先道导[15]，帅其属而巡戒令[16]。王殷国亦如之[17]。

土方氏：掌土圭之法[18]，以致日景影[19]。以土地相宅[20]，而建邦国都鄙。以辨土宜

注释：[1]邦国千里：邦国中的一处方圆千里的土地。[2]封公以方五百里：以五百里见方的土地封公。则四公：可以封四个公国。[3]七伯：误，以方三百里计算，当为十一伯。[4]小大相维：大国、小国互相联系。[5]牧：一州之长。[6]制其职：督促各诸侯国履行各自的职责。[7]制其贡：制定进贡土产的种类。[8]巡守：亦作巡狩。谓天子出行，视察邦国州郡。[9]戒：告诫。[10]修平：治理好。乃：你们。守：所守护的地方。[11]考：检查。[12]无敢：假如。[13]大刑：重刑。多指死刑。[14]及：等到。[15]先道：（职方氏）在前面引导。[16]巡戒令：检查此地戒令的实施情况。[17]殷国：巡守中途天子因故不能继续，征召远近诸侯至天子所停留之国行礼。[18]土圭：测日影的仪器。[19]致：观测。景，通"影"。[20]相宅：选择定居的地点。

土化之法①，而授任地者②。王巡守，则树王舍③。

怀方氏：掌来远方之民④，致方贡⑤，致远物⑥，而送逆之⑦，达之以节⑧。治其委积、馆舍、饮食⑨。

合方氏：掌达天下之道路⑩，通其财利，同其数器⑪，壹其度量⑫，除其怨恶⑬，同其好善⑭。

训方氏：掌道四方之政事与其上下之志⑮，诵四方之传道⑯。正岁⑰，则布而训四方⑱，而观新物⑲。

形方氏：掌制邦国之地域⑳，而正其

注释：①土宜：各种土质适宜种植的谷物。土化：土壤改良。②任地：犹任土。按照土地的不同情况征收赋税。③树：设置藩篱。王舍：天子或诸侯的行宫。④来：招致，招揽。远方之民：四周的少数民族。⑤致：奉献，献纳。方贡：四方的土贡。亦指方土的贡物。⑥远物：九州之外进贡的土产。⑦逆：迎。⑧达之以节：发给路节（让）他们到达朝廷所在地。⑨治：办理。委积：泛指财物、货财。⑩达：通达。⑪同：使相同。数：计数法。器：重量单位。⑫壹：统一，一致。度：长度单位。量：容积单位。⑬怨恶：怨恨憎恶。⑭好善：所好所善。⑮道：言，为王说之。上下之志：君臣的意见。⑯诵：诵扬，称道。传道：世代传说的历史。⑰正岁：指古历夏历正月，亦泛指农历三月。⑱布：布告。训：教诲，教导。⑲观：观察。新物：新生之物，时鲜之物。⑳制：划定。

周礼

封疆①，无有华离之地②。使小国事大国③，大国比小国④。

山师：掌山林之名，辨其物与其利害⑤，而颁之于邦国，使致其珍异之物⑥。

川师：掌川泽之名，辨其物与其利害，而颁之于邦国，使致其珍异之物。

原师⑦：掌四方之地名，辨其丘陵、坟衍、原隰之名⑧。物之可以封邑者⑨。

匡人：掌达法则、匡邦国而观其慝⑩，使无敢反侧⑪，以听王命。

撢人：掌诵王志⑫，道国之政事⑬，以巡天下邦国而语之⑭，使万民和说(悦)而正王面⑮。

都司马：掌都之士庶子及其众庶⑯、

注释：①正：划定。封疆：亦作封畺。界域之标记，疆界。②华离：地形不齐貌。③事：事奉。④比：亲睦。⑤物：出产。利害：利益与损害。⑥致：进贡。⑦原师：掌管地名的官职。⑧坟衍：指水边和低下平坦的土地。原隰：高平干燥地带和低下潮湿地带。⑨可以封邑者：能够作为封邑的地方。⑩达：畅通，通达。匡：纠正。慝：不法之举动。⑪反侧：有叛心。⑫撢人：古代官名。掌取帝王旨意告诉国人。诵：负责宣讲。王志：天子的志向。⑬道：讲述。⑭语：告诉。⑮说：通"悦"。正王面：衷心拥戴天子。⑯士庶子：大小贵族子弟之从军者。众庶：平民士徒。

车马、兵甲之戒令。以国法掌其政学①,以听国司马。

家司马亦如之。

注释：①政学：犹政教。

斗牛图　　　　　　　囿田图

皋陶明刑图

秋官司寇第五

惟王建国,辨方正位①,体国经野②,设官分职,以为民极③。乃立秋官司寇④,使帅其属而掌邦禁⑤,以佐王刑邦国⑥。

刑官之属⑦:大司寇,卿一人;小司寇⑧,中大夫二人;士师⑨,下大夫四人;乡士,上士八人,中士十有六人,旅下士三十有二人⑩。府六人⑪,史十有二人⑫,胥十有二人⑬,徒百有二十人⑭。

遂士⑮,中士十有二人,府六人,史十有二人,胥十有二人,徒百有二

注释: ①**辨方**:辨别四方。②**体国经野**:分划国都,丈量田野。③**民极**:民众效法的准则。④**司寇**:秋官之长,掌管刑法。⑤**邦禁**:刑典。⑥**佐**:辅佐。**刑**:谓以法治理。⑦**刑官**:从大司寇到都士,这一系列的官员执掌与刑法有关的事宜,统称刑官。⑧**小司寇**:大司寇的副手。⑨**士师**:刑官的考官。⑩**旅**:官名。小将帅。⑪**府**:古代管理财货或文书的官吏。⑫**史**:下级佐吏。⑬**胥**:有才智的人。⑭**徒**:古代官府中供役使的人。⑮**遂士**:审理六遂相关刑事的官,以下县士、方士、讶士、朝士均为其下属。六遂,周制京城外百里之外二百里之内分为六遂,每遂由遂人掌其政令。

十人。

县士①，中士三十有二人，府八人，史十有六人，胥十有六人，徒百有六十人。

方士②，中士十有六人，府八人，史十有六人，胥十有六人，徒百有六十人。

讶士③，中士八人，府四人，史八人，

注释： ①县士：周代官名。主县之狱讼。又名野司寇。②方士：周官名。掌王城四方采地的狱讼。③讶士：负责迎送宾客，兼管四方刑事的官。讶，迎接。

序官之秋官图

胥八人，徒八十人。

朝士①，中士六人，府三人，史六人，胥六人，徒六十人。

司民②，中士六人，府三人，史六人，胥三人，徒三十人。

司刑，中士二人，府一人，史二人，胥二人，徒二十人。

司刺③，下士二人，府一人，史二人，徒四人。

司约④，下士二人，府一人，史二人，徒四人。

司盟⑤，下士二人，府一人，史二人，徒四人。

职金⑥，上士二人，下士四人，府二人，史四人，胥八人，徒八十人。

注释：①朝士：主管外朝刑罚的官。②司民：户籍统计官，下属有司刑、司刺、司约、司盟四官。③刺：杀。罪定则杀之。④司约：掌管券契文书的官。⑤司盟：掌盟誓的官。⑥职金：掌金玉之戒令，下属有司厉、犬人二官。

283

周礼

司厉①，下士二人，史一人，徒十有二人。

犬人②，下士二人，府一人，史二人，贾四人，徒十有六人。

司圜③，中士六人，下士十有二人，府三人，史六人，胥十有六人，徒百有六十人。

掌囚，下士十有二人，府六人，史十有二人，徒百有二十人。

掌戮④，下士二人，史一人，徒十有二人。

司隶⑤，中士二人，下士十有二人，府五人，史十人，胥二十人，徒二百人。

罪隶⑥，百有二十人。

蛮隶，百有二十人。

注释：①司厉：收缴盗贼兵器的官。②犬人：犬牲的专职负责官员。③司圜：监狱总管，下属有掌囚、掌戮二官。圜，圜土（即监狱）。④掌戮：负责执行死刑的官。⑤司隶：五隶的统领官。五隶即罪隶、蛮隶、闽隶、夷隶、貉隶。⑥罪隶：罪犯家属被没为官府奴隶。

284

闽隶，百有又二十人。

夷隶，百有又二十人。

貉隶①，百有又二十人。

布宪②，中士二人，下士四人，府二人，史四人，胥四人，徒四十人。

禁杀戮③，下士二人，史一人，徒十有又二人。

禁暴氏④，下士六人，史三人，胥六人，徒六十人。

野庐氏⑤，下士六人，胥十有又二人，徒百有又二十人。

蜡氏⑥，下士四人，徒四十人。

雍氏⑦，下士二人，徒八人。

萍氏⑧，下士二人，徒八人。

注释：①蛮隶、闽隶、夷隶、貉隶：少数民族战俘奴隶。②布宪：法令宣布官。禁杀戮、禁暴氏、萍氏等为其下属。③禁杀戮：纠查禁止民众互相仇杀的官。④禁暴氏：禁止平民暴动的官。⑤野庐氏：周代官名，掌管交通、庐舍、道禁等。⑥蜡氏：周代官名。掌清除道路不洁和埋葬路尸之事。⑦雍氏：水利官。⑧萍氏：掌握水禁的官。

司寤氏①，下士二人，徒八人。

司烜氏②，下士六人，徒十有六人③。

条狼氏④，下士六人，胥六人，徒六十人。

修闾氏⑤，下士二人，史一人，徒十有二人。

冥氏⑥，下士二人，徒八人。

庶氏⑦，下士一人，徒四人。

穴氏⑧，下士一人，徒四人。

翨氏⑨，下士二人，徒八人。

柞氏⑩，下士八人，徒二十人。

薙氏⑪，下士二人，徒二十人。

硩蔟氏⑫，下士一人，徒二人。

翦氏⑬，下士一人，徒二人。

注释：①司寤氏：负责夜晚警戒的官，下属有司烜氏、条狼氏、修闾氏。②司烜氏：负责禁火的官。③六：一说当作"二"。④条狼氏：掌道路清洁、驱避行人的官。⑤修闾氏：掌修建国中间门道路的官。⑥冥氏：掌管除鸟兽、草木的官，下属有庶氏、穴氏、翨氏、柞氏、硩蔟氏。⑦庶氏：负责驱除毒蛊的官。⑧穴氏：负责捕获洞中野兽的官。⑨翨氏：掌捕猛鸟的官。翨，同"翅"。⑩柞氏：负责砍除杂木的官。⑪薙氏：负责铲除杂草的官。⑫硩蔟氏：官名。掌覆妖鸟之巢。⑬翦氏：负责除灭蠹虫的官。

赤犮氏①，下士一人，徒二人。

蝈氏②，下士一人，徒二人。

壶涿氏③，下士一人，徒二人。

庭氏④，下士一人，徒二人。

衔枚氏⑤，下士二人，徒八人。

伊耆氏⑥，下士一人，徒二人。

大行人⑦，中大夫二人。

小行人⑧，下大夫四人。

司仪⑨，上士八人，中士十有又六人。

行夫⑩，下士三十有又二人，府四人，史八人，胥八人，徒八十人。

环人⑪，中士四人，史四人，胥四人，徒四十人。

象胥⑫，每翟上士一人⑬，中士二人，

秋官司寇第五

注释：①赤犮氏：负责除灭墙内、土中昆虫的官。犮，通"拔"，拔除。②蝈氏：负责除灭蛙蝇的官。③壶涿氏：负责除灭水虫的官。④庭氏：负责射除妖鸟的官。⑤衔枚氏：负责禁止喧哗的官。⑥伊耆氏：负责祈祷的官。⑦大行人：接待官，下属有小行人、行夫、象胥、掌讶、掌交等。⑧小行人：负责邦国宾客之礼。⑨司仪：掌接待宾客礼仪的官。⑩行夫：掌供邦国之间使人往来所需车马之事的官。⑪环人：官名。此属秋官。掌迎送宾客及警卫之事。⑫象胥：翻译官。⑬翟：狄，北方的少数民族。

287

周礼

下士八人，徒二十人。

掌客①，上士二人，下士四人，府一人，史二人，胥二人，徒二十人。

掌讶②，中士八人，府二人，史四人，胥四人，徒四十人。

掌交③，中士八人，府二人，史四人，徒三十有二人。

掌察，四方中士八人，史四人，徒十有六人。

掌货贿，下士十有六人，史四人，徒三十有二人。

朝大夫④，每国上士二人，下士四人，府一人，史二人，庶子八人，徒二十人。

都则⑤，中士一人，下士二人，府一人，史二人，庶子四人，徒八十人。

注释：①掌客：接待宾客入馆舍的官。②掌讶：迎接官。③掌交：掌巡行邦国和睦关系的官。④朝大夫：公卿大夫等的私臣，常驻朝廷以听命。⑤都则：都家的朝大夫。

都士①，中士二人，下士四人，府二人，史四人，胥四人，徒四十人，家士亦如之。

大司寇之职：掌建邦之三典②，以佐王刑邦国③、诘四方④。一日刑新国用轻

注释：①都士：诸侯国掌理刑事的官。②典：法。③佐：辅佐。刑：以法治理。④诘：督察。

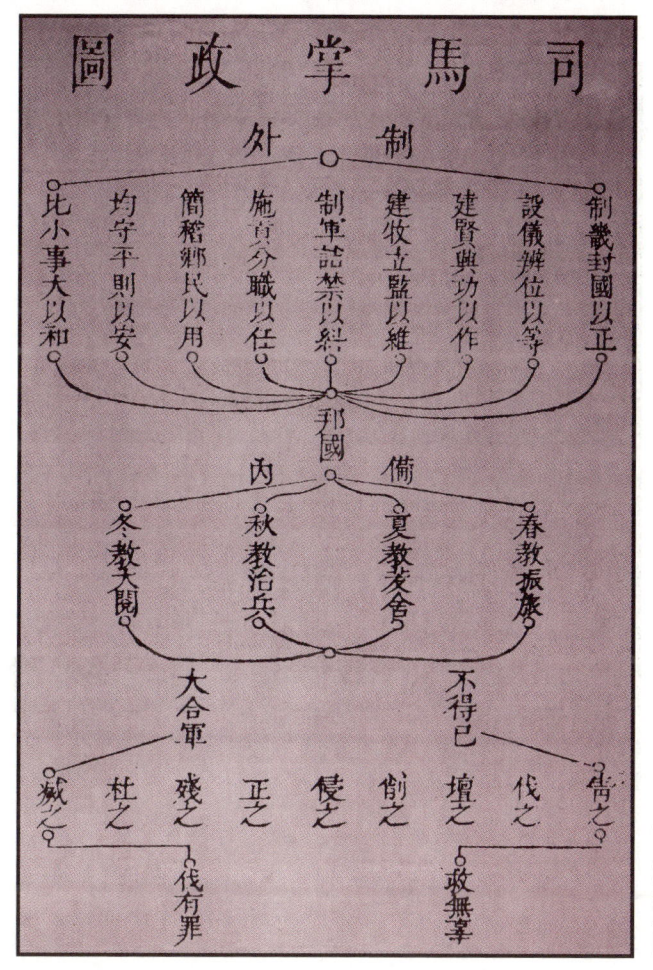

典①，二曰刑平国用中典②，三曰刑乱国用重典③。以五刑纠万民④：一曰野刑⑤，上功纠力⑥；二曰军刑，上命纠守⑦；三曰乡刑⑧，上德纠孝⑨；四曰官刑⑩，上能纠职⑪；

注释：①**新国**：新分封的诸侯国。**轻典**：处罚较宽大的刑法。②**平国**：平安无事、秩序稳定的诸侯国。③**乱国**：发生叛乱的诸侯国。④**纠**：督察，督责。⑤**野刑**：治理郊外六遂及田野的刑法。⑥**上**：崇尚。**功**：指农功。**纠**：举发，惩治。**力**：勤力。纠力指惩治不勤力的人。⑦**上命**：鼓励严格执行命令。**命**，将命。**纠守**：判罚不坚守岗位的人。⑧**乡刑**：治理六乡的刑法。⑨**德**：指六德，即智、仁、圣、义、忠、和。⑩**官刑**：官府中所用的刑法。⑪**上能**：奖励有能力的人。**纠职**：处罚不能尽职尽责者。

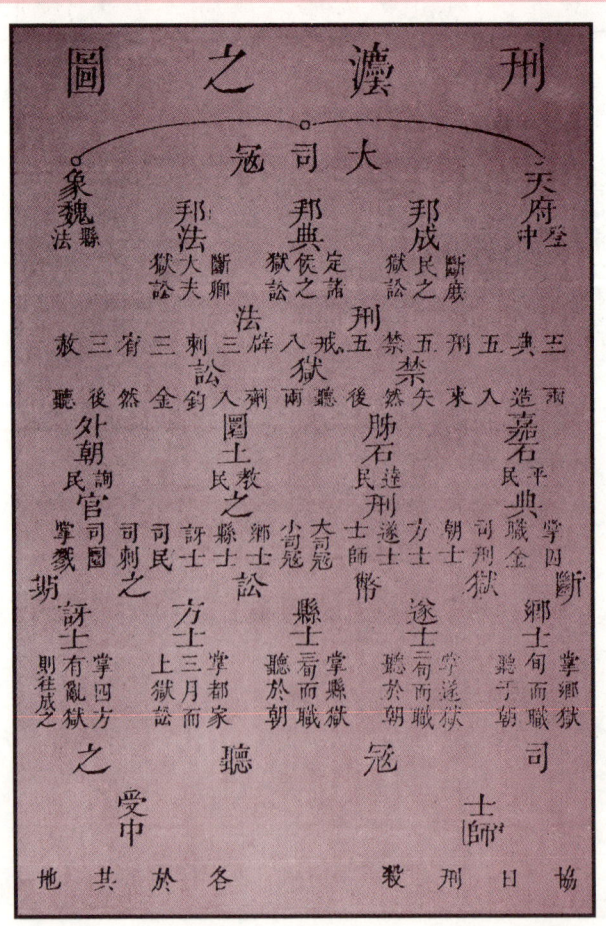

刑法之图

五日国刑①，上愿纠暴②。

以圜土聚教罢民③，凡害人者④，置之圜土而施职事焉⑤，以明刑耻之⑥。其能改者，反于中国⑦，不齿三年⑧，其不能改而出圜土者，杀。以两造禁民讼⑨，入束矢于朝⑩，然后听之。以两剂禁民狱⑪，入钧金⑫，三日乃致于朝，然后听之。

以嘉石平罢民⑬，凡万民之有罪过而未丽于法⑭，而害于州里者，桎梏而坐诸嘉石⑮，役诸司空⑯。重罪旬有又三日坐⑰，期役⑱；其次九日坐，九月役；其次七日坐，七月役；其次五日坐，五月役；其下

注释：①国刑：治理都城中廛里的刑法。②愿：诚实谨慎。暴："恭"字之误。纠恭即惩治不恭之人。③圜土：狱城。聚：聚合。教：教诲。罢民：不从教化、不事劳作之民。④害人：过失伤人。⑤施职事：即服劳役。⑥明刑：书写罪行于木板上，绑在罪犯背上示众。耻：使……受耻辱。⑦反：通"返"。使之返回。中国：即国中，指乡邑。⑧不齿：被剥夺平民应享的权利。⑨两造：原告、被告。民讼：民事诉讼。⑩入束矢：缴纳一百支箭作为保证。⑪两剂：原告、被告的狱辞。民狱：民间诉讼案件。⑫钧金：三十斤黄铜，一钧为三十斤。⑬嘉石：有纹理的石头。上古惩戒罪过较轻者时，于外朝门左立嘉石，命罪人坐在石上示众，并使其思善改过。平：成。成之使善。罢民：不从教化、不事劳作之民。罢，通"疲"。⑭未丽于法：没有触犯刑法。丽，附。⑮桎梏：拘系，囚禁。脚镣为桎，手铐为梏。诸：之于。⑯役诸司空：到司空那里去服劳役。⑰旬：十天。有：通"又"。三：一说当作"二"。⑱期役：服一年的劳役。期，一年。

罪三日坐①，三月役。使州里任之②，则宥而舍之③。以肺石达穷民④，凡远近茕独老幼之欲有复于上而其长弗达者⑤，立于肺石，三日，士听其辞⑥，以告于上，而罪其长⑦。

正月之吉⑧，始和布刑于邦国都鄙⑨，乃县悬刑象之法于象魏⑩，使万民观刑象，挟浃日而敛之⑪。凡邦之大盟约⑫，莅其盟书⑬，而登之于天府⑭。大太史、内史、司会及六官皆受其贰而藏之⑮。凡诸侯之狱讼，以邦典定之⑯。凡卿大夫之狱讼，以邦法断之⑰。凡庶民之狱讼，以邦成弊之⑱。

注释：①下罪：轻罪。②任：担保。③宥：宽恕。舍：释放。④肺石：古时设于朝庭门外的赤石。民有不平，可击石鸣冤。石形如肺，故名。达：传达。穷民：指鳏、寡、孤、独等无依无靠的人。⑤茕：无兄弟曰茕。独：无子孙曰独。复：犹报。长：谓诸侯若乡遂大夫。⑥士：此处指朝士。⑦罪：惩罚，治罪。⑧吉：吉日，指初一。⑨始和：《周礼注疏》："凡政有故，言始和者，若改造云耳。"布：公布。邦国：国家。都鄙：周公、卿、大夫、王子弟的采邑、封地。⑩县：同"悬"，挂。刑象：古代描绘刑罚的图像。用以公诸于民众，以示儆戒。象魏：古代天子、诸侯宫门外的一对高建筑，亦叫阙或观，为悬示教令的地方。⑪挟日：十天。挟，通"浃"，周匝。敛：收藏。⑫大盟约：天子与诸侯会同订立的盟约。⑬莅其盟书：亲自到场监视盟书的签订。莅，临。⑭登：送去收藏。天府：周官名，掌祖庙之守藏。⑮司会：官名。天官之属。主管财政经济及对群官政绩的考察。六官：六卿之官。贰：副。⑯邦典：邦之六典，参见本书《天官·大宰》。⑰邦法：大宰之邦法。⑱邦成：小宰之八成，参见本书《天官·小宰》。弊：定罪。

大祭祀，奉犬牲①。若禋祀五帝②，则戒之日③，莅誓百官④，戒于百族⑤。及纳亨⑥，前王⑦，祭之日，亦如之。奉其明水火⑧。凡朝觐会同，前王，大丧亦如之。大军旅，莅戮于社⑨。凡邦之大事，使其属跸⑩。

小司寇之职：掌外朝之政⑪，以致万民而询焉⑫。一曰询国危⑬，二曰询国迁⑭，三曰询立君⑮。其位：王南乡向，三公及州长、百姓北面，群臣西面，群吏东面。小司寇摈以叙进而问焉⑯，以众辅志而弊谋⑱。以五刑听万民之狱讼，附于刑⑰，用情讯之⑲。至于旬⑳，乃弊之㉑，读书则用

注释：①奉：进献。犬牲：祭祀用的狗。②禋祀：古代一种祭天的礼仪。先燔柴升烟，再加牲体或玉帛于柴焚烧。五帝：古代所谓五方天帝。③戒：敕令，命令。④莅誓百官：亲临现场监督百官发誓。⑤百族：平民。⑥纳亨：犹纳牲。⑦前王：为王引路。⑧明水火：用铜镜在夜里取的露水为明水，用阳燧在日光下所取之火为明火。⑨莅：到达。戮：杀。社：谓军社。莅戮于社，谓亲自到军社那里杀掉违犯军令者。⑩属：士师以下。跸：禁止闲人通行。⑪外朝：朝在雉门之外。⑫致：召集。询：谋。⑬国危：外敌入侵。⑭国迁：谓徙都改邑。⑮立君：确立君王。⑯摈：揖请而引导。以叙：按次序。⑰辅志：辅助天子考虑政务。弊谋：拟定谋略。⑱附：著。⑲用情讯之：用情理言之。讯，言。⑳旬：第十天之后。㉑弊：决断，裁决。

周礼

法①。凡命夫命妇②，不躬坐狱讼③。凡王之同族有罪，不即市④。

以五声听狱讼⑤，求民情。一曰辞听⑥，二曰色听⑦，三曰气听⑧，四曰耳听⑨，五曰目听⑩。以八辟丽邦法⑪，附刑罚：一曰议亲之辟⑫，二曰议故之辟⑬，三曰议贤之辟⑭，四曰议能之辟⑮，五曰议功之辟⑯，六曰议贵之辟⑰，七曰议勤之辟⑱，八曰议宾之辟⑲。以三刺断庶民狱讼之中⑳：一曰讯群臣，二曰讯群吏，三曰讯万民。听民之所刺宥㉑，以施上服下服之刑㉒。

注释：①**读书**：宣读供词及审讯记录。**用法**：用法刑之。②**命夫**：古称受有天子爵命的男子。**命妇**：封建时代受封号的妇人。在宫廷中则妃嫔等被称为内命妇，在宫廷外则臣下之母妻被称为外命妇。③**不躬坐**：不需要本人到庭的（因为命夫命妇有罪，可使子弟或部属代替）。④**不即市**：不在市集上受刑。⑤**五声**：即下文的五听，指观察受审者的言语神色。⑥**辞听**：谓听取诉讼之人的陈述。⑦**色听**：谓根据陈述人的神色，判断其言辞真伪。⑧**气听**：谓根据当事人的呼吸缓促听察狱讼。⑨**耳听**：观其事直，听物明审，其理不直，听物致疑。⑩**目听**：谓观察受审讯者的眸子而知其曲直。⑪**八辟**：八法。即据情可以减轻乃至免除处罚的八种情况。辟，法。**丽**：附，著。⑫**亲**：天子的亲属。⑬**故**：天子的旧友。⑭**贤**：有德行者。⑮**能**：有道艺者。⑯**功**：有功者。⑰**贵**：地位显要的人。⑱**勤**：谓憔悴以事国。⑲**宾**：尊敬，顺从，归顺。⑳**三刺**：周代治理重案，必依次与群臣、群吏和百姓三等人反复计议，然后定罪判决，以示审慎。**中**：谓罪正所定。㉑**刺**：杀。**宥**：宽大处理。㉒**上服**：古五刑中施于面部的刑法（劓、墨）。**下服**：古代施于身体下部的刑法（宫、刖）。

秋官司寇第五

及大比①，登民数②，自生齿以上③，登于天府④。内史、司会、冢宰贰之⑤，以制国用⑥。小祭祀，奉犬牲⑦。凡禋祀五帝⑧，实镬水⑨，纳亨亦如之⑩。大宾客，前王而辟⑪，后、世子之丧亦如之⑫。小师⑬，莅戮⑭。凡国之大事，使其属跸⑮。孟冬祀司民⑯，献民数于王，王拜受之，以图国用而进退之⑰。岁终，则令群士计狱弊讼⑱，登中于天府⑲。正岁，帅其属而观刑象⑳，令以木铎㉑，曰："不用法者㉒，国有常刑㉓"。令群士，乃宣布于四方，宪刑禁㉔。乃命其属入会㉕，乃致事㉖。

注释：①大比：对天下人口财物进行普查登记。②数：人数。③生齿以上：指男孩八个月、女孩七个月以上。④天府：周官名。掌祖庙之守藏。⑤贰之：取记录民众人数的副本。⑥国用：国家预算。⑦奉：进献。犬牲：祭祀用的狗。⑧禋祀：古代祭天的一种礼仪。⑨实：充实，充满，填塞。镬：大锅。⑩纳亨：（宰杀祭牲）并把它放入锅内烹煮。亨，通"烹"。⑪辟：开道。⑫世子：太子，帝王和诸侯的嫡长子。⑬小师：天子未能亲征的战事。⑭莅戮：亲自到军社杀掉违犯军令者。⑮跸：禁止闲人通行。⑯孟冬：冬季第一个月。祀：祭祀。司民：星名，周代时认为此星主万民。⑰图：考虑，谋划，计议。国用：为国所用。进退：犹损益。⑱群士：众刑官。计：计算。弊：决断，裁决。⑲中：判决书。⑳刑象：刑法的文本。㉑木铎：以木为舌的大铃，铜质。古代宣布政教法令时，巡行振鸣以引起众人注意。㉒用：遵守。㉓常刑：一定的刑法。㉔宪：公布。㉕入会：呈报工作成绩。㉖乃致事：此后转呈于天子。

295

士师之职：掌国之五禁之法，以左右刑罚①：一曰宫禁②，二曰官禁③，三曰国禁④，四曰野禁⑤，五曰军禁⑥。皆以木铎徇之于朝⑦，书而县悬于门闾⑧。以五戒先后刑罚⑨，毋使罪丽于民⑩：一曰誓⑪，用之于军旅。二曰诰⑫，用之于会同⑬。三曰禁⑭，用诸田役⑮。四曰纠⑯，用诸国中⑰。五曰宪⑱，用诸都鄙⑲。

掌乡合州党族闾比之联⑳，与其民人之什伍㉑，使之相安相受㉒，以比追胥之事㉓，以施刑罚庆赏。掌官中之政令。察狱讼之辞，以诏司寇断狱弊讼㉔，致

注释： ①左右：辅助。②宫禁：宫门的禁令。③官禁：官府的禁令。④国禁：古代国都中的禁令。⑤野禁：古代王城外的对农业地区的禁令。⑥军禁：军中的禁令。⑦徇：巡行。⑧书：写下来。县：同"悬"。闾：巷门谓之闾。⑨先后：辅助。⑩丽：附于。⑪誓：指告诫、约束将士的言辞。⑫诰：告诫，劝勉。⑬会同：汇合。⑭禁：含有禁戒性的规定及法令。⑮田役：诸侯为狩猎而役使民众。⑯纠：纠正，矫正。⑰国中：指王城之内。⑱宪：法令，法度。⑲都鄙：周公、卿、大夫、王的子弟的采邑、封地。⑳乡合：谓使六乡中州党族闾与卒伍相联合，以便互助，联防联保。比：周代地方的基层组织。联：联合。㉑什伍：古代军队编制，五人为伍，十人为什，称什伍。亦泛指军队的基层建制。㉒受：友爱。㉓比：辅助。追胥之事：外御侵犯，内治盗贼。㉔诏：告知。弊：决断，裁决。

秋官司寇第五

邦令①。掌士之八成②：一曰邦汋③，二曰邦贼④，三曰邦谍⑤，四曰犯邦令，五曰挢邦令⑥，六曰为邦盗⑦，七曰为邦朋⑧，八曰为邦诬⑨。

若邦凶荒⑩，则以荒辩之法治之⑪，

注释：①致邦令：即所察狱讼断讫，致与本官，谓之致邦令。致，转告，回报。②八成：八种典型案例。③邦汋：刺探国家机密。④邦贼：犯上作乱。⑤邦谍：间谍。⑥挢：伪造。⑦为邦盗：盗窃国家财物。⑧为邦朋：结私党。⑨为邦诬：造谣惑众。⑩凶荒：荒灾。⑪荒辩之法：遇有凶荒时实行宽缓的刑法。

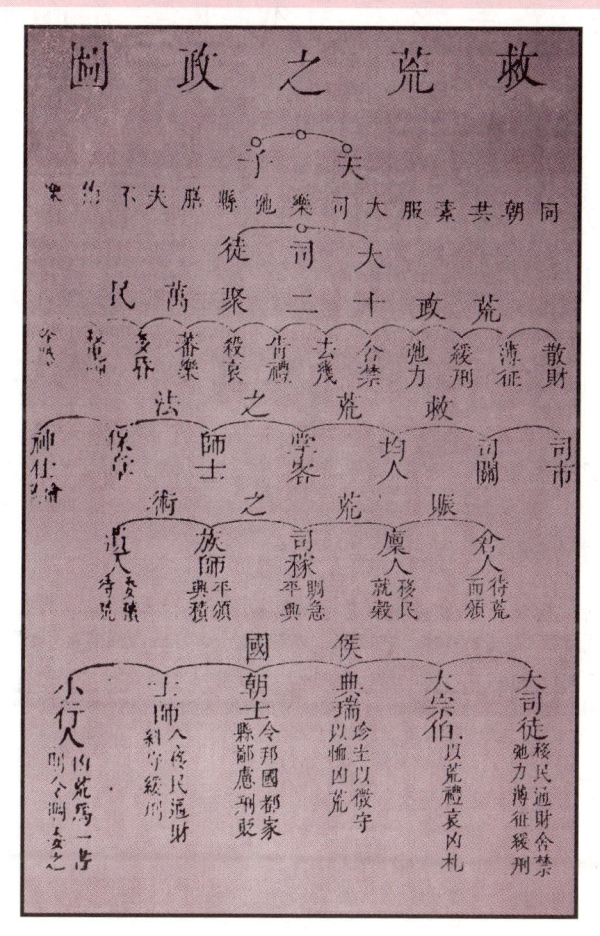

救荒之政图

令移民、通财、纠守、缓刑①。凡以财狱讼者，正之以傅别、约剂②。若祭胜国之社稷③，则为之尸④。王燕出入⑤，则前驱而辟⑥。祀五帝，则沃尸⑦。及王盥⑧，泊镬水⑨。凡刉珥衈⑩，则奉犬牲⑪。诸侯为宾⑫，则帅其属而跸于王宫⑬。大丧亦如之。大师⑭，帅其属而禁逆军旅者与犯师禁者而戮之⑮。岁终，则令正要会⑯。正岁⑰，帅其属而宪禁令于国及郊野⑱。

乡士：掌国中⑲，各掌其乡之民数而纠戒之⑳。听其狱讼，察其辞，辨其狱讼，异其死刑之罪而要之㉑，旬而职听于朝㉒。

注释：①**通财**：调运粮食财物。**纠守**：严密戒备。②**傅别**：凭据。**约剂**：凭证，契约。③**胜国之社稷**：已灭亡的前代的社稷坛。胜国，被灭亡的国家。后指前朝。④**尸**：代替神鬼受祭的人。⑤**燕出入**：谓宫苑皆是。⑥**前驱而辟**：引导王且避行人。⑦**沃**：浇，灌。⑧**盥**：洗手。⑨**泊**：添加。**镬**：无足鼎。古时煮肉及鱼、腊之器。⑩**刉珥**：举行衈礼。"用牲，毛者曰刉，羽者曰衈。"珥，通"衈"。古代祭祀杀牲取血以供衈礼之用。⑪**奉**：进献。⑫**诸侯为宾**：诸侯朝觐天子。⑬**跸**：古代帝王出行时，禁止行人以清道。⑭**师**：出兵征伐，进军。⑮**逆军旅**：反将命。**犯师禁**：干（冒犯或触犯）行阵。**戮**：杀。⑯**令正**：古代官名。掌文告辞令。**要会**：会计，簿书。⑰**正岁**：指古历夏历正月。亦泛指农历正月。⑱**宪**：公布，揭示。**郊野**：去国百里为郊，郊外谓之野。⑲**乡士**：官名。执掌本乡兼掌国中的狱讼。**国中**：国都里的监狱。⑳**纠戒之**：督察本乡民众施行禁令的情况。㉑**要之**：将判决要点写入文书并上报。㉒**旬**：十天。**职**：乡士的本职。

司寇听之,断其狱、弊其讼于朝①。群士司刑皆在,各丽其法以议狱讼②。狱讼成,士师受中③。协日刑杀④,肆之三日⑤。若欲免之,则王会其期⑥。大祭祀、大丧纪、大军旅、大宾客⑦,则各掌其乡之禁令,帅其属夹道而跸⑧。三公若有邦事⑨,则为之前驱而辟⑩,其丧亦如之。凡国有大事,则戮其犯命者⑪。

遂士:掌四郊⑫,各掌其遂之民数,而纠其戒令⑬,听其狱讼⑭,察其辞,辨其狱讼,异其死刑之罪而要之⑮,二旬而职听于朝⑯。司寇听之,断其狱、弊其讼于朝⑰。群士司刑皆在,各丽其法以议狱讼。狱讼成,士师受中。协日就郊而刑

注释:①弊:决断,裁决。②丽:附于。③中:刑罚之中。④协日:干支相配的吉日。⑤肆:陈尸示众。⑥期:指职听于朝的那一天。⑦丧纪:丧事。⑧夹道:在道路两旁。跸:古代帝王出行时,禁止行人以清道。⑨三公:指太师、太傅、太保。邦事:国家动用民众之力兴办的事。亦泛指国事。⑩辟:喝令行人避让。⑪戮:杀。⑫四郊:都城四周的地区。⑬纠:督察,督责。戒令:警戒的命令,禁令。⑭听:受理。⑮异:分别。要之:将判决要点写入文书并上报。⑯二旬:二十天。职:本职工作。⑰弊:决断,裁决。

周礼

杀①，各于其遂，肆之三日②。若欲免之，则王令三公会其期③。若邦有大事，聚众庶，则各掌其遂之禁令，帅其属而跸④。六卿若有邦事，则为之前驱而辟，其丧亦如之。凡郊有大事，则戮其犯命者。

注释：①协日：干支相配的吉日。②肆：陈尸示众。③期：指职听于朝的那一天。④跸：古代帝王出行时，禁止行人以清道。

服念要囚图

县士：掌野①，各掌其县之民数，纠其戒令，而听其狱讼，察其辞，辨其狱讼，异其死刑之罪而要之，三旬而职听于朝②。司寇听之，断其狱，弊其讼于朝。群士司刑皆在，各丽其法，以议狱讼。狱讼成，士师受中。协日刑杀，各就其县③，肆之三日。若欲免之，则王命六卿会其期。若邦有大役，聚众庶，则各掌其县之禁令。若大夫有邦事，则为之前驱而辟，其丧亦如之。凡野有大事，则戮其犯命者。

方士：掌都家④，听其狱讼之辞，辨其死刑之罪而要之，三月而上狱讼于国。司寇听其成于朝⑤，群士司刑皆在，各丽其法，以议狱讼。狱讼成，士师受

注释：①县士：周代官名。主县之狱讼。又名野司寇。野：国都外二百里至五百里之地。②三旬：三十天。③就：归，返回。④方士：周官名。掌王城四方采地的狱讼。都：天子的子弟、公卿的采邑。家：大夫的采邑。⑤听其成：采邑中发生的狱讼，方士初审后上报给司寇终审。

中，书其刑杀之成与其听狱讼者①。凡都家之大事，聚众庶，则各掌其方之禁令。以时修其县法②，若岁终③，则省之而诛赏焉④。凡都家之士所上治⑤，则主之⑥。

讶士：掌四方之狱讼⑦，谕罪刑于邦国⑧。凡四方之有治于士者⑨，造焉⑩。四方有乱狱⑪，则往而成之⑫。邦有宾客，则与行人送逆之。入于国，则为之前驱而辟，野亦如之。居馆，则帅其属而为之跸，诛戮暴客者⑬。客出入则道（导）之⑭，有治则赞之⑮。凡邦之大事，聚众庶，则读其誓禁⑯。

朝士：掌建邦外朝之法⑰，左九棘，孤卿大夫位焉⑲，群士在其后。右九棘，

注释： ①成：终审判决书。②以时：按四时。县法：县师执掌之法。③岁终：一年结束。④省：审查。诛：惩罚。⑤都家之士：都士和家士。所上治：谓狱讼之事小，不附罪。⑥主之：告于司寇，听平之。⑦四方：四方诸侯。⑧谕：解释明白。⑨四方：四方诸侯。有治于士：有悬而未决的案件或对刑法有所疑问，而要请教于士师。⑩造：到，指先到讶士这里来。⑪乱狱：君臣淫乱，上下残暴。⑫成：审判。⑬暴客：侵扰宾客的人。⑭出入：（朝觐日）进出于朝。道：通"导"，引导。⑮治：指宾客陈请、询问等。赞：帮助。⑯誓禁：誓戒，禁令。⑰朝士：古代官名。掌外朝官次和刑狱等。外朝：王有五门，外曰皋门，二曰雉门，三曰库门，四曰应门，五曰路门。外朝在路门外。⑱左：左侧。棘：棘树。⑲位：立，站立。

秋官司寇第五

公侯伯子男位焉,群吏在其后。面三槐①,三公位焉,州长众庶在其后。左嘉石②,平罢(疲)民焉③。右肺石④,达穷民焉⑤。帅其属而以鞭呼趋且辟⑥。禁慢朝、错立、族谈者⑦。凡得获货贿、人民、六畜者⑧,委于朝⑨,告于士,旬而举之⑩,大者公之⑪,小者庶民私之⑫。

凡士之治有期日⑬,国中一旬,郊二旬,野三旬,都三月,邦国期⑭。期内之治听,期外不听。凡有责(债)者⑮,有判书以治⑯,则听。凡民同货财者⑰,令以国法行之⑱。犯令者,刑罚之。凡属责(债)者⑲,以其地

注释: ①面:向,对着。②嘉石:有纹理的石头。上古惩戒罪过较轻者时,于外朝门左立嘉石,命罪人坐在石上示众,并使其思善改过。③平:成。成之使善。罢民:不从教化、不事劳作之民。罢,通"疲"。④肺石:古时设于朝庭门外的赤石。民有不平,可击石鸣冤。⑤穷民:指鳏、寡、孤、独等无依无靠的人。⑥趋:疾行,奔跑。⑦慢朝:在朝中不恭敬。错立、族谈:乱立位置而聚谈。⑧货贿:财货,财物。人民:奴婢,谓刑人及奴隶逃亡者。⑨委:放置。⑩举:办理。⑪公之:归公。⑫私之:私人占有。⑬士:古代指掌管刑狱的官员。治:办理,治理。有期日:指士官在规定时间内判决;如果判决不当,允许在规定时间内上诉。⑭期:一年。⑮责:通"债",此指债务纠纷。⑯判书:借贷契约。⑰同货财:债权人、债务人的经济纠纷。⑱国法:此指国家规定的标准或惯例。⑲属责:债权人死亡,生前委托人收债,但债务人赖账不还。责,通"债"。

周礼

傅①，而听其辞。凡盗贼军乡邑及家人②，杀之无罪③。凡报仇雠者④，书于士⑤，杀之无罪。若邦凶荒、札丧、寇戎之故⑥，则令邦国、都家、县鄙虑刑贬⑦。

司民：掌登万民之数⑧，自生齿以上皆书于版⑨，辨其国中与其都鄙及其郊野，异其男女，岁登下其死生⑩。及三年大比⑪，以万民之数诏司寇⑫。司寇及孟冬祀司民之日⑬，献其数于王，王拜受之，登于天府。内史、司会、冢宰贰之⑭，以赞王治⑮。

司刑：掌五刑之法⑯，以丽万民之罪⑰。墨罪五百⑱，劓罪五百⑲，宫罪五百⑳，

注释：①地傅：知情的近邻作旁证。②军：手持武器攻击。③杀之无罪：任何人杀死他们，都是无罪的。④仇雠：仇人，冤家对头。⑤书于士：先告知于士。⑥札丧：因役病死亡。寇戎：匪患与战争。⑦刑贬：宽缓刑罚。⑧司民：古官名。掌管户口登记。⑨生齿：（男八月女七月）长牙。版：户籍册。⑩登下其死生：登记新生儿，注销死亡者的户口。⑪及：到了。大比：周制，每三年调查一次人口及其财物，称大比。⑫诏：告。⑬及：到了。⑭贰：录下副本。⑮赞：辅佐。⑯五刑：即墨、劓、宫、刖、杀。⑰丽：施，加。⑱墨：在罪犯脸上刺字。⑲劓：割去鼻子。⑳宫：使男、女丧失生育能力。

304

刖罪五百①，杀罪五百。若司寇断狱弊讼，则以五刑之法诏刑罚②，而以辨罪之轻重。

注释：①刖：斩足。②诏：辅助。

秋官司寇第五

罪人斯得图

司刺：掌三刺、三宥、三赦之法①，以赞司寇听狱讼。壹刺曰讯群臣，再刺曰讯群吏，三刺曰讯万民。壹宥曰不识②，再宥曰过失③，三宥曰遗忘④。壹赦曰幼弱，再赦曰老旄⑤，三赦曰蠢愚。以此三法者求民情⑥，断民中⑦，而施上服下服之罪⑧，然后刑杀。

司约：掌邦国及万民之约剂⑨，治神之约为上⑩，治民之约次之⑪，治地之约次之⑫，治功之约次之⑬，治器之约次之⑭，治挚之约次之⑮。凡大约剂，书于宗彝⑯。小约剂，书于丹图⑰。若有讼者，则珥衈而辟藏⑱，

注释：①刺：杀。宥：宽。赦：释放。②不识：无知。③过失：因疏忽大意而犯罪。④遗忘：若间帷薄，忘有在焉者，而以兵矢投射之。⑤老旄：即老耄，指八九十岁的老人。⑥求：征求。情：意见。⑦断民中：作出符合万民意见的判定。⑧上服：古五刑中施于面部的刑法（劓、墨）。下服：古代施于身体下部的刑法（宫、刖）。⑨约剂：古代用作凭据的文书、契券。⑩治神之约：指命祀郊社、群望及祖宗的礼仪规格。⑪治民之约：处理好民间的各种征税、迁移等民事契约。⑫治地之约：处理好田地疆界及土地使用分配等契约。⑬治功之约：处理好记录功勋赏赐的契约。⑭治器之约：处理好移用及赏赐礼乐器具的契券。⑮治挚之约：处理好见面所执礼物的契约。⑯书：写。宗彝：钟、鼎等钟庙中的礼器。⑰丹图：雕器箧簋之属，有图像者。⑱珥：通"衈"。古代祭祀杀牲取血以供衅礼之用。辟藏：打开府藏的门（取底本核对）。

其不信者服墨刑①。若大乱，则六官辟藏，其不信者杀。

司盟：掌盟载之法②。凡邦国有疑会同③，则掌其盟约之载及其礼仪，北面诏明神④。既盟，则贰之⑤。盟万民之犯命者⑥，诅其不信者亦如之⑦。凡民之有约剂者，其贰在司盟。有狱讼者，则使之盟诅⑧。凡盟诅，各以其地域之众庶，共供其牲而致焉⑨。既盟⑩，则为司盟共供祈酒脯⑪。

职金：掌凡金、玉、锡、石、丹、青之戒令⑫。受其入征者，辨其物之媺恶与其数量⑬，楬而玺之⑭，入其金锡于为兵器之府，入其玉石丹青于守藏之府，入其

注释：①不信者：持有伪造契约者。②盟载：将所订盟誓写于简策上，杀牲取血，埋牲时，加简策于上。③有疑：不信任。④明神：明察的神灵，如日月山川之神。⑤贰：即写副本。⑥盟万民之犯命者：平民违犯国令的人太多，不可全部杀掉，只好让他们盟誓，要求他们不能再犯。⑦诅：诅咒。**不信者**：违背盟约的人。⑧诅：与盟的形式相似。大的称盟，小的称诅。⑨致：召集。⑩既：之后。⑪祈酒脯：用酒脯祈祷（神灵降祸于不守约者）。脯：干肉。⑫金：金属。**青**：空青，一种矿石，可用为染料。⑬媺：同"美"。好，善。⑭楬：谓标明。玺：用印封存。

周礼

要^①。掌受士之金罚、货罚^②,入于司兵。旅于上帝^③,则共(供)其金版^④,飨诸侯亦如之^⑤。凡国有大故而用金石,则掌其令。

注释:①入:上缴。要:账目。②金罚:罚金、保证金等。货罚:罚金。货,泉贝,古代货币名。③旅:旅祭。④金版:熔铸金属而成的版块。⑤飨:以隆重的礼仪宴请宾客。

桓公葵丘大会图

司厉：掌盗贼之任器、货贿①，辨其物，皆有数量，贾而楬之②，入于司兵。其奴③，男子入于罪隶④，女子入于舂槁⑤。凡有爵者，与七十者，与未龀者⑥，皆不为奴。

犬人：掌犬牲。凡祭祀，共犬牲，用牷物⑦。伏、瘗亦如之⑧。凡几、珥、沈、辜⑨，用駹可也⑩。凡相犬⑪、牵犬者属焉，掌其政治。

司圜：掌收教罢民⑫，凡害人者，弗使冠饰而加明刑焉⑬，任之以事而收教之。能改者⑭，上罪三年而舍⑮，中罪二年而舍⑯，下罪一年而舍⑰。其不能改而出

注释：①任器：（盗贼）使用的武器。货贿：（盗贼）窃取的财物。②贾：通"价"。估价。楬：标明。③奴：罪犯的家属因连坐法被收为官奴。④入：转交。罪隶：秋官司寇的属下官员。⑤舂槁：舂人、槁人，地官司徒的属下官员。⑥龀：儿童换齿。即脱去乳齿，长出恒齿。⑦牷物：毛色一致的祭牲。⑧伏：祔祭道路神。瘗：埋祭，把玉、帛、牲埋入地中以祭地神。⑨几、珥：宗庙落成时的衅礼。珥，通"衈"。沈：即沉，把玉、帛、牲沉入河中以祭河神。辜：分裂牲体以祭四方百物。⑩駹：杂色牲。⑪相犬：选择符合祭祀标准的狗。⑫收教：收容教育。罢民：不驯服的平民。罢，通"疲"。⑬明刑：把罪行书于木板上，绑在罪犯背上示众。⑭能改者：可以改造者。⑮上罪：重罪。三年：服役三年。舍：释放。⑯中罪：介于重罪与轻罪之间的罪行。⑰下罪：轻罪。

圆土者①，杀。虽出，三年不齿②。凡圆土之刑人也，不亏体③，其罚人也④，不亏财⑤。

掌囚：掌守盗贼，凡囚者⑥。上罪梏拲而桎⑦，中罪桎梏，下罪梏，王之同族拲，有爵者桎，以待弊罪⑧。及刑杀，告刑于王，奉而适朝⑨，士加明梏⑩，以适市而刑杀之⑪。凡有爵者与王之同族，奉而适甸师氏⑫，以待刑杀⑬。

掌戮：掌斩杀贼谍而搏膊之⑭。凡杀其亲者，焚之⑮。杀王之亲者，辜之⑯。凡杀人者，踣诸市⑰，肆之三日⑱。刑盗于市⑲。凡罪之丽于法者⑳，亦如之。唯王之同族与有爵者，杀之于甸师氏。凡军旅田役

注释：①出：逃离。圜土：犹狱城。②不齿：不按乡民的待遇对待。③亏体：伤害罪人的身体。④罚人：罚作劳役。⑤亏财：处以罚金。⑥凡囚者：关押的罪犯。⑦梏：木制手铐，两手各一木。拲：木制手铐，两手共一木。桎：拘系犯人两脚的刑具。⑧弊罪：判定罪行。⑨奉：奉命。适：到达。⑩明梏：行刑木牌。⑪适市：押解到集市。⑫甸师氏：天官下属的甸师。⑬待：等待。⑭斩：腰斩。杀：砍头。谍：间谍，侦探。搏：通"膊"。杀后，劈开尸体胸膛。⑮焚：行刑后烧尸。⑯辜：行刑后裂尸。⑰踣：行刑。⑱肆：陈尸。⑲刑盗于市：在集市上对强盗执行死刑。⑳丽于法：触犯到法律。

斩杀刑戮，亦如之。墨者使守门①，劓者使守关②，宫者使守内③，刖者使守囿④，髡者使守积⑤。

注释：①墨者：受过墨刑者。墨，即黥。古代五刑之一。以刀刺面，染黑为记。②劓：割鼻。③宫：阉割男子生殖器、破坏妇女生殖机能的刑罚。守内：到内宫服役。④刖：断足。囿：园囿。⑤髡：剃发，一种刑罚名，又称髡刑。积：指贮积起来的钱物等。

赏祖戮社图

周礼

司隶：掌五隶之法①，辨其物，而掌其政令。帅其民而搏盗贼，役国中之辱事②，为百官积任器③，凡囚执人之事。邦有祭祀、宾客、丧纪之事，则役其烦辱之事④。掌帅四翟之隶⑤，使之皆服其邦之服⑥，执其邦之兵⑦，守王宫与野舍之厉禁⑧。

罪隶：掌役百官府与凡有守者⑨，掌使令之小事。凡封国若家⑩，牛助，为牵傍⑪。其守王宫者与其守厉禁者，如蛮隶之事。

蛮隶：掌役校人养马⑫。其在王宫者，执其国之兵以守王宫⑬。在野外，则

注释：①五隶：指犯罪及战争中俘获的少数民族奴隶，即罪隶、蛮隶、闽隶、夷隶、貉隶。②辱事：污秽卑贱之事。③积：积聚。任器：百官使用的器物。④役：役使，差遣。烦辱之事：繁重卑贱的劳役。⑤四翟之隶：五隶中除罪隶之外的奴隶。⑥皆服：都穿着。其邦：本国，本民族。⑦兵：兵器，武器。⑧野舍：天子外巡的行宫。厉禁：禁卫。⑨有守者：守地的官，如司门、司关、司险、司固等。⑩若家：大夫新建城邑。⑪牵傍：指牵拉车驾的牲口。在前叫牵，在旁叫傍。王引之认为"牛助，为牵傍"一句应在夷隶的"掌役牧人养牛马"之后。⑫校人：夏官司马的属下，负责养马政令的宣达。⑬其国之兵：原来所住地区习惯使用的武器。

守厉禁。

闽隶：掌役畜养鸟而阜蕃教扰之①，掌子则取隶焉。

夷隶：掌役牧人养牛马②，与鸟言③。其守王宫者与其守厉禁者，如蛮隶之事。

貉隶：掌役服不氏而养兽而教扰之④，掌与兽言⑤。其守王宫者，与其守厉禁者，如蛮隶之事。

布宪：掌宪邦之刑禁⑥。正月之吉，执旌节以宣布于四方⑦，而宪邦之刑禁，以诘四方邦国及其都鄙⑧，达于四海。凡邦之大事，合众庶⑨，则以刑禁号令⑩。

禁杀戮：掌司斩杀戮者⑪，凡伤人见

注释：①阜蕃：繁殖。教扰：驯化。②牛马：王引之认为"马"为衍字。③与鸟言：即懂得鸟叫声。④服不氏：夏官司马的属下。而：当为衍文。⑤与兽言：懂得兽叫声。⑥宪：悬挂。刑禁：邦国以五禁辅助刑罚。五禁即士师之五禁。⑦旌节：用牦牛尾装饰的竹节，是凭信的一种。⑧诘：督察。⑨合：召集。⑩以刑禁号令：用刑法和禁令对民众发号施令。⑪司：巡察。

血而不以告者、攘狱者、遏讼者①，以告而诛之②。

禁暴氏：掌禁庶民之乱暴力正者、挢诬犯禁者③、作言语而不信者，以告而诛之。凡国聚众庶，则戮其犯禁者以徇④。凡奚隶聚而出入者⑤，则司牧之⑥，戮其犯禁者。

野庐氏：掌达国道路⑦，至于四畿⑧。比国郊及野之道路、宿息、井树⑨。若有宾客，则令守涂地之人聚柝之⑩，有相翔者则诛之⑪。凡道路之舟车轚互者⑫，叙而行之⑬。凡有节者及有爵者至⑭，则为之辟。禁野之横行径逾者⑮。凡国之大

注释： ①不以告：使得受害人无法上告的。攘狱：官吏有意不受理案件。遏讼：阻止他人投诉。②告：上报。③乱暴力正：横行霸道，以暴力夺取。挢诬：诈伪欺骗，造谣惑众。④徇：示众。⑤奚隶：女奴、男奴。⑥牧：管理。⑦达：使……通达。⑧四畿：古代指离王城五百里的周围的地方，是天子直接管辖的范围。⑨比：犹校。考核，考察。国郊：谓近郊、远郊。野：谓百里外至畿。宿息：道路上供以歇息的馆舍。井：供应饮用水的井。树：作为屏藩的树。⑩守涂地之人：馆舍附近的民众。柝：巡夜时敲击的梆子。此作动词，击柝。⑪相翔：徘徊。⑫轚互：因拥挤而互相碰撞。⑬叙而行之：使它们能够有次序地行走。⑭节：凭信。⑮横行：不依道途，横穿田野。径逾：谓抄近路而越堤渠。径，谓不遵道而射邪趋疾。逾，越。

事,比修除道路者。掌凡道禁,邦之大师①,则令扫道路,且以几讥禁行作不时者、不物者②。

蜡氏:掌除骴③。凡国之大祭祀,令州里除不蠲④,禁刑者、任人及凶服者⑤,

注释:①大师:前当脱一"有"字。②几禁:查禁。几,通"讥"。不时:不按规定时间。不物:衣服及携带物品异于常人。③骴:有腐肉的骨头,此指弃置的腐尸。④不蠲:污秽不洁之物。⑤任人:判处劳役的人。凶服:丧服。

殪殷受命图

以及郊野。大师、大宾客亦如之。若有死于道路者,则令埋而置楬焉①,书其日月焉,县悬其衣服任器于有地之官②,以待其人③。掌凡国之骴禁④。

雍氏:掌沟渎浍池之禁⑤,凡害于国稼者⑥。春令为阱擭沟渎之利于民者⑦,秋令塞阱杜擭⑧。禁山之为苑、泽之沈者⑨。

萍氏:掌国之水禁⑩。几讥酒⑪,谨酒⑫,禁川游者⑬。

司寤氏:掌夜时。以星分夜⑭,以诏夜士夜禁⑮。御晨行者⑯,禁宵行者、夜游者。

司烜氏:掌以夫遂取明火于日⑰,以鉴取明水于月⑱,以共供祭祀之明粢、明

注释:①置楬焉:在埋葬的地方树立标志。②县:同"悬"。有地之官:当地的官府。③其人:指死者的亲属。④骴禁:关于弃尸的禁令。⑤沟、渎、浍、池:均为田间水道。⑥害于国稼者:指洪水猛禽。⑦阱:陷阱。擭:捕获野兽的机关。⑧塞阱埋塞陷阱。杜:撤去。⑨苑:苑囿。泽之沈:用毒药杀泽中的鱼类。⑩水禁:水中害人的地方,以及不按照规定时间捉鱼。⑪几:通"讥",检查。⑫谨酒:饮酒有节度。⑬川游:在江河中游泳。⑭以星分夜:根据星宿的位置以确定夜晚的时间。⑮诏:告。夜士:巡夜人。⑯御:禁止。⑰夫遂:即阳燧,用以取明火。⑱鉴:铜盘,用以取明水。

秋官司寇第五

烛①，共供明水。凡邦之大事共坟烛庭燎②。中春，以木铎修火禁于国中③。军旅，修火禁④。邦若屋诛⑤，则为明窭焉⑥。

条狼氏：掌执鞭以趋辟⑦。王出入，则八人夹道，公则六人，侯伯则四人，子男则二人。凡誓，执鞭以趋于前，且命之。誓仆右曰"杀"⑧，誓驭曰"车辖"⑨，誓大夫曰"敢不关⑩，鞭五百"，誓师曰"三百"⑪，誓邦之大太史曰"杀"⑫，誓小史曰"墨"⑬。

修闾氏：掌比国中宿互柝者与其国粥育⑭，而比其追胥者而赏罚之⑮。禁径逾者⑯，与以兵革趋行者⑰，与驰骋于国中

注释：①明粢：祭祀用的谷物。明烛：祭祀用的火炬。②坟烛：安设在大门外的大火炬。庭燎：安设在庭中的大火炬。③修：重申。④修火禁：申明与火相关的禁令。⑤屋诛：在屋中行刑。指天子同族及有爵命者犯死罪时的一种优待。⑥明窭：罪人葬处所竖的木牌。⑦趋辟：令行人退避。⑧仆：指戎仆、齐仆等。右：车右，车上担任护卫的人。⑨驭：驾车者。车辖：车裂，即五马分尸。⑩不关：不请示上级而擅作主张。⑪师：乐师。⑫大史：主礼事者。下文小史亦同。大，通"太"。⑬墨：指墨刑。⑭比：犹校。考核，考察。国中：城中。宿：指夜间守卫。互：楗柜，阻止行人通过的行马。柝：巡夜时敲击的梆子。国粥：国家供养的羡卒。粥，通"育"。养育，生育。⑮追胥：追捕盗贼。⑯径逾者：穿越沟渠堤防的人。⑰以兵革趋行者：带着武器赶路的人。

周礼

者①。邦有故，则令守其间互②，唯执节者不几讥③。

冥氏：掌设弧张④。为阱擭以攻猛兽，以灵鼓驱之⑤。若得其兽，则献其皮、革、齿、须、备⑥。

庶氏：掌除毒蛊⑦，以攻说禬之⑧，以嘉草攻之⑨。凡驱蛊，则令之比之⑩。

穴氏：掌攻蛰兽⑪，各以其物火之⑫。以时献其珍异皮革⑬。

翨氏：掌攻猛鸟，各以其物为媒而掎之⑭。以时献其羽翮⑮。

柞氏：掌攻草木及林麓⑯。夏日至，令刊阳木而火之⑰。冬日至，令剥阴木而水之⑱。若欲其化也⑲，则春秋变其水

注释：①驰骋：纵马疾驰、奔驰。②间互：闾里之门所设的行马。③几：通"讥"，盘查。④弧张：为捕获野兽而安设的机弩、罗网等。⑤灵鼓：一种六面鼓。⑥须：胡须。备：脚爪。⑦毒蛊：害人虫。⑧攻说：祭祀名。禬：驱赶。⑨嘉草：一种香草。攻：扑杀。⑩比：考核。⑪蛰兽：冬眠中的野兽。⑫以其物火之：先烧其所食之物于穴外以诱之出。⑬时：季节。⑭媒：引诱鹰隼自投罗网的小鸟。掎：捕获。⑮翮：鸟的翅膀。⑯攻：砍伐。⑰刊：砍伐。阳木：山南生长的树木。火：烧。⑱剥：砍伐。阴木：生长于山北的树木。⑲化：改良土质。

火①。凡攻木者②，掌其政令。

　　薙氏：掌杀草③。春始生而萌之④，夏日至而夷之⑤，秋绳而芟之⑥，冬日至而耜之⑦。若欲其化也，则以水火变之。掌凡杀草之政令⑧。

注释：①春秋变其水火：在秋天把夏至烧过的草木茎干放在水里浸泡，在春天把冬至时用水浸泡过的草木茎干烧掉。②攻木：伐取树木。③杀：除。④萌之：百草初生萌芽时翻耕土地。⑤夷：连根铲除。⑥绳：指杂草即将抽穗时。芟：铲除。⑦耜：以耜耕地。⑧杀草：除草。

稼穑艰难图

周礼

柘蒮氏：掌覆夭鸟之巢①。以方书十日之号②，十有二辰之号③，十有二月之号④，十有二岁之号⑤，二十有八星之号⑥，县其巢上，则去之⑦。

翦氏：掌除蠹物⑧，以攻禜攻之⑨，以莽草熏之⑩，凡庶蛊之事⑪。

赤犮氏：掌除墙屋⑫，以蜃炭攻之⑬，以灰洒毒之⑭。凡隙屋⑮，除其狸虫⑯。

蝈氏：掌去蛙黾⑰。焚牡菊⑱，以灰洒之，则死。以其烟被之⑲，则凡水虫无声⑳。

壶涿氏：掌除水虫㉑，以炮土之鼓驱之㉒，以焚石投之㉓。若欲杀其神㉔，则以牡橭午贯象齿而沈之㉕，则其神死，渊为陵㉖。

注释：①覆：犹毁。夭鸟：即妖鸟，如猫头鹰。②方：写字的木板。十日之号：十天干。日，谓从甲至癸。③十有二辰之号：十二地支。辰，谓从子至亥。④月：谓从娵至荼。⑤十有二岁之号：岁星（木星）纪年，因岁星绕日一周需十二年而名。⑥星：谓从角至轸。⑦去：捣毁。⑧蠹物：蛀食器物的虫类。⑨攻禜：祭祀、祈祷名。⑩莽：草药名。熏：熏杀。⑪庶蛊：除掉蠹虫。庶，即煮。用蒸煮消除毒害。⑫除：除去害虫，消除毒害。⑬蜃炭：贝壳灰。⑭灰：用蛤蜊壳烧成的炭灰。⑮隙屋：墙壁、房屋中的缝隙。⑯狸虫：藏匿于墙缝中的虫子。⑰蛙黾：蛙类的一种。⑱牡菊：不开花的菊类。⑲被：散布在水面上。⑳水虫：会鸣叫的蛙类。㉑水虫：水中的毒虫。㉒炮土之鼓：烧土为鼓框，蒙以皮。㉓焚石：将石头烧烫。㉔神：指水中的神。㉕牡橭：结籽的榆树。午贯：一纵一横的十字交叉。象齿：孔中插上象牙。㉖渊为陵：深渊就会变成丘陵。

庭氏：掌射国中之夭鸟①。若不见其鸟兽，则以救日之弓与救月之矢夜射之②。若神也，则以大阴之弓与枉矢射之③。

衔枚氏：掌司嚻④。国之大祭祀，令禁无嚻。军旅、田役，令衔枚。禁嚻呼叹鸣于国中者，行歌哭于国中之道者⑤。

伊耆氏：掌国之大祭祀，共(供)其杖咸(函)⑥。军旅，授有爵者杖。共(供)王之齿杖⑦。

大行人：掌大宾之礼及大客之仪⑧，以亲诸侯⑨。春朝诸侯而图天下之事⑩，秋觐以比邦国之功⑪，夏宗以陈天下之谟⑫，冬遇以协诸侯之虑⑬，时会以发四方之禁⑭，殷同以施天下之政⑮。时聘以结

注释：①**夭鸟**：即妖鸟。②**救日之弓**：古代迷信，遇日食，以为是阴侵阳，必祈祷鼓噪，张弓射月，称"救日"。**救月之矢**：古代迷信，遇月食，以为是阳侵阴，必以矢射日，祈祷鼓噪，称"救月"。③**大阴之弓**：即救月之弓。**枉矢**：救日之矢。④**司嚻**：禁止在内朝、外朝高声喧哗。⑤**歌**：唱歌。**哭**：哭叫。⑥**杖咸**：收藏手杖的箱子。咸，通"函"。⑦**王之齿杖**：天子赐给老臣以示尊老、优待的拄杖。齿杖，到达一定年龄用的拄杖。⑧**大宾**：前来朝觐天子的诸侯。**大客**：前来朝觐天子的各诸侯国的孤卿。⑨**亲**：亲近。⑩**图**：商量。⑪**比**：评比。⑫**谟**：谋，规划。⑬**协**：协调。**虑**：志虑，思想。⑭**时会**：犹时见。古代帝王不定期地朝会四方诸侯。⑮**殷同**：犹殷见。周代朝礼之一。各方诸侯于一年四季分批朝见天子。

周礼

诸侯之好①,殷眺以除邦国之慝②,间问以谕诸侯之志③,归馈脤以交诸侯之福④,贺庆以赞诸侯之喜⑤,致禬以补诸侯之灾⑥。

注释:①时聘:指天子有事时,诸侯派遣使臣来聘问。②殷眺:周代诸侯定期派使臣朝见天子的礼制。③间问:天子隔年派臣聘问诸侯。谕:告晓,告知。④归脤:赠送祭祀宗庙、社稷所用的生肉。归,通"馈"。交:谓或往或来。福:祭祀所用的酒肉。⑤赞:助。⑥致禬:一国有难,天子及其他诸侯国以财物慰劳。

乱为四辅图

以九仪辨诸侯之命①，等诸臣之爵；以同邦国之礼，而待其宾客。上公之礼，执桓圭九寸，缫藉九寸②，冕服九章③，建常九斿④，樊缨九就⑤，贰车九乘⑥，介九人⑦，礼九牢⑧，其朝位，宾主之间九十步，立当车轵⑨，摈者五人⑩，庙中将币三享⑪，王礼再祼而酢⑫，飨礼九献⑬，食礼九举⑭，出入五积⑮，三问三劳⑯。

诸侯之礼，执信圭七寸，缫藉七寸，冕服七章，建常七斿，樊缨七就⑰，贰车七乘，介七人⑱，礼七牢，朝位宾主之间七十步，立当前疾⑲，摈者四人，庙中将币三享。王礼壹祼而酢，飨礼七献，食礼

注释： ①九仪：九种规格的礼仪。②缫藉：圭的衬垫。③冕服：戴冕时所穿的衣、裳、韨。九章：衣、裳上的九种装饰图案。④常：旗帜。斿：同"旒"。古代旌旗下垂的飘带等饰物。⑤樊缨：络马的带饰。九就：九根五彩绳。⑥贰车：副车。⑦介：辅助行礼的人。⑧牢：牛、羊、豕三牲各一为一牢。⑨车轵：车毂的外端。⑩摈者：协助主人接待宾客的人。⑪将币：呈献玉帛。⑫王礼：天子之礼。祼：对朝见的诸侯行祼礼，以爵酌香酒而敬宾客。酢：以酒回敬主人。⑬九献：献、酢、酬各一次为一献，如此九次为九献。⑭九举：献上牲体九次。⑮积：在沿途馆舍储备刍米牲牢，供宾客使用。⑯劳：慰劳。⑰樊缨七就：马的笼头有七处五彩齐备。⑱介：帮助行礼的人。⑲前疾：疾，当作"侯"。乘车之辕在轼前向上曲翘，其弯曲处为前侯。

七举,出入四积,再问再劳①。诸伯执躬圭,其他皆如诸侯之礼。

诸子执谷璧五寸②,缫藉五寸,冕服五章,建常五斿,樊缨五就,贰车五乘,介五人,礼五牢。朝位宾主之间五十步,立当车衡③,摈者三人,庙中将币三享,王礼壹祼不酢④,飨礼五献,食礼五举,出入三积,壹问壹劳。诸男执蒲璧⑤,其他皆如诸子之礼。

凡大国之孤⑥,执皮帛以继小国之君⑦,出入三积,不问,壹劳,朝位当车前,不交摈⑧,庙中无相⑨,以酒礼之。其他皆视小国之君。凡诸侯之卿,其礼各下其君二等以下,及其大夫士皆如之。

邦畿方千里,其外方五百里,谓之

注释:①再:两次。②谷璧:雕琢有粟谷纹的璧。③车衡:车辕前端驾马的横木。④不酢:不向主人回敬酒(因为诸子的爵位太低)。⑤蒲璧:雕琢有蒲草纹的璧。⑥大国之孤:上公之国各立孤卿一人,侯伯以下的诸侯国不能立。⑦继:跟在后面。⑧不交摈:指宾客亲自告于上摈,不传辞。⑨相:协助行礼的介、摈。

侯服，岁壹见，其贡祀物①。又其外方五百里，谓之甸服，二岁壹见，其贡嫔物②。又其外方五百里，谓之男服，三岁壹见，其贡器物③。又其外方五百里，谓之采服，四岁壹见，其贡服物④。又其外方五百里，谓之卫服，五岁壹见，其贡材物⑤。又其外方五百里，谓之要服，六岁壹见，其贡货物⑥。九州之外，谓之蕃国，世壹见⑦，各以其所贵宝为挚⑧。

王之所以抚邦国诸侯者⑨：岁遍存⑩；三岁遍眺⑪；五岁遍省⑫；七岁属象胥⑬，谕言语⑭，协辞命⑮；九岁属瞽史⑯，谕书名⑰，听声音；十有又一岁达瑞节⑱，同度

注释：①祀物：祭祀使用之物，如牺牲、包茅等。②嫔物：即宾物，接待宾客使用之物。③器物：尊彝等。④服物：可作衣服的物品。⑤材物：珠玉齿革、金石羽木等原材料。⑥货物：龟、贝等。⑦世：国君更替一次称为一世。⑧贵宝：贵重的宝物。挚：求见人时所持的礼物。⑨抚：犹安。⑩岁：一年。存：天子派遣卿大夫聘问诸侯。⑪眺：古代诸侯每三年行聘问相见之礼。⑫省：古代帝王使臣慰问诸侯的礼节。⑬属：犹聚。象胥：翻译官。⑭谕：教诲，教导。⑮协：汇集，汇合。⑯瞽：乐官。史：史官。⑰书名：文字。⑱达：颁发。瑞节：即玉节。古代朝聘时用作凭信的玉制符节。

周礼

量①，成牢礼②，同数器③，修法则④；十有又二岁王巡守殷国⑤。凡诸侯之王事⑥，辨其位⑦，正其等⑧，协其礼⑨，宾（傧）而见之⑩。若有大丧，则诏相诸侯之礼⑪。若有四方

注释：①同：统一。度量：用以计量长短和容积的标准。②牢礼：古代以牛、羊、猪三牲宴饮宾客之礼。③数器：衡量轻重长短的器具。④修：修订。⑤殷国：天子出巡诸国，因不能一一遍历，至该国命令四方诸侯到此国相见。⑥王事：谓诸侯朝王之事。⑦位：指九十、七十、五十步之位。⑧等：谓尊卑之等。⑨协：调整，调和。礼：谓牢礼飧燕积膳之礼。⑩宾：通"傧"。⑪诏相：谓教导大礼的言辞与礼节。

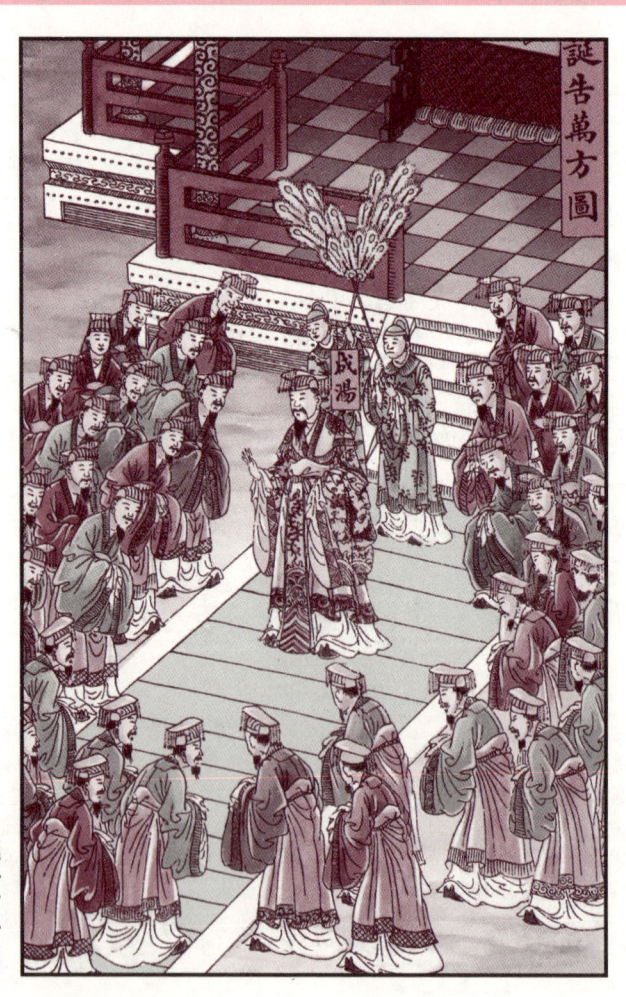

诞告万方图

之大事，则受其币①，听其辞②。凡诸侯之邦交③，岁相问也④，殷相聘也⑤，世相朝也⑥。

小行人：掌邦国宾客之礼籍⑦，以待四方之使者⑧。令诸侯春入贡⑨，秋献功⑩，王亲受之，各以其国之籍礼之⑪。凡诸侯入王⑫，则逆劳于畿⑬。及郊劳、视馆、将币⑭，为承而摈⑮。凡四方之使者，大客则摈⑯，小客则受其币而听其辞⑰。

使适四方⑱，协九仪⑲，宾客之礼。朝、觐、宗、遇、会、同，君之礼也。存、頫、省、聘、问，臣之礼也。达天下之六节⑳：

注释：①币：泛指车马、玉器、皮帛等礼物。②听其辞：采纳他们的告请。③邦交：古代诸侯国之间的来往聘问等外交关系。④问：小聘曰问。古代诸侯之间通问修好。⑤殷：间隔二三年。⑥世：国君更替一次称为一世。⑦礼籍：记录各诸侯爵位及接待时使用何种礼仪的册子。⑧使者：诸侯派来的官员。⑨入贡：向朝廷进献财物土产。⑩献功：献上功绩，报功。⑪籍：记载使者身份的册子。礼：礼遇，厚待。⑫入王：朝觐天子。⑬逆劳：犹迎劳。迎接慰劳。⑭郊劳：到郊外迎接并慰劳。视馆：天子命大夫率宾客至馆舍慰劳。将币：行朝聘礼时宾客把礼币送给主国。⑮为承而摈：做承摈。⑯大客：要服以内地区的诸侯派遣来的使臣。摈：通"傧"。接待宾客。⑰小客：蕃国派遣的使臣。币：此指束帛。⑱适：之，到，往。⑲协：合。九仪：为天子接待不同来朝者而制定的九种礼节。⑳达：通达，畅通。六节：古卿大夫朝聘天子诸侯或吏民通行他国用作凭证的六种信物。节，符信。

秋官司寇第五

周礼

山国用虎节①，土国用人节②，泽国用龙节③，皆以金为之。道路用旌节④，门关用符节⑤，都鄙用管节⑥，皆以竹为之。成六瑞⑦：王用镇圭⑧，公用桓圭⑨，侯用信身圭⑩，伯用躬圭⑪，子用谷璧⑫，男用蒲璧⑬。合六币⑭：圭以马，璋以皮⑮，璧以帛，琮以锦⑯，琥以绣⑰，璜以黼⑱。此六物者，以和诸侯之好故。

若国札丧⑲，则令赗补之⑳；若国凶荒，则令赒委之㉑；若国师役㉒，则令槁禬之㉓；若国有福事，则令庆贺之；若国有祸灾，则令哀吊之。凡此五物者，治其事

注释：①山国：多山的国家和地区。虎节：虎形的金属符节。②土国：地处平原的国家。人节：人形符节。③泽国：境内多沼泽之国。④道路：乡遂大夫。旌节：竹竿上缚有羽毛的符节。⑤门关：指主管门关的人。符节：竹竿上刻有铭文的符节。⑥都鄙：公之子弟及卿大夫之采吏。管节：竹竿上刻有记号的符节。⑦瑞：古代用作符信的玉。⑧镇圭：即镇圭。为古代帝王受诸侯朝见时所执，象征平定天下四方之意。⑨桓圭：以桓为瑑饰，圭长九寸。为公爵所执。⑩信圭：侯爵所执。以人形为饰，圭长七寸。信，通"身"。⑪躬圭：为伯所执。以人形为饰，圭长七寸。⑫谷璧：子爵诸侯所执。以谷为饰，璧径五寸。⑬蒲璧：男爵诸侯所执。以蒲为瑑饰，璧径五寸。⑭合：配合。币：以玉、帛、皮、马配成的一套礼物。⑮璋：玉圭的一半。⑯琮：瑞玉。方柱形，中有圆孔。用为礼器、赠品、符节等。⑰琥：雕刻为虎形的玉器。⑱璜：玉璧的一半。⑲札丧：因疫病死亡。⑳赗：赠送给丧家的钱财。㉑赒委：救济。㉒师役：谓军队从事大规模劳作。㉓槁禬：犒劳军队并聚财援助。

故。及其万民之利害为一书①，其礼俗政事教治刑禁之逆顺为一书，其悖逆暴乱作慝犹犯令者为一书②，其礼丧凶荒厄贫为一书③，其康乐和亲安平为一书。凡此五物者④，每国辨异之⑤，以反[返]命于王⑥，以周知天下之故⑦。

司仪：掌九仪之宾客摈[傧]相之礼⑧，以诏仪容、辞令、揖让之节⑨。将合诸侯⑩，则令为坛三成⑪，宫⑫，旁一门。诏王仪，南乡[向]见诸侯⑬，土揖庶姓⑭，时揖异姓⑮，天揖同姓⑯。及其摈[傧]之⑰，各以其礼，公于上等⑱，侯伯于中等，子男于下等。其将币亦如之⑲，其礼亦如之。王燕[宴]⑳，则

注释：①为一书：记录在一个簿册上。②悖逆：违逆，忤逆。作慝：做坏事。犹：企图。③厄贫：困苦贫乏。④五物：五种情况。⑤辨异之：分别记载。⑥反命：返回王城时向天子汇报。⑦周知：遍知。故：变故。⑧摈相：即傧相。协助主人接待宾客的人。⑨诏：告。揖让：宾主相见的礼仪。⑩合：聚集。⑪三成：三重。⑫宫：坛外的土质矮墙。⑬乡：通"向"。⑭土揖：作揖时双手略下垂。庶姓：古代指与天子或诸侯国君异姓且无亲属关系者。⑮时揖：作揖时双手与胸平齐。⑯天揖：作揖时双手略上举。⑰摈：通"傧"。接待宾客。⑱上等：最上一级台阶。⑲将币：进献礼币。⑳燕：通"宴"。宴请宾客。

周礼

诸侯毛①。凡诸公相为宾，主国五积②，三问③，皆三辞拜受④，皆旅摈⑤。再劳⑥，三辞，三揖⑦，登⑧，拜受，拜送。主君郊劳，交摈⑨，三辞，车逆⑩，拜辱⑪，三揖三辞，拜

注释：①**毛**：依据年龄大小排定座次。②**主国**：古代诸侯国互相聘问，受聘国称为"主国"。**积**：指贮积起来的钱物等。③**问**：聘问。古代诸侯之间通问修好。④**三辞**：辞让三次。**拜受**：古代的一种礼仪。谓主人敬酒时，宾客出席于西阶上拜而接受所敬之酒。⑤**旅摈**：排列傧相。摈，通"傧"。⑥**劳**：慰劳。⑦**三揖**：先后三次行揖礼。⑧**登**：步阶上堂。⑨**交摈**：由傧、介转达，宾主不直接对话。⑩**车逆**：主人以车迎宾于馆。⑪**拜辱**：拜谢主君屈驾亲至。

君臣拜言图

受，车送，三还①，再拜。致馆亦如之②。致飧如致积之礼③。及将币，交摈，三辞，车逆，拜辱，宾车进，答拜，三揖三让，每门止一相④，及庙，唯上相入⑤。宾三揖三让，登，再拜，授币，宾拜送币。每事如初⑥，宾亦如之。及出，车送，三请三进，再拜，宾三还三辞，告辟⑦。致饔饩、还圭、飨食、致赠、郊送⑧，皆如将币之仪。宾之拜礼：拜饔饩，拜飨食。宾继主君⑨，皆如主国之礼⑩。诸侯、诸伯、诸子、诸男之相为宾也，各以其礼相待也⑪，如诸公之仪。

诸公之臣相为国客⑫，则三积，皆三辞拜受。及大夫郊劳⑬，旅摈侯⑭，三辞，拜

注释：①**三还：** 主君反复辞让三次。②**致馆：** 主君携礼送朝聘之君回馆舍。③**飧：** 便宴。④**止：** 使停留。**相：** 摈、介。⑤**上相：** 天子举行大典时，主持礼仪的官员。⑥**每事：** 进献其他礼物和提出某种要求。⑦**告辟：** 送行时主人拜宾，宾不答拜。⑧**饔饩：** 主国送至馆舍的食物。**还圭：** 朝觐的圭玉在毕礼后由诸侯还献给主君。**致赠：** 主君送给宾客的礼物。**郊送：** 于郊相送。⑨**宾继主君：** 宾回报主君赠送各种礼物、食品。⑩**主国：** 古代诸侯国互相聘问，受聘国称为"主国"。⑪**相待：** 招待，款待。⑫**国客：** 国君亲自朝觐被称为国宾，国君派往的人则被称为国客。⑬**郊劳：** 到郊外迎接并慰劳。⑭**旅摈：** 排列傧相。摈，通"傧"。

周礼

辱①，三让，登，听命，下拜②，登受③。宾使者如初之仪④。及退，拜送。致馆如初之仪。及将币，旅摈儐，三辞，拜逆⑤，客辟⑥，三揖，每门止一相，及庙，唯君相入⑦，三让，客登，拜，客三辟，授币⑧，下，出，每事如初之仪。

及礼、私面、私献⑨，皆再拜稽首⑩，君答拜。出，及中门之外⑪，问君，客再拜对⑫，君拜，客辟而对⑬；君问大夫，客对；君劳客⑭，客再拜稽首，君答拜，客趋辟⑮。致饔饩如劳之礼⑯，飨食还圭，如将币之仪。君馆客⑰，客辟，介受命，遂送，客从，拜辱于朝。明日，客拜礼赐⑱，遂行，如入

注释： ①拜辱：拜谢主君屈驾亲至。②下拜：使臣下堂行拜礼，表示尊主君之命。③登受：使臣升堂后亦须拜，然后接受礼物。④宾：酬谢。⑤拜逆：拜迎。⑥客辟：逡巡不答拜。因使者奉君命来，不敢当拜，故逡巡辟君命。⑦君相：协助主君行礼的人。⑧授币：授玉与主君。⑨礼：以醴礼客。私面：使臣出聘时以私人名义谒见主国之君。私献：使臣出聘时以私人名义进奉的珍贵物品。⑩稽首：古时一种跪拜礼，叩头至地，是九拜中最恭敬者。⑪中门：诸侯有三门，中门即雉门。⑫客：臣。对：酬答，答谢。⑬客辟：逡巡辟君拜。⑭劳客：慰问使臣。⑮趋避：急走回避。⑯饔饩：古代诸侯行聘礼时接待宾客的大礼，馈赠较多。劳：指郊劳。⑰馆客：到馆舍慰视使臣，并赠礼。⑱礼赐：礼遇和赏赐。

之积。凡侯伯子男之臣，以其国之爵相为客而相礼①，其仪亦如之。

凡四方之宾客礼仪、辞命、饩牢、赐献②，以二等从其爵而上下之③。凡宾客，送逆同礼。凡诸侯之交，各称其邦而为之币④，以其币为之礼。凡行人之仪⑤，不朝不夕⑥，不正其主面，亦不背客。

行夫：掌邦国传遽之小事、媺恶而无礼者⑦。凡其使也⑧，必以旌节⑨。虽道有难而不时⑩，必达⑪。居于其国，则掌行人之劳辱事焉⑫，使则介之⑬。

环人：掌送逆邦国之通宾客⑭，以路节达诸四方⑮。舍则授馆⑯，令聚柝⑰，有

注释：①**爵：**卿、大夫、士。②**饩牢：**即饔饩。**赐献：**回赠宾客之礼。③**以二等：**比他们的国君的命数低二等。**从其爵而上下：**根据他们的爵位而确定礼仪的隆重与否。④**称：**相当，符合。⑤**行人：**指大行人、小行人等官。⑥**朝：**面向正东。**夕：**面向正西。⑦**传遽：**驿站及驿站的车马。**媺恶：**吉凶。**媺**，同"美"。**无礼：**不需用聘享玉帛之礼。⑧**使：**出使。⑨**旌节：**古代使者所持的节，以作凭信。⑩**难：**危难，祸患。**不时：**不能按时。⑪**必达：**必达于所往之处。⑫**劳辱事：**劳役杂事。⑬**使：**出使。**介：**担任介人。⑭**通宾客：**泛指来朝觐、会同、聘问的大小宾客。⑮**路节：**旌节。⑯**舍：**休息，止息。**授馆：**为宾客安排行馆。⑰**聚柝：**聚集守护馆舍的人在夜间击柝巡夜。

任器①，则令环之②。凡门关无几讥③，送逆及疆④。

象胥：掌蛮、夷、闽、貉、戎、狄之国使⑤，掌传王之言而谕说焉⑥，以和亲之⑦。若以时入宾⑧，则协其礼，与其辞，言传

注释：①任器：宾客携带的财物。②环之：派人看守（防盗）。③门关：出入必经的国门、关门。几：通"讥"，盘查。④送逆：送迎。疆：国界，边界。⑤国使：蕃国的使者。⑥谕说：晓谕并劝说。⑦和亲：和睦相亲。⑧以时入宾：谓只在新君即位时来朝见一次。

四夷来王图

之。凡其出入送逆之礼节、币帛、辞令，而宾相之①。凡国之大丧，诏相国客之礼仪而正其位②。凡军旅会同，受国客币而宾礼之③。凡作事，王之大事诸侯，次事卿，次事大夫，次事上士④，下事庶子。

掌客：掌四方宾客之牢礼、饩献、饮食之等数与其政治⑤。王合诸侯而飨礼⑥，则具十有二牢⑦，庶具百物备⑧，诸侯长十有再献⑨。王巡守、殷国⑩，则国君膳以牲犊⑪，令百官百姓皆具。从者⑫，三公视上公之礼，卿视侯伯之礼，大夫视子男之礼，士视诸侯之卿礼，庶子壹视其大夫之礼。

注释：①宾：傧，以象胥（翻译官）为傧来转达言辞。相：帮助。②诏相：谓教导行大礼的言辞与礼节。国客：国君亲自朝觐被称为国宾，国君派往之人则被称为国客。③宾礼：谓以上宾之礼相待。④上士：此处"上"为衍文。⑤牢礼：古代以牛、羊、猪三牲宴请宾客之礼。饩献：指禾、米、牲、肉和雉雁等。政治：此谓因祸灾等而减礼的事务。⑥合：聚。飨礼：古代一种隆重的宴饮宾客之礼。⑦具：备办，准备。牢：古代祭礼用的牛、羊、豕三牲。三牲各一为一牢。⑧庶：庶羞，各种食物。⑨诸侯长：管理一州诸侯的方伯。再献：古代祭祀时第二次献酒。⑩殷国：周代天子在侯国行殷见之礼。殷见，周代各方诸侯于一年四季分批朝见天子。⑪国君：王所过之国的国君。膳：提供饭食。牲犊：古代诸侯向天子供膳的小牛。⑫从者：天子巡守时的随从人员。

周礼

凡诸侯之礼：上公五积，皆视飧牵①，三问皆脩②。群介、行人、宰、史皆有牢③。飧五牢，食四十④，簠十⑤，豆四十，铏四十有二⑥，壶四十，鼎簋十有二⑦，牲三十有六⑧，皆陈⑨。饔饩九牢⑩，其死牢如飧之陈⑪，牵四牢⑫，米百有二十筥⑬，醯醢百有二十瓮⑭，车皆陈⑮。车米视生牢⑯，牢十车，车秉有五籔⑰，车禾视死牢⑱，牢十车，车三秅⑲，刍薪倍禾⑳，皆陈㉑。乘禽日九十双㉒，殷膳大牢㉓，以及归，三飧、三食、三燕㉔，若弗酌则以币

注释：①视飧牵：比照致飧的牢数。飧，熟食和牲口。一说为牢礼的一种。②脩：腊肉。③群介……有牢：疑为衍文。④食：庶羞美可食者。⑤簠：古祭祀、宴享时用以盛黍稷稻粱的容器。长方形，口外侈，有四短足及二耳，盖与器形状相同，合上为一器，打开则成大小相同的两个器皿。⑥铏：盛食之器。四：当作"三"。⑦簋：古代祭祀宴享时盛黍稷的器皿。一般为圆腹，侈口，圆足。⑧牲：一说当作腥。⑨陈：陈列。⑩饔饩：古代诸侯行聘礼时接待宾客的大礼，馈赠较多。⑪死牢如飧之陈：五死牢中亦饪一牢，分装于十二鼎，陈列法与飧相同。⑫牵：活牲。⑬米：陈于庭中之米。筥：量词。古代割稻时，用手握禾满一把称为一秉，四秉为一筥。⑭醯醢：用鱼肉等制成的酱。因调制肉酱必用盐、醋等作料，故称。醯，醋。醢，肉酱。瓮：陶制容器。用于盛食物或他物。⑮车：为衍文。⑯车米：用车运来的米，与前述盛放于筥之米不同。⑰秉有五籔：二十四斛。秉、籔、斛均为容量单位。⑱禾：马料。⑲秅：量词，四百秉为一秅。⑳刍薪：草料，薪柴。倍：多一倍。㉑陈：陈于门外。㉒乘禽：成双而群居的鸟。㉓殷膳：宾客未返前，主国于牢礼之外，不定期供给的饮食。膳，饭食。**大牢**：即太牢。古代祭祀，牛、羊、豕三牲具备谓之太牢。㉔三燕：三次宴会。燕，通"宴"。

致之①。凡介、行人、宰、史皆有飧饔饩，以其爵等为之牢礼之陈数，唯上介有禽献②。夫人致礼③，八壶、八豆、八笾④，膳大太牢，致飧大太牢，食大太牢。卿皆见，以羔⑤，膳大太牢。

侯伯四积，皆视飧牵⑥，再问皆脩⑦。飧四牢，食三十有又二，簠八，豆三十有又二，铏二十有又八⑧，壶三十有又二，鼎簋十有又二，腥二十有又七，皆陈。饔饩七牢，其死牢如飧之陈，牵三牢，米百筥，醯醢百瓮，皆陈。米三十车，禾四十车，刍薪倍禾，皆陈。乘禽日七十双，殷膳大太牢，再飧、再食、再燕⑨。凡介、行人、宰、史皆有飧饔饩，以其爵等为之礼，唯上

注释：①弗酌：主国之君因故不能亲行飧食燕之礼。②上介：古代外交使团的副使或军政长吏的高级助理。禽献：即乘禽。③夫人致礼：诸侯朝聘时，有聘问夫人之礼，故夫人亦致礼。④笾：古代祭祀和宴会时盛果脯的竹器，形状像木制的豆。⑤羔：小羊（用作见面礼）。⑥飧牵：熟食和牲口。一说为牢礼的一种。⑦脩：干肉。⑧八：一说为四。⑨飧：以隆重的礼仪宴请宾客。

周礼

介有禽献。夫人致礼,八壶、八豆、八笾,膳大太牢,致飧大太牢①。卿皆见,以羔,膳特牛②。

子男三积,皆视飧牵,壹问以脩。飧三牢,食二十有又四,簠六,豆二十有又

注释:①膳:提供饭食。②特牛:一头牛。

民怀有仁图

四，铏十有又八①，壶二十有又四，鼎簋十有又二，牲十有又八②，皆陈。饔饩五牢，其死牢如飧之陈，牵二牢③，米八十筥，醯醢八十瓮，皆陈。米二十车，禾三十车，刍薪倍禾，皆陈。乘禽日五十双，壹飨、壹食、壹燕。凡介、行人、宰、史皆有飧饔饩，以其爵等为之礼，唯上介有禽献。夫人致礼，六壶，六豆，六笾，膳视致飧④。亲见卿皆膳特牛⑤。

凡诸侯之卿、大夫、士为国客⑥，则如其介之礼以待之⑦。凡礼宾客，国新杀礼⑧，凶荒杀礼，札丧杀礼⑨，祸灾杀礼，在野在外杀礼⑩。凡宾客死，致礼以丧用。宾客有丧⑪，唯刍稍之受⑫。遭主国之

秋官司寇第五

注释：①八：一说为六。②牲：当作"腥"。腥，生肉。③牵：指牛、羊、豕。④膳视致飧：夫人于子男只致膳不致飧，故以飧礼之数回赠。⑤膳：提供饭食。特牛：一头牛。⑥国客：指来访的别国使臣。⑦介：指随国聘为介人。⑧国新：新成立的侯国。杀：简省。⑨札丧：因疫病死亡。⑩在野：天子、诸侯在城外郊野。⑪宾客有丧：宾客抵达未返回前，接到国君或父母的丧报。⑫刍：草料。稍：稍食，即米、谷等。

339

周礼

丧①，不受飨食，受牲礼②。

掌讶：掌邦国之等籍③，以待宾客。若将有国宾客至，则戒官修委积④，与士逆宾于疆⑤，为前驱而入⑥。及宿，则令聚柝⑦。及委⑧，则致积⑨。至于国，宾入馆，次于舍门外⑩，待事于客。及将币⑪，为前驱。至于朝，诏其位⑫，入复⑬。及退亦如之。凡宾客之治⑭，令讶，讶治之。凡从者出，则使人道之⑮。及归，送亦如之。凡宾客，诸侯有卿讶，卿有大夫讶，大夫有士讶，士皆有讶⑯。凡讶者，宾客至而往⑰，诏相其事而掌其治令⑱。

掌交：掌以节与币巡邦国之诸侯及

注释：①主国：古代诸侯国互相聘问，受聘国为"主国"。②牲礼：即腥牢。腥，生肉。③等籍：记录九仪等礼数待遇的书，即《小行人》之礼籍。④戒：告诫。官：官府。修：备办。委积：供宾客一路上使用之物。⑤士：讶士。逆：迎。疆：国界，边界。⑥前驱：犹前导。⑦聚柝：夜以两木相敲报时。⑧委：委任，委派。⑨致积：献纳钱物。⑩次：留宿，停留。舍门：旅馆，客舍。⑪将币：呈现玉帛等物。⑫诏其位：告知宾客所应站的位置。⑬入复：到内朝里面向王禀告宾客已到。⑭宾客之治：宾客有咨辩、陈诉、请求等事。⑮道：同"导"。引导。⑯士皆有讶：宾客为士，也有前往迎宾之讶。⑰往：到客馆去。⑱诏相：谓教导行大礼的言辞和礼节。

其万民之所聚者①，道王之德意志虑②，使咸知王之好恶③，辟行之④。使和诸侯之好⑤，达万民之说(悦)⑥。掌邦国之通事而结其交好⑦。以谕九税之利⑧，九礼之亲⑨，九牧之维⑩，九禁之难⑪，九戎之威⑫。

掌察(阙)。

掌货贿(阙)。

朝大夫：掌都家之国治⑬。日朝以听国事故⑭，以告其君长⑮。国有政令，则令其朝大夫。凡都家之治于国者⑯，必因其朝大夫⑰，然后听之⑱，唯大事弗因⑲。凡都家之治有不及者⑳，则诛其朝大夫㉑。在军旅㉒，则诛其有司㉓。

注释：①节：符节。古代使臣所持以作凭信。币：泛指车马、皮帛、玉器等礼物。万民之所聚：国都以外的大邑。②道：言，说。③咸：皆，都。好恶：喜好和厌恶。④辟行之：避免做王讨厌的事情，做王喜欢的事。⑤和：和合。好：指婚姻之好。⑥达：传达。说：通"悦"，喜悦。⑦通事：友好往来。⑧谕：告知，告晓。九税：九职之民所交的租税。⑨九礼：九仪之礼。⑩九牧：九州的诸侯长。维：联结。⑪九禁：大司马建邦国的九法。⑫九戎：九伐之法。⑬都家：王的子弟、公卿、大夫的采地。⑭日朝：每天在朝上。国事故：天子下达的通行于畿内的命令。⑮君：谓其国君。长：其卿大夫。⑯治：上报。⑰因：通过。⑱听：处理。⑲弗因：不通过。⑳不及：不合天子政令的。㉑诛：责罚。㉒在军旅：进行军事行动时。㉓有司：指都司马、家司马。

秋官司寇第五

周礼

都则(阙)。
dū zé quē

都士(阙)。
dū shì quē

家士(阙)。
jiā shì quē

武王刘敌图

垂典百工图

周礼

冬官考工记第六①

国有六职②,百工与居一焉③。或坐而论道,或作而行之④,或审曲面势⑤,以饬五材⑥,以辨民器⑦,或通四方之珍异以资之⑧,或饬力以长地财⑨,或治丝麻以成之。坐而论道,谓之王公。作而行之,谓之士大夫。审曲面势,以饬五材,以辨民器,谓之百工。通四方之珍异以资之,谓之商旅⑩。饬力以长地财,谓之农夫。治丝麻以成之,谓之妇功⑪。

粤无镈⑫,燕无函⑬,秦无庐籚⑭,胡无

注释:①考工记:记述百工的书,实际记载了30个工种,即木工七、金工六、皮工五、色工五、刮摩之工五、搏埴之工二。②六职:六种职事,即王公、士大夫、百工、商旅、农夫、妇功。③百工:多个工种。与:参与。④作:起。⑤审曲面势:审视察看原材料的曲直、方圆、纹理。⑥饬:整治。五材:金、木、皮、玉、土。⑦辨:备办。民器:民用器物。⑧资:取,操。⑨饬力:致力,努力。地财:大地的财富,主要指谷物等。⑩商旅:行商,流动的商人。⑪妇功:亦作妇工。旧时指纺织、刺绣、缝纫等事,为妇女四德之一。⑫粤:指今浙江、江苏一带。镈:耕田的农具,此处指制镈的工匠。下文"函"、"庐"、"弓车"用法与此同。⑬函:铠甲。⑭庐:通"籚"。矛、戟的柄。

344

弓、车。粤之无镈也,非无镈也,夫人而能为镈也①;燕之无函也,非无函也,夫人而能为函也;秦之无庐也,非无庐也,夫人而能为庐也;胡之无弓车也,非无弓车也,夫人而能为弓车也。知[智]者创物②,巧者述之③,守之世,谓之工④。百工之事,皆圣人之作也。烁金以为刃⑤,凝

注释:①夫人:犹众人。②知者:即智者。知,通"智"。创:始造。③述:遵循,继承。④世:世代相传。工:工匠。⑤烁:熔化。

序官之冬官图

土以为器①,作车以行陆②,作舟以行水,此皆圣人之所作也。

天有时,地有气③,材有美,工有巧。合此四者,然后可以为良④。材美工巧,然而不良,则不时⑤、不得地气也。橘逾淮而北为枳⑥,鹳鹆不逾济⑦,貉逾汶则死⑧,此地气然也。郑之刀,宋之斤⑨,鲁之削⑩,吴粤之剑,迁乎其地,而弗能为良,地气然也。燕之角⑪,荆之干⑫,妢胡之笴⑬,吴越之金、锡⑭,此材之美者也。天有时以生,有时以杀⑮;草木有时以生,有时以死;石有时以泐⑯;水有时以凝,有时以

注释:①凝:坚定,巩固。器:陶器。②行陆:在陆地上行驶。③时:寒温。气:刚柔。④良:善。⑤不时:没有适合的天时。⑥逾:越过,经过。淮:淮水,今淮河。枳:木名。也称枸橘、臭橘。落叶灌木或小乔木。木似橘而小,茎上有刺,春生白花,至秋成实,果小,味酸苦不能食,可入药。成条种植可作篱笆。⑦鹳鹆:鸟名。俗称八哥。鹳,一作鸲。济:济水,在今山东。⑧貉:兽名。外形似狐,毛棕灰色。穴居于河谷、山边和田野间,昼伏夜出,食鱼、鼠、蛙、虾、蟹和野果等。是一种重要的毛皮兽。现北方通称貉子。汶:汶川,在山东。⑨斤:砍削器,形状似斧。⑩削:弯刀。⑪角:牛、羊、鹿等兽类头顶或嘴前突生的尖硬骨状物。一般细长而弯曲,上端较尖,有防御进攻等作用。⑫干:柘树之材(可作弓弩)。⑬妢胡:国名,在今安徽阜阳县。笴:可作箭杆的小竹子。⑭粤:通"越"。⑮杀:衰微,凋零。⑯泐:水浇热石使之崩裂。

泽[释]①：此天时也。

凡攻木之工七②，攻金之工六，攻皮之工五，设色之工五③，刮摩之工五④，搏埴之工二⑤。攻木之工，轮、舆、弓、庐[廬]、匠、车、梓⑥。攻金之工，筑、冶、凫、栗、

注释：①**泽**：通"释"，即蒸发。②**攻木之工**：以木材为原料制作器物的工匠。③**设色之工**：装饰器具的工匠。④**刮摩之工**：雕琢玉石齿角并精磨加工的工匠。⑤**搏埴之工**：陶工。搏，拍。埴，黏土。⑥**轮**：制作车轮的工匠。**舆**：制作车厢的工匠。**庐（廬）**：通"籚"。矛、戟的柄。此处指制作矛、戟柄的工匠。**匠**：木工。**梓**：木名。紫葳科，落叶乔木。叶子对生或三枚轮生。花黄白色。木质优良，轻软，耐朽，供修造建筑及制家具、乐器等用。此处指古代七种木工之一。

有备无患图　　　　　　琢玉图

段、桃①。攻皮之工，函、鲍、韗、韦、裘②。设色之工，画、缋、锺、筐、幌③。刮摩之工，玉、楖④、雕、矢、磬。抟埴之工，陶、瓬⑤。

有虞氏上陶⑥，夏后氏上匠，殷人上梓，周人上舆。故一器而工聚焉者⑦，车为多⑧。车有六等之数：车轸四尺⑨，谓之一等；戈柲六尺有又六寸⑩，既建而迤⑪，崇于轸四尺⑫，谓之二等；人长八尺⑬，崇于戈四尺，谓之三等；殳长寻有又四尺⑭，崇于人四尺，谓之四等；车戟常⑮，崇于殳四尺，谓之五等；酋矛常有又四尺⑯，崇于戟四尺，谓之六等。车谓之六等之数。

注释：①段：锻，锤击。《十三经注疏》对此句的解释为："筑氏为削，冶氏为戈戟，凫氏为钟，栗氏为量，段氏为镈，桃氏为剑。"②函：铠甲。此指造甲的人。鲍：通"鞄"。古代鞣治皮革的工人。韗：古代治皮治鼓的工匠。韦：去毛熟治的兽皮，柔软的皮革。此指古代治皮革的工匠。裘：用毛皮制成的御寒衣服。此指制皮革的工匠。③缋：绘画。此指画工。锺：古代染鸟羽之工。筐：古代司织物设色的工匠。幌：古代设色的工匠。④楖：同"栉"。治木之工。雕：雕人。刻治骨角的工匠。⑤瓬：用黏土捏制陶器。《十三经注疏》："陶人为瓦器，甑、甗之属，瓬人为瓦簋。"⑥上：崇尚。⑦工聚：聚集众多工匠。⑧车：兵车。⑨轸：车舆后的横木。⑩柲：柄部。⑪迤：斜倚。⑫崇：高。⑬人长八尺：周代男子一般身高为八尺。周一尺合今0.23米，八尺为1.84米。⑭殳：有棱无刃的击打兵器。寻：长度单位，八尺为一寻。⑮常：长度单位，二寻为一常。⑯酋矛：一刃之矛。

冬官考工记第六

凡察车之道①，必自载于地者始也，是故察车自轮始。凡察车之道，欲其朴属而微至②。不朴属，无以为完久也；不微至，无以为戚速也③。轮已崇④，则人不能登也；轮已庳⑤，则于马终古登阤也⑥。故兵车之轮六尺有六寸，田车之轮六

注释：①察车之道：审察车辆精良的要领。②朴属：车轮各个部件紧凑。微至：车轮与地面的接触部分要尽可能小，故要求车轮很圆。③戚：快。④已：过于。崇：高。⑤已：过于。庳：低矮。⑥终古：经常。阤：坡路。

合挂大车图

尺有又三寸①，乘车之轮六尺有又六寸②。六尺有又六寸之轮，轵崇三尺有又三寸也③，加轸与轐焉④，四尺也。人长八尺，登下以为节⑤。

轮人为轮⑥，斩三材⑦，必以其时。三材既具，巧者和之。毂也者⑧，以为利转也⑨。辐也者⑩，以为直指也⑪。牙也者⑫，以为固抱也⑬。轮敝，三材不失职⑭，谓之完⑮。望而视其轮，欲其幎尔而不逈也⑯。进而视之，欲其微至也⑰。无所取之，取诸圜也⑱。望其辐，欲其揱尔而纤也⑲。进而视之，欲其肉称也⑳。无所取之，取诸易直也㉑。望其毂，欲其眼也㉒。进而视之，欲

注释：①田车：打猎用的车子。②乘车：古代行丧礼所用的魂车。③轵：车轴之端，贯穿轮毂而外露。崇：高。④轸：车舆后的横木。轐：连接轴与车舆的方木。⑤登下以为节：登车、下车以这个高度为准。⑥轮人：制作车轮、车上伞盖的工匠。⑦三材：制作毂、辐、牙的三种原材料。⑧毂：车轮中心的圆木。⑨利转：利于转动。⑩辐：车轮中凑集于中心毂上的直木。⑪直指：不邪曲。⑫牙：车轮辐条的外围部分。⑬固抱：牢固抱曲。⑭敝：破烂，破旧。职：指功效。⑮完：坚固。⑯视：观看，察视。幎尔：指牙宽均匀一致。不：原作下，误。逈：斜倚。⑰微至：车轮与地面接触部分要尽可能小，故要求车轮很圆。⑱圜：同"圆"。⑲揱尔而纤：从大到小逐渐减小。揱，削尖之貌。⑳肉称：指各条辐的大端与小端必须尺寸一致。㉑易直：平滑，挺直。㉒眼：如大眼突出的状态。

其帱之廉也①。无所取之，取诸急也。视其绠②，欲其蚤爪之正也③。察其菑蚤爪不齵④，则轮虽敝不匡⑤。

凡斩毂之道，必矩其阴阳⑥。阳也者稹理而坚⑦，阴也者疏理而柔⑧，是故以火养其阴而齐诸其阳，则毂虽敝不蒇⑨。毂小而长则柞⑩，大而短则挚⑪。是故六分其轮崇，以其一为之牙围⑫。三分其牙围，而漆其二⑬。椁其漆内而中诎之⑭，以为之毂长，以其长为之围。以其围之阞捎其薮⑮。五分其毂之长，去一以为贤，去三以为轵⑯。容毂必直⑰，陈篆必正⑱，施胶必厚，施筋必数⑲，帱必负干⑳。既摩㉑，

注释：①帱：裹毂的皮革。廉：显出轮廓。②绠：古时轮辐近轴处的凸出部分。③蚤：通"爪"，车辐榫入牙中的小的一头。④菑：辐的大端入毂的榫头。齵：不平整。⑤匡：扭曲。⑥矩：刻记号。⑦稹理：木质细密。⑧疏理：纹理粗糙。⑨蒇：干枯，收缩。⑩柞：狭窄。⑪挚：危，不坚固。⑫牙围：车牙的粗围。⑬漆其二：在三分之二的区域刷上漆。⑭椁：度量，测量。诎：使……弯曲。⑮阞：三分之一。捎：挖去，除去。薮：指毂中心可以贯轴的孔。⑯贤、轵：毂孔的金属衬套，大者称贤，小者称轵。⑰容：制作。⑱陈篆：在毂上分段刻削环形。⑲筋：本义为肌腱或附在骨头上的韧带。数：密。⑳帱：覆盖。帱负干者，革毂相应，无赢不足。㉑既摩：裹革后用漆灰涂平，再打磨。

革色青白，谓之毂之善。

三分其毂长，二在外，一在内，以置其辐。凡辐，量其凿深以为辐广①。辐广而凿浅，则是以大扤②，虽有良工，莫之能固。凿深而辐小，则是固有馀而强不足也。故竑其辐广以为之弱③，则虽有重任，毂不折。三分其辐之长而杀其一④，则虽有深泥，亦弗之溓也⑤。三分其股围⑥，去一以为骹围⑦。揉辐必齐，平沈必均⑧。直以指牙，牙得，则无槷而固⑨；不得⑩，则有槷，必足见也⑪。

六尺有又六寸之轮，绠三分寸之二⑫，谓之轮之固。凡为轮，行泽者欲杼⑬，行山者欲侔⑭。杼以行泽，则是刀以割涂也，是故涂不附。侔以行山，则是搏以行

注释：①凿：毂上容辐榫的孔。②扤：动摇。③竑：度量。④杀：减小宽度。⑤溓：黏着。⑥股：辐近毂的一端，宽三寸半，厚七分。⑦骹：辐近牙的一端，宽二寸一，厚七分。⑧平沈必均：把辐条置于水，要求沉入水中的深度一致。⑨槷：楔子。⑩得：相合。⑪必足见：一定可以看得出。⑫绠：向外偏。⑬杼：削薄。⑭侔：相等。

石也①,是故轮虽敝,不甐于凿②。凡揉牙③,外不廉而内不挫④,旁不肿⑤,谓之用火之善。是故规之以视其圜也⑥,萭之以视其匡也⑦,县之以视其辐之直也⑧,水之以视其平沈之均也⑨,量其薮以黍⑩,以视其同也,权之以视其轻重之侔也⑪。故可规、

注释: ①搏:圆厚。②甐:损伤。③揉:使木弯曲或伸直。④廉:断绝。⑤肿:向两旁鼓出。⑥规:画圆的工具。⑦萭:检测车轮是否平整的工具。匡:曲翘,不在同一平面上。⑧县:同"悬"。⑨水:把……放入水中。**平沈之均:** 把辐条置于水中,要求其沉入水中的深度一致。沈,同"沉"。⑩薮:指毂中心可以贯轴的孔。⑪权:称量。

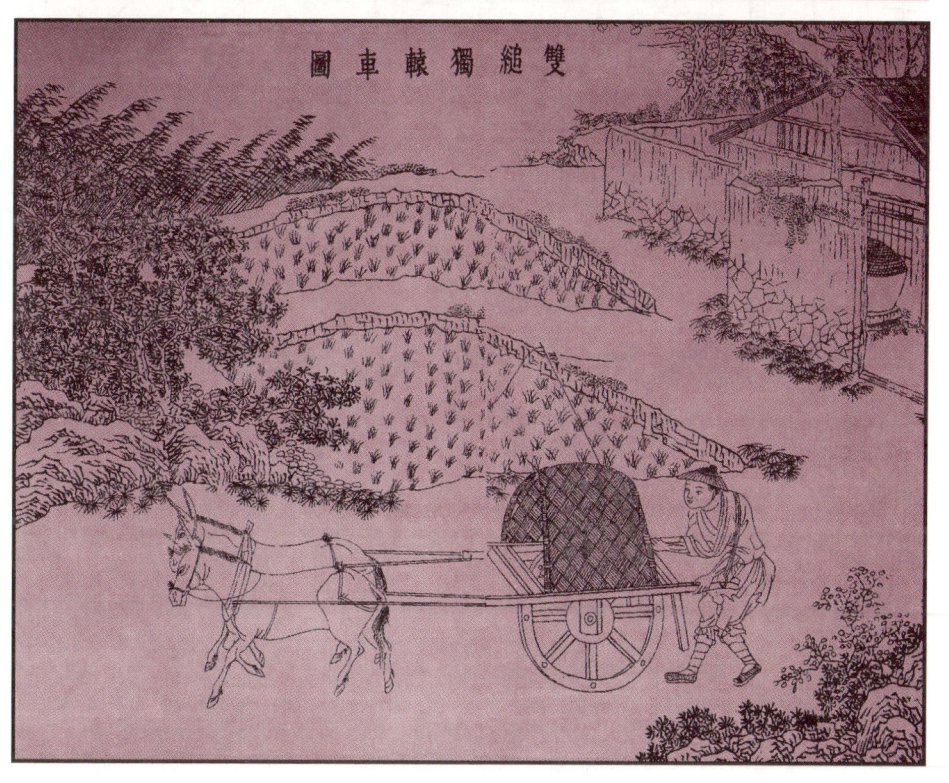

双辁独辕车图

可量、可水、可县(悬)、可量、可权也，谓之国工①。

轮人为盖②，达常围三寸③，程围倍之，六寸。信(伸)其程围以为部广④，部广六寸。部长二尺，程长倍之，四尺者二。十分寸之一谓之枚，部尊一枚⑤，弓凿广四枚，凿上二枚，凿下四枚；凿深二寸有(又)半，下直二枚，凿端一枚。弓长六尺，谓之庇轵，五尺谓之庇轮，四尺谓之庇轸，三分弓长而揉其一。三分其股围⑥，去一以为蚤围⑦。三分弓长，以其一为之尊。上欲尊而宇欲卑⑧，上尊而宇卑，则吐水疾而霤远⑨。盖已崇则难为门也⑩，盖已卑是蔽目也⑪，是故盖崇十尺。良盖弗冒弗

注释：①国工：一国中技艺特别高超的人。②轮人：制作车轮、车上伞盖的工匠。盖：车盖。③达常：车盖的柄分为两段，上段为达常，下段为程。④信：通"伸"，展开。部：伞柄上端的葫芦头。⑤尊：隆起。⑥股：盖弓插进盖斗洞的一端。⑦蚤：盖弓的末端。⑧宇：伞盖的四周边缘。卑：低。⑨霤：向下流的水。⑩已：过于。崇：高。难为门：宫室之门高度为定制，车盖太高就不便进出。⑪蔽：遮挡。

354

纮①，殷亩而驰不队坠②，谓之国工。

舆人为车③，轮崇、车广、衡长④，三如一，谓之三称⑤。三分车广，去一以为隧⑥。三分其隧，一在前，二在后，以揉其式⑦。以其广之半为之式崇⑧，以其隧之半为之较崇⑨。六分其广，以一为之轸围。三分轸围，去一以为式围。三分式围，去一以为较围。三分较围，去一以为轵围。三分轵围，去一以为轛围⑩。圜者中规⑪，方者中矩，立者中县⑫，衡者中水⑬，直者如生焉⑭，继者如附焉⑮。凡居材⑯，大与小无并⑰，大倚小则摧⑱，引之则绝⑲。栈车欲弇⑳，饰车欲侈㉑。

注释：①冒：伞盖上蒙的布。纮：古代冠冕上着于颔下的带子。此处指用绳子把相邻的弓爪连起来。②殷亩：横过田陇。队：通"坠"。③舆人：专制车厢的工匠。舆，车厢。④崇：高。衡：车辕前端的横木。⑤称：相当，符合。⑥隧：车厢长度。⑦揉：使木弯曲或伸直。式：通作"轼"。⑧式崇：轼距车厢底的高度。⑨较：车厢两旁板上的横木。⑩轛：车厢前面轼下的木格。⑪中规：与规相合。⑫中县：与悬绳相合。县，同"悬"。⑬衡者中水：横放与水平面一致。⑭如生：像树木生长于地上那样牢固。⑮继者：与轵、轛相交的横木条。如附：像木的大、小枝条互相依附。⑯居材：谓处置木材。⑰并：夹杂使用。⑱摧：毁坏。⑲引：牵引，拉。绝：绝断。⑳栈车：古代用竹木制成的车，不张皮革，为士所乘。车厢漆而不鞔革。弇：内敛。㉑饰车：设置复杂、饰物众多的车，系大夫之车。侈：张大，放纵。

冬官考工记第六

辀人为辀①。辀有三度②，轴有三理③。国马之辀深四尺有又七寸④，田马之辀深四尺⑤，驽马之辀深三尺有又三寸⑥。轴有三理：一者以为媺也⑦，二者以为久也，三者以为利也⑧。軓前十尺⑨，而策半之⑩。

凡任木：任正者⑪，十分其辀之长，以其一为之围⑫；衡任者⑬，五分其长，以其一为之围。小于度，谓之无任⑭。五分其轸间⑮，以其一为之轴围。十分其辀之长，以其一为之当兔之围⑯。三分其兔围，去一以为颈围⑰。五分其颈围，去一以为踵围⑱。

注释：①辀人：制作车辕的工匠。辀：车辕。用于大车上的称辕，用于兵车、田车、乘车上的称辀。②三度：三种尺寸。③轴：轮、轴，即贯于毂中持轮旋转的圆柱形长杆。④国马：高八尺的大马。⑤田马：高七尺的大马。⑥驽马：高六尺的马。⑦媺：同"美"。好，善。⑧利：指轴、毂配合紧密而且利于转动。⑨軓：车厢底部的方框。⑩策：马鞭子。⑪任木：古代车箱下面支撑木的通称。任正：古代车厢底部的木档，在前方、左方、右方者谓之任正，与在后方者（即所谓轸）共相构成车厢之方矩形，故称。⑫围：计量周长的约略单位。旧说尺寸长短不一，现多指两手两臂之间合拱的长度。⑬衡任：驾马的衡与辀端相连处。⑭无任：不能胜任，无能。⑮轸间：即舆的宽度。⑯当兔：指处在两伏兔之间的部分车辕。伏兔，古代车厢底板下面扣住横轴的两个部件，也叫做鞪。⑰颈：辀前端与衡相连处。⑱踵：辀后端与轸相连处。

凡揉辀，欲其孙而无弧深①。今夫大车之辕挚②，其登又难③。既克其登④，其覆车也必易⑤。此无故，唯辕直且无桡也⑥。是故大车平地既节轩挚之任⑦，及其登阤⑧，不伏其辕⑨，必緛其牛⑩。此无故，唯辕直且无桡也。故登阤者，倍任者也⑪，犹能以登。及其下阤也，不援其邸⑫，必緧其牛后⑬。此无故，唯辕直且无桡也。是故辀欲颀典⑭，辀深则折，浅则负⑮。辀注则利准⑯，利准则久，和则安。辀欲弧而无折，经而无绝⑰。进则与马谋，退则与人谋⑱，终日驰骋，左不楗⑲，行数千里，马不契需⑳，终岁御㉑，衣衽不敝㉒，

注释：①孙：通"逊"，顺理。弧深：谓弯曲度深。②大车：牛车。挚：通"轾"，车前低后高。③登：上阪。④克：能。⑤覆车：翻车。⑥桡：弯曲。⑦节：调节。轩挚：谓车辆的高低轻重。任：载。⑧阤：阪。即斜坡。⑨伏：降低，低落。⑩緛：勒紧。⑪倍任：用力倍也。⑫援：牵拉，牵引。邸：通"柢"，车厢后部。⑬緧：驾车时络于牛、马尾下的革带。此处用作动词，收紧。⑭颀典：坚韧。⑮负：压在马身上。⑯注：弯曲深浅适中。利准：快速而平稳。⑰经：顺理。⑱进则与马谋，退则与人谋：进、退都能与马、人的意愿相一致。⑲左：左面。楗：通"蹇"，马跛行貌。⑳契需：谓马伤蹄而畏行路。契，马蹄开裂。需，通"懦"。畏惧艰难。㉑终岁：终年。御：驾车。㉒衣衽：指衣裳前幅的下边。敝：破旧。

此唯辀之和也①。劝登马力②，马力既竭③，辀犹能一取焉④。良辀环灂⑤，自伏兔不至轨七寸⑥，轨中有灂，谓之国辀⑦。

轸之方也，以象地也。盖之圜也，以象天也。轮辐三十，以象日月也⑧。盖弓二十有又八，以象星也⑨。龙旂九斿⑩，以象大火也⑪。鸟旟七斿⑫，以象鹑火也⑬。熊旗六斿，以象伐也⑭。龟蛇四斿⑮，以象营室也⑯。弧旌枉矢⑰，以象弧也⑱。

攻金之工⑲，筑氏执下齐[剂]⑳，冶氏执上齐[剂]㉑，凫氏为声㉒，栗氏为量㉓，段氏为

注释：①和：适中，恰到好处。②劝登马力：劝马用力。登，上。③竭：尽。④一取：谓继续前驱数步。⑤环灂：在辀上隔一段距离用牛筋缠绕数圈并刷漆加固。灂，涂漆。⑥伏兔：古代车厢底板下面扣住横轴的两个部件，也叫做朝。轨：车厢底部的方框。⑦国辀：最好的辀。⑧轮辐：车轮上连接轮辋和轮毂的部分。"轮象日月者，以其运行也。日月三十日而合宿。日月亦是运行之物。"⑨星：二十八宿。⑩龙旂：画有龙的旗。斿：同"旒"。古代旌旗下垂的飘带等饰物。⑪大火：星名，即火宿。⑫鸟旟：绘有鸟形的旗帜。⑬鹑火：星名，即柳宿。⑭伐：星名，在参宿中。⑮龟蛇：古人常将此二物绘于旗上，以为能消灾避害。⑯营室：星名，即室宿。⑰弧旌枉矢：谓以竹弓张悬旌旗的正幅，并在弓衣上绘流矢，作弧矢星状，以象征武事。一说，在旌旗上绘弧矢量。⑱弧：星名。⑲攻金之工：冶铸锻造金属器具的工匠。⑳筑氏：将金属锻捶为器具的工匠。执：主持，掌管。齐：通"剂"，剂量。指铜与锡的比例。锡占1/4以下为上齐，锡占1/3以上为下齐。㉑冶氏：犹冶工。㉒凫氏：官名。职掌作钟之事。声：可以发出声音的金属乐器。㉓栗氏：周代掌管铸造量器之官。量：量器。

镈器①，桃氏为刃②。金有六齐[剂]：六分其金而锡居一，谓之钟鼎之齐[剂]。五分其金而锡居一，谓之斧斤之齐[剂]。四分其金而锡居一，谓之戈戟之齐[剂]。三分其金而锡居一，谓之大刃之齐[剂]。五分其金而锡居二，谓之削杀矢之齐[剂]③。金锡半，谓之鉴

注释：①段氏：锻工。古代金工六种之一。主要从事农具制作。镈器：农具。②刃：指刀剑一类利器。③削：一种有柄而微弯的两刃小刀，汉代多用以刮削简牍上的文字。杀矢：古代用于打猎的一种箭。

生熟炼铁炉图

燧之齐剂①。

筑氏为削,长尺博寸②,合六而成规③。欲新而无穷④,敝尽而无恶⑤。

冶氏为杀矢⑥,刃长寸,围寸,铤十之⑦,重三垸⑧。戈广二寸,内倍之,胡三之,援四之⑨,已倨则不入⑩,已句则不决⑪。长内则折前,短内则不疾,是故倨句外博⑫。重三锊⑬。戟广寸有又半寸,内三之,胡四之,援五之,倨句中矩,与刺重三锊⑭。

桃氏为剑⑮,腊广二寸有又半寸⑯。两从半之⑰。以其腊广为之茎围⑱,长倍之。中其茎,设其后⑲。三分其腊广,去一以

注释:①鉴燧:铜镜。古代铜镜平面者为鉴,用以照人;凹面者为燧,用以取火。②博:宽度,阔度。③合六而成规:把六把削前后相连成为一个圆周,则每把削的弧度为60度。④新:像刚磨出来那样锋利。⑤敝尽:不能再使用。无恶:刀背、刀刃的金属质地一样。⑥冶氏:制作杀矢、戈、戟的工匠。杀矢:田猎用的箭镞。⑦铤:箭头后部的尖足,插入箭杆。⑧垸:重量单位,锾。⑨胡、援:戈的刃部为援,刃的下部为胡。⑩倨:微曲。已倨,谓胡微直而邪多也,则不便啄击。⑪句:弯曲。决:张开。此句谓胡曲多也,虽能啄伤人,但不能割断所击处。⑫倨句:亦作倨佝、倨拘。物体弯曲的形状角度。微曲为倨,甚曲为句。⑬锊:量词。一锊重六两又大半两,二十两为三锊。⑭刺:古代耕田器耒下连耜之前曲部分,本称疵,其面不平。因其耕作时插入地下,故又称刺。⑮桃氏:制剑的工匠。⑯腊:剑的两面刃。⑰两从半之:从隆起的剑脊至两刃的距离相等。⑱茎:剑柄。⑲中其茎,设其后:剑柄从中间向后渐粗,使易于把持。

为首广①，而围之。身长五其茎长，重九锊，谓之上制②，上士服之③。身长四其茎长，重七锊，谓之中制④，中士服之⑤。身长三其茎长，重五锊，谓之下制⑥，下士服之⑦。

注释：①首：剑首，在剑柄之末。②上制：最长最重的型号。③上士：身材高大的士兵。④中制：中等规格。⑤中士：指中等身材的人。⑥下制：下等规格。⑦下士：指身材矮小的人。

百兽率舞图

周礼

凫氏为钟①，两栾谓之铣②，铣间谓之于③，于上谓之鼓④，鼓上谓之钲⑤，钲上谓之舞⑥。舞上谓之甬⑦，甬上谓之衡⑧。钟县谓之旋⑨，旋虫谓之干⑩。钟带谓之篆⑪，篆间谓之枚⑫，枚谓之景⑬。于上之攠谓之隧⑭。

十分其铣⑮，去二以为钲，以其钲为之铣间⑯，去二分以为之鼓间。以其鼓间为之舞修⑰，去二分以为舞广⑱。以其钲之长为之甬长。以其甬长为之围，三分其围，去一以为衡围。三分其甬长，二在上，一在下，以设其旋。

薄厚之所震动，清浊之所由出，侈

注释：①凫氏：制钟的工匠。②栾：钟的下部。铣：古乐器钟口的两角。③于：钟唇，钟口的边沿。④鼓：钟磬被敲击之处。⑤钲：钟身正面的上部。⑥舞：通"庑"。指钟体之上部。⑦甬：悬挂钟体的柄。⑧衡：柄的上部。⑨旋：悬钟的环。⑩旋虫：又称干，指在甬、旋之间铸成兽形的衔旋之钮。⑪篆：通"瑑"。钟口处或车毂上所刻画的条形图案花纹。⑫枚：钟乳。古代钟器上的饰物。⑬景：钟乳，钟面上隆起的部分。⑭攠：钟受击而磨损发光之处。隧：钟上经常被敲击而显得凹下的地方。⑮铣：此指钟两边角的上下长度。⑯铣间：钟两角之间的距离。⑰修：特指直径。⑱舞广：钟体顶盖的小径。

弇之所由兴①，有说②。钟已厚则石③，已薄则播④，侈则柞⑤，弇则郁⑥，长甬则震⑦。是故大钟十分其鼓间，以其一为之厚。小钟十分其钲间，以其一为之厚。钟大而短，则其声疾而短闻。钟小而长，则其声舒而远闻。为遂⑧，六分其厚，以其一为之深而圜之⑨。

栗氏为量⑩，改煎金锡则不耗⑪。不耗然后权之⑫，权之然后准之⑬，准之然后量之。量之以为鬴釜⑭，深尺，内方尺而圜其外⑮，其实一鬴；其臀一寸⑯，其实一豆⑰；其耳三寸⑱，其实一升。重一钧⑲。其声中黄钟之宫⑳。概而不税脱㉑。

注释：①侈弇：钟口太大、太小。兴：产生。②有说：有道理可以解释的。③已：过于。石：闷声，如叩石之声。形容声音重浊，不响亮。④播：扬散。⑤侈：指钟口大。柞：大声呼叫，喊叫。⑥弇：指钟口小。郁：蕴蓄，蕴藏。此指声不舒扬。⑦甬：悬挂钟体的柄。⑧为遂：在敲击处。遂，钟体受击处。⑨圜之：制成圆形。⑩栗氏：制作量器的工匠。⑪改煎：多次冶炼。耗：同"耗"。⑫权：称量。⑬准之：用水测量体积。⑭鬴：通"釜"，量器。⑮内方尺而圜其外：中部方一尺，外表为圆形。⑯臀：此指鬴的底部。⑰一豆：四升为一豆，一鬴为十六豆。⑱耳：像两耳分列两旁之物。⑲钧：重量单位，三十斤为一钧。⑳中：应对。黄钟：乐律十二律中的第一律。宫：古代五声音阶的第一音级。㉑概：量谷物时用来刮平斗斛的器具。此处用作动词，刮平，修平。税：通"脱"，过量而溢出。

周礼

其铭曰①:"时文思索②,允臻其极③。嘉量既成④,以观四国⑤。永启厥后⑥,兹器维则⑦。"凡铸金之状,金与锡,黑浊之气竭,黄白次之;黄白之气竭,青白次之;青白之气竭,青气次之,然后可铸也⑧。

注释: ①铭:刻写在器物上的文辞。②时:是。③允:信。臻:至。极:中。④嘉量:古代标准量器。有鬴、豆、升三量。⑤观:示范,显示。⑥启:教导。后:后代子弟。⑦兹器:这个量器。维则:以此为标准。⑧铸:指浇铜水入模。

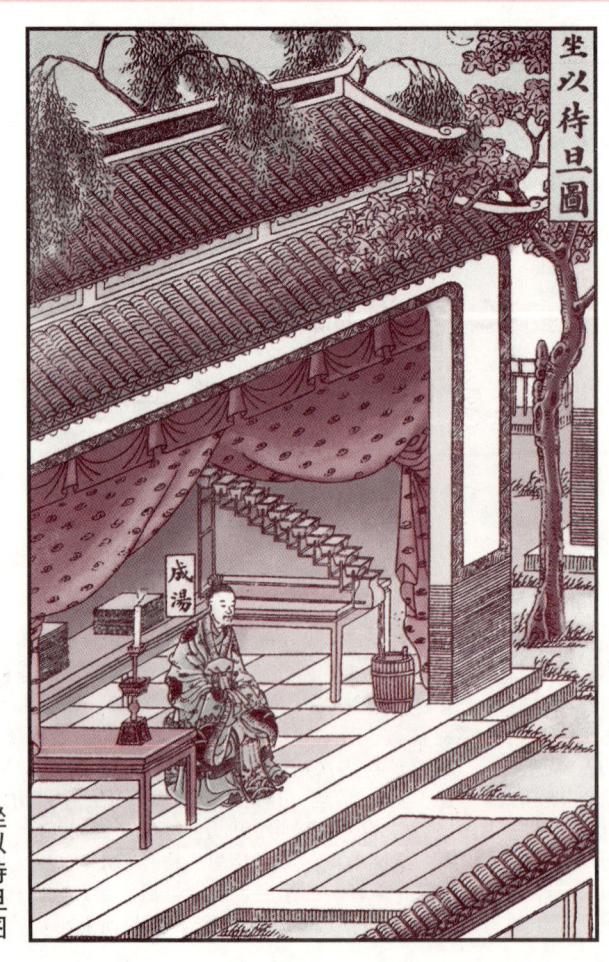

坐以待旦图

段氏（阙）。

函人为甲①，犀甲七属②，兕甲六属③，合甲五属④。犀甲寿百年，兕甲寿二百年，合甲寿三百年。凡为甲，必先为容⑤，然后制革⑥。权其上旅与其下旅⑦，而重若一，以其长为之围。凡甲，锻不挚则不坚⑧，已敝则挠⑨。凡察革之道，视其钻空⑩，欲其惌也⑪；视其里，欲其易也⑫；视其朕⑬，欲其直也；櫜之⑭，欲其约也⑮；举而视之，欲其丰也⑯；衣之，欲其无齘也⑰。视其钻空而惌，则革坚也；视其里而易，则材更也⑱；视其朕而直，则制善也；櫜之而约，则周也⑲；举之而丰，则明也⑳；衣之无齘，则变也㉑。

注释：①函人：制作铠甲的工匠。②犀甲：犀牛皮制的铠甲。犀皮不常有，或用牛皮，亦称犀甲。属：铠甲上下分为数节，每节为一属。③兕甲：兕革制的铠甲。兕，古代兽名，皮厚可以制甲。④合甲：两层皮革贴合而成。⑤容：真人大小的模型。⑥革：革制成的甲、胄、盾之类。⑦权：衡量。上旅：腰部以上的铠甲。下旅：腰部以下的铠甲。⑧锻：用锤子敲打。挚：精致。⑨已敝：过于破旧。挠：弯曲。⑩钻空：甲片四周钻孔，穿线互相连接。⑪惌：小洞。⑫易：平整滑润。⑬朕：甲片之间的缝。⑭櫜：卷起来。⑮约：体积小。⑯丰：宽大。⑰齘：甲片不整齐。⑱更：善。⑲周：密致。⑳明：有光耀。㉑变：（铠甲）随人身体活动而变化。

周礼

鲍人之事①，望而视之，欲其荼白也②；进而握之，欲其柔而滑也；卷而抟之③，欲其无迤也④；视其著⑤，欲其浅也⑥；察其线，欲其藏也。革欲其荼白而疾浣之⑦，则坚；欲其柔滑而腥脂之⑧，则需⑨。引而信(伸)之⑩，欲其直也。信(伸)之而直，则取材正也；信(伸)之而枉⑪，则是一方缓、一方急也。若苟一方缓、一方急，则及其用之也⑫，必自其急者先裂。若苟自急者先裂，则是以博为帴也⑬。卷而抟之而不迤，则厚薄序也⑭。视其著而浅，则革信(伸)也；察其线而藏，则虽敝不甐⑮。

韗人为皋馨陶⑯，长六尺有又六寸，左右端广六寸，中尺，厚三寸，穹者三之

注释：①鲍人：鞣制毛皮的工匠。②荼白：如荼之白色。荼，茅、芦之类的白花。③抟：卷之使紧。④迤：歪斜。⑤著：两皮相连接之处。⑥浅：接缝处重叠部分要少。⑦浣：洗涤。⑧腥：厚。脂：涂上油脂。⑨需：柔软。⑩信：通"伸"，展开，伸缩。⑪枉：弯曲。⑫及：等到。⑬博：宽广，广大。帴：狭窄。⑭序：均匀。⑮敝：（毛皮）破旧。甐：破敝，损坏。⑯韗人：制造皮鼓的工匠。皋陶：鼓框。皋，通"馨"。

一①，上三正②。鼓长八尺，鼓四尺，中围加三之一，谓之鼖鼓③。为皋鼖鼓④，长寻有四尺，鼓四尺，倨句，磬折⑤。凡冒鼓⑥，必以启蛰之日⑦。良鼓瑕如积环⑧。鼓大而短，则其声疾而短闻；鼓小而长，则其声舒而远闻。

韦氏（阙）⑨。

裘氏（阙）⑩。

画缋之事⑪，杂五色⑫，东方谓之青，南方谓之赤，西方谓之白，北方谓之黑，天谓之玄，地谓之黄。青与白相次也⑬，赤与黑相次也，玄与黄相次也。青与赤谓之文，赤与白谓之章，白与黑谓之黼，黑与青谓之黻，五采备谓之绣⑭。土以

注释： ①穹：向外鼓出。②三正：每个鼓框系由20块木板拼成，每块木板中间三分之一平正，两端的三分之一倾斜，但斜面也是平整的，没有弧度。③鼖鼓：大鼓。④皋鼓：大鼓名。皋，通"鼛"。⑤倨句：亦作倨佝、倨拘。物体弯曲的形状角度。微曲为倨，甚曲为句。磬折：泛指人身、物体或自然形态曲折如磬。⑥冒鼓：蒙鼓以革。冒，蒙住。⑦启蛰：节气名，即惊蛰，西汉时避景帝讳而改。⑧瑕：漆痕。积环：许多圆环堆积在一起。⑨韦氏：专制熟皮的工匠。⑩裘氏：制作皮衣的工匠。⑪画缋：亦作画绘。即绘画。⑫杂：杂用。⑬青与白相次：先画青色再画白色。⑭备：齐全。

冬官考工记第六

周礼

黄①，其象方②，天时变③；火以圜环④；山以章獐⑤；水以龙⑥；鸟，兽，蛇。杂四时五色之位以章之⑦，谓之巧。凡画缋之事，后素功⑧。

钟氏染羽⑨，以朱湛丹秫⑩，三月而炽之⑪。淳而渍之⑫。三入为纁⑬，五入为緅⑭，七入为缁⑮。

筐人(阙)⑯。

幌氏湅丝⑰，以涚水沤其丝七日⑱，去地尺暴曝之⑲。昼暴曝诸日，夜宿诸井⑳，七日七夜，是谓水湅。湅帛，以栏为灰㉑，渥淳其帛㉒，实诸泽器㉓，淫之以蜃㉔。清其灰而盝之㉕，而挥之㉖；而沃之㉗，而盝之；而

注释：①土以黄：画土地用黄色。②其象方：古人之象，无天地。③天时变：谓画天随四时色。④圜：通"环"。半环形。⑤章：通"獐"。一种似鹿而小的哺乳动物。⑥水以龙：谓画水者并画龙。⑦章：明，鲜明。⑧后素功：最后画白色。⑨钟氏：为羽毛染色的工匠。⑩湛：浸渍。丹秫：赤红色的粟。⑪炽：蒸煮。⑫淳：浇灌。渍：沾染，濡染。⑬入：浸染。纁：浅绛色。⑭緅：青赤色。⑮缁：黑色。⑯筐人：制作食器的工匠。筐，盛饭之器。⑰幌氏：漂洗丝绸的工匠。湅：煮丝绢使之软熟。⑱涚水：用灰过滤后的清水。涚，过滤，滤清。沤：长时间浸泡。⑲去地尺：离地一尺。去，距离。暴：通"曝"，曝晒。⑳诸：之于。㉑栏：木名。即楝。㉒渥：沤。用液体浸泡。淳：浇灌。㉓实：置放。泽器：光滑的器皿。㉔淫：涂染。蜃：贝壳灰。㉕盝：沥干。㉖挥之：抖去丝绸的贝壳灰。㉗沃：浸泡。

368

涂之①，而宿之②。明日，沃而盝之。昼暴曝诸日，夜宿诸井，七日七夜，是谓水湅。

玉人之事③，镇圭尺有又二寸④，天子守之。命圭九寸，谓之桓圭，公守之。命圭七寸，谓之信身圭，侯守之。命圭七寸，谓之躬圭，伯守之。天子执冒四寸⑤，以朝诸侯。天子用全⑥，上公用龙⑦，侯用瓒⑧，伯用将⑨。继子男执皮帛⑩。

天子圭中必繶⑪。四圭尺有又二寸⑫，以祀天⑬。大圭长三尺，杼上，终葵首⑭，天子服之。土圭尺有又五寸⑮，以致日⑯，以土地⑰。祼圭尺有又二寸⑱，有瓒⑲，以祀庙。琬圭九寸而繅⑳，以象德㉑。琰圭九寸㉒，

注释：①涂之：用灰浸泡浇灌帛。②宿：过夜。③玉人：制作玉器的工匠。④镇圭：与以下桓圭、信圭、躬圭均为礼器。⑤冒：亦作"瑁"。诸侯来朝天子，天子以冒核对诸侯之圭是否为原赐。⑥全：纯玉。⑦龙：指含有杂质的玉。⑧瓒：指含有杂质的玉。⑨将：指玉质、石质比例相同的玉。⑩继子男：谓公之孤。⑪必：通"繶"。系玉、圭的丝带。⑫四圭：即四圭的邸。⑬祀天：祭祀天神。帝王郊祭的古礼。⑭杼上：上端削去两角。杼，削薄，削尖。终葵：椎。⑮土圭：古代用以测日影、正四时和测度土地的器具。⑯致日：测量日影。⑰土地：测量地形。⑱祼圭：装在瓒上作柄的圭。⑲瓒：质地不纯的玉。⑳琬：上端呈圆形的圭。繅：同"璪"。玉器的彩色垫板。㉑象德：谓象征德行。㉒琰圭：圭的上端尖锐者。古代作为征讨不义的符信。

判规①，以除慝②，以易行③。璧羡度尺④，好三寸⑤，以为度⑥。圭璧五寸，以祀日月星辰。璧琮九寸⑦，诸侯以享天子⑧。谷圭七寸⑨，天子以聘女。大璋、中璋九寸⑩，边璋七寸，射四寸⑪，厚寸，黄金勺⑫，青

注释：①**判规：** 谓顶端两边凹作弧形。②**除慝：** 诛恶逆。慝，邪恶。③**易行：** 改变恶行。④**羡：**（径）长。⑤**好：** 璧中央的孔。⑥**度：** 长度标准。⑦**琮：** 瑞玉。方柱形，中有圆孔。用作礼器、贽品、符节等。⑧**享：** 献给。⑨**谷圭：** 谓饰若粟文之圭。古代诸侯用以讲和或聘女的玉制礼器。⑩**大璋：** 天子巡狩祼祭大山川所用的玉。**中璋：** 古代天子灌祭山川用的一种玉器。⑪**射四寸：** 璋头削去一边，另一边斜出的部分长四寸。⑫**黄金：** 铜。

官师相规图

金外①，朱中，鼻寸②，衡四寸③，有缫，天子以巡守④，宗祝以前马⑤。大璋亦如之，诸侯以聘女。瑑圭璋八寸⑥，璧琮八寸，以眺聘⑦。牙璋⑧、中璋七寸，射二寸，厚寸，以起军旅⑨，以治兵守⑩。驵组琮五寸⑪，宗后以为权⑫。大琮十有又二寸，射四寸，厚寸，是谓内镇⑬，宗后守之。驵组琮七寸，鼻寸有又半寸，天子以为权。两圭五寸，有邸柢⑭，以祀地，以旅四望⑮。瑑琮八寸，诸侯以享夫人⑯。案十有又二寸⑰，枣栗十有又二列，诸侯纯九⑱，大夫纯五，夫人以劳诸侯⑲。璋邸柢射⑳，素功㉑；以祀山川，以致稍饩㉒。

注释：①青金：铅。②鼻：勺前尖出的部分。③衡：勺的直径。④巡守：亦作巡狩。谓天子出行，视察邦国州郡。⑤宗祝：大祝。以前马：执持着走在马前。⑥瑑：玉器上隆起的雕纹。璋：玉器名，状如半圭。古代朝聘、祭祀、丧葬、治军时用作礼器或信玉。⑦眺：古代诸侯每三年行聘问相见之礼。⑧牙璋：古代的一种兵符。⑨起：出动，发动。⑩兵守：谓用兵力防守。⑪驵琮：用作秤锤的玉。驵，通"组"。⑫宗后：天子的夫人。权：秤砣。⑬内镇：王后治内，故称内镇。⑭邸：通"柢"，物的基部。⑮旅：祭名。四望：古祭名。指古代天子向四方遥祭山川。⑯夫人：王后。⑰案：玉案。⑱纯：皆，全，都。⑲劳：慰劳。⑳璋邸射：一种玉名。㉑素功：无缘饰。㉒致：送。稍饩：公家发给的粮食。

冬官考工记第六

周礼

栀人（阙）①。

雕人（阙）②。

磬氏为磬③，倨句一矩有半④。其博为一⑤，股为二，鼓为三。三分其鼓博，去一以为鼓博；三分其鼓博，以其一为之厚。已上则摩其旁⑥，已下则摩其耑⑦。

矢人为矢⑧。鍭矢参分⑨，茀矢参分，一在前，二在后⑩。兵矢、田矢五分，二在前，三在后。杀矢七分，三在前，四在后。参分其长而杀其一⑪，五分其长而羽其一⑫，以其笴厚为之羽深⑬，水之以辨其阴阳⑭，夹其阴阳以设其比⑮。夹其比以设其羽，参分其羽以设其刃⑯，

注释：①栀人：刮磨的工匠。②雕人：雕制骨、角、革、木等器物的工匠。③磬氏：制作磬的工匠。磬，古代打击乐器。状如曲尺。用玉、石或金属制成。悬挂于架上，击之而鸣。④倨句：夹角。一矩有半：即135度。一矩为90度。有，通"又"。⑤博：股的宽度。磬以绳系，上半部分为股，下半部分为鼓。⑥已上：磬声太清。摩其旁：打磨两侧。摩，通"磨"。⑦已下：磬声太浊。耑：端，即磬的上、下两端。⑧矢人：造箭的工匠。⑨鍭矢：与下文的茀矢、兵矢、田矢、杀矢分别为不同用途的箭矢，参见本书《夏官·司弓矢》注释。⑩一在前，二在后：把箭分为三等分，重心在前1/3与后1/3的分界点。⑪杀：削细。⑫羽：古代箭杆上的羽毛。亦指箭。⑬笴：箭竿。⑭水：浸泡，润泽。⑮夹其阴阳：用阴面和阳面的中心线。比：箭括，即箭竿尾部扣弦处所刻的槽。⑯刃：箭头。

则虽有疾风,亦弗之能惮矣①。刃长寸,围寸,铤十之②,重三垸锾③。前弱则俯④,后弱则翔⑤,中弱则纡⑥,中强则扬⑦,羽丰则迟⑧,羽杀则躁⑨。是故夹而摇之⑩,以视其丰杀之节也;桡之⑪,以视其鸿杀之称也⑫。凡相笴⑬,欲生而抟⑭。同抟欲重,同重节欲疏⑮,同疏欲栗⑯。

陶人为甗⑰,实二鬴⑱,厚半寸,唇寸⑲。盆,实二鬴,厚半寸,唇寸。甑⑳,实二鬴,厚半寸,唇寸,七穿。鬲㉑,实五觳斛㉒,厚半寸,唇寸。庾㉓,实二觳斛,厚半寸,唇寸。

瓬人为簋㉔,实一觳斛,崇尺㉕,厚半

注释: ①惮:改变。②铤:箭铤。箭头后部插入箭杆的部分。③垸:通"锾"。古重量单位。④前弱则俯:箭前端不合规格,射出去箭头就会下垂。俯,屈身,低头。⑤翔:(箭头)向上飘。⑥纡:(射行时路线)弯曲。⑦扬:忽高忽低。⑧迟:缓慢。⑨羽杀:箭羽太少。躁:摇摆不定。⑩夹而摇之:用手夹住(新箭)挥舞。⑪桡:弯曲。⑫鸿杀:强弱。称:相称。⑬相笴:选择箭杆。⑭生:谓新伐之材湿而未干。一说生谓无瑕蠹。抟:圆。⑮节:竹节。疏:稀少。⑯欲栗:欲其色如栗。⑰陶人:陶工。甗:双层的蒸锅。⑱鬴:古代量器名。一鬴等于六斗四升。⑲唇:容器口的翻边。⑳甑:蒸罐。㉑鬲:形似鼎的三足炊器。㉒觳:通"斛"。古代量器名。㉓庾:大腹瓮。㉔瓬人:制作瓦器的工匠。簋:古代祭祀宴享时盛黍稷的器皿。一般为圆腹,侈口,圈足。㉕崇:高。

寸，唇寸。豆①，实三而成觳斛，崇尺。凡陶瓬之事，髺垦薜暴不入市②。器中膊③，豆中县④。膊崇四尺，方四寸。

梓人为笋虡⑤。天下之大兽五：脂者⑥、膏者⑦、裸者⑧、羽者⑨、鳞者⑩。宗庙

注释：①豆：古代食器，亦用作装酒肉的祭器。形似高足盘，大多有盖。②髺：足部倾斜，器皿摆不正。垦：器身整块剥落，有缺损。薜：器物破裂。暴：鼓起，突出谓器身不光滑。③膊：检验瓦器的长方形范式。④县：同"悬"。悬绳正豆之柄。⑤梓人：以梓木为原料制作饮器等器物的工匠。笋虡：古代悬挂钟磬的架子。横架为笋，直架为虡。笋亦作笋。⑥脂：牛羊属。⑦膏：豕属。⑧裸者：短毛动物，如虎、豹等。⑨羽：鸟属。⑩鳞：龙蛇之属。

梓材丹臒图

之事，脂者、膏者以为牲①；裸者、羽者、鳞者以为笋虡；外骨②、内骨③，却行④、仄行⑤、连行⑥、纡行⑦，以脰鸣者⑧，以注鸣者⑨，以旁鸣者⑩，以翼鸣者⑪，以股鸣者⑫。以胸鸣者⑬，谓之小虫之属，以为雕琢。

厚唇弇口⑭，出目短耳⑮，大胸燿后⑯，大体短脰⑰，若是者谓之裸属⑱，恒有力而不能走，其声大而宏。有力而不能走，则于任重宜⑲；大声而宏，则于钟宜。若是者以为钟虡，是故击其所县⑳，而由其虡鸣㉑。锐喙决吻㉒，数目顾脰㉓，小体骞腹㉔，若是者谓之羽属，恒无力而轻㉕，其声清阳而远闻㉖。无力而轻，则于任轻

注释：①牲：供祭祀、盟誓和食用的家畜。②外骨：有坚硬甲壳的动物，如龟。③内骨：鳖等四周有软骨的动物。④却行：指蚯蚓。⑤仄行：指螃蟹。⑥连行：鱼类。⑦纡行：指蛇。⑧以脰鸣者：蛙类。脰，颈项。⑨以注鸣者：鸟类。注，同"咮"，鸟嘴。⑩以旁鸣者：蝉。⑪以翼鸣者：金钟子。⑫以股鸣者：蟋蟀等。⑬以胸鸣者：灵龟。⑭唇：借称物的边或边缘。弇口：小口。⑮出目：指眼睛外凸。⑯燿后：尾部尖而细小。燿，细长。⑰脰：颈项。⑱若：类似。是：此，这样。⑲于：对于。任重：负重，载重，承受重物。⑳县：同"悬"。此指悬挂的乐器。㉑由：若。㉒喙：鸟兽等的嘴。决：张开。吻：嘴唇，嘴角。㉓数目：细目。谓眼睛细小。顾：顾长。㉔骞腹：谓马腹低陷。㉕轻：便捷。㉖清阳：声音清越悠扬。

冬官考工记第六

375

宜；其声清阳而远闻，则于磬宜①。若是者以为磬虡，故击其所县，而由其虡鸣。小首而长②，抟身而鸿③，若是者谓之鳞属，以为笋④。

凡攫杀援噬之类⑤，必深其爪⑥，出其目⑦，作其鳞之而⑧。深其爪，出其目，作其鳞之而，则于视必拨尔而怒⑨。苟拨尔而怒，则于任重宜。且其匪斐色⑩，必似鸣矣。爪不深，目不出，鳞之而不作，则必颓尔如委矣⑪。苟颓尔如委，则加任焉⑫，则必如将废措⑬，其匪色必似不鸣矣。

梓人为饮器，勺一升⑭，爵一升⑮，觚三升⑯。献以爵而酬以觚⑰，一献而三酬，

注释：①于磬宜：和磬声相配。②首：头。③抟：圆。鸿：肥大。④以为笋：把它们的形状刻在挂磬、钟的横梁上。⑤攫杀：搏击而获。如虎、豹捕食。援噬：援揽而咬噬。⑥深：隐藏。⑦出：凸出。⑧作：振作，激发。鳞：鱼类、爬行类和少数哺乳类动物密排于身体表层的衍生物，具有保护作用。之：与，和。而：颊毛。⑨拨尔：发怒的样子。⑩匪色：彩色。匪，通"斐"。⑪颓尔如委：指萎靡不振。⑫加任：把很重的钟挂上去。⑬废措：跌倒，倒下。⑭勺：从酒尊中挹酒的酒具。⑮爵：古代一种盛酒礼器，像雀形，比尊彝小，受一升，亦为饮酒器。⑯觚：酒器。此处觚当为"觯"。觯，古代饮酒器。圆腹，侈口，圈足，或有盖，形似尊而小。⑰献：进酒。酬：劝酒，敬酒。

则一豆矣①。食一豆肉，饮一豆酒，中人之食也②。凡试梓，饮器乡向衡而实不尽③，梓师罪之④。

梓人为侯⑤，广与崇方⑥，参叁分其广而鹄居一焉⑦。上两个⑧，与其身三⑨，下两个半之。上纲与下纲出舌寻⑩，纋寸焉⑪。张皮侯而栖鹄⑫，则春以功⑬；张五采之侯⑭，则远国属⑮；张兽侯⑯，则王以息燕⑰。祭侯之礼⑱，以酒脯醢⑲。其辞曰："惟若宁侯⑳，毋或若女汝不宁侯不属于王所㉑，故抗而射女汝㉒。强饮强食㉓，诒

注释：①**豆：** 当为斗。下两处亦同。②**中人：** 中等人家。③**乡衡：** 古人以爵饮酒，酒将尽时，爵底翻转向上，爵柱与两眉相对，谓之乡衡。衡，眉毛。一说，平衡。谓爵平与人口相对。乡，通"向"。④**梓师：** 古代梓人之长。**罪：** 责罚。⑤**侯：** 射箭用的靶子。⑥**崇：** 高。**方：** 犹等。⑦**鹄：** 箭靶中央一块正方形的皮。⑧**个：** 古代射礼用的箭靶两旁上下伸出的部分，又叫舌。⑨**身：** 正方形的箭靶。⑩**纲：** 把箭靶系在木柱上的绳子。**舌：** 个。**寻：** 古代长度单位。一般为八尺。⑪**纋：** 结射侯（箭靶）的圈扣。用以穿绳缚任靶的上下两头粗绳，使之固定。⑫**皮侯：** 以皮制成的箭靶。**栖：** 附着。⑬**春：** 振作。天子将祭，必与诸侯群臣射，以作其容体，出其合于礼乐者，与之事鬼神焉。⑭**五采之侯：** 绘有彩色的箭靶。⑮**远国：** 远方的属国。**属：** 聚集，会合。⑯**兽侯：** 画有野兽的箭靶。⑰**息：** 休息。指休农息老物。**燕：** 指宴饮礼。古代天子诸侯与群臣宴饮之礼，亦指古代敬老之礼。⑱**祭侯之礼：** 射之前祭箭靶的礼节。⑲**脯醢：** 佐酒的菜肴。⑳**若：** 你们。**宁侯：** 安顺的诸侯。㉑**或：** 有。**若：** 如，像。**属：** 朝会。**王所：** 天子宫殿。㉒**抗：** 陈设。**女：** 通"汝"，指侯神（即箭靶神）。㉓**强饮强食：** 丰盛的饮食。

女(汝)曾孙诸侯百福①。"

庐人为庐器②，戈柲六尺有又(又)六寸③，殳长寻有又(又)四尺④，车戟常⑤，酋矛常有又(又)四尺⑥，夷矛三寻⑦。凡兵无过三其身⑧，过三其身，弗能用也，而无已⑨，又以害人⑩。故攻国之兵欲短，守国之兵欲长。攻国之人众，行地远，食饮饥⑪，且涉山林之阻⑫，是故兵欲短；守国之人寡，食饮饱，行地不远，且不涉山林之阻，是故兵欲长。凡兵，句兵欲无弹⑬，刺兵欲无蜎⑭，是故句兵椑⑮，刺兵抟⑯。击兵同强⑰，举围欲细⑱，细则校绞⑲；刺兵同强，举围欲重，重欲傅人⑳，傅人

注释：①诒：遗。曾孙诸侯：即后世为诸侯者。②庐人：制作戈、矛、戟等武器的柄的工匠。③柲：柄。④殳：古代兵器。杖属。以竹或木制成，八棱，顶端装有圆筒形金属，无刃。亦有装金属刺球，顶端带矛的。多用作仪仗。⑤车戟：车上插置的戟。常：古代长度单位名。八尺为寻，两寻为常。⑥酋矛：古代兵器名。一种短柄的矛。⑦夷矛：古兵器。古代车战和守城战中用的一种长矛。⑧兵：兵器。过：超过。⑨身：人的身体，即八尺，合今约1.8米。⑨已：止。⑩人：自己。⑪食饮饥：吃、喝不充足。⑫涉：行走，跋涉。⑬句兵：古代兵器，戈戟属。弹：摇动，指兵器前端金属构件与柄要连接紧密，不能摇动。⑭刺兵：古代兵器，矛属。蜎：曲桡。⑮椑：椭圆。⑯抟：圆。⑰击兵：用以击打的兵器。⑱举围：握持的部分。⑲校：通"绞"。牢固。⑳傅：近。

则密①，是故侵之。凡为殳②，五分其长，以其一为之被而围之③。参分其围，去一以为晋围④；五分其晋围，去一以为首围。凡为酋矛，参分其长，二在前、一在后而围之。五分其围，去一以为晋围；参分其晋围，去一以为刺围⑤。凡试庐事，置而摇之⑥，以视其蜎也⑦；灸诸墙⑧，以视其桡之均也；横而摇之⑨，以视其劲也⑩。六建既备⑪，车不反覆⑫，谓之国工⑬。

匠人建国⑭，水地以县⑮，置槷㮕以县⑯，视以景⑰。为规⑱，识日出之景与日入之景⑲。昼参诸日中之景⑳，夜考之极星㉑，以正朝夕㉒。

注释：①密：准确。②为：做，制造。殳：古代兵器，杖属。③被：把中，手握持处。④晋：柄的后端。⑤刺：以剑矛之刃向前直戳。⑥置：竖立，树立。⑦蜎：弯曲。⑧灸诸墙：把兵器的柄撑在两墙之间使其弯曲，然后审察弯曲度是否均匀一致。灸，犹拄、支撑。⑨横：横置于膝上。⑩劲：坚劲。⑪六建：竖在车上的五种兵器和旌旗。五种兵器即戈、戟、殳、酋矛、夷矛。⑫反覆：翻转，颠倒。⑬国工：一国中技艺特别高超的人。⑭匠人：建筑工匠。⑮水地：以水平之法量地的高下。县：同"悬"，下同。⑯槷：通"臬"。木柱。县：即悬绳以正柱。⑰景：同"影"。⑱为规：以槷为圆心画一大圆。⑲识：做记号，加标记。⑳昼：白天。参：检验，考察验证。㉑极星：北极星。㉒朝夕：即东西。朝为东，夕为西。

周礼

匠人营国①，方九里，旁三门②。国中九经九纬③，经涂(途)九轨④。左祖右社⑤，面朝后市⑥，市朝一夫⑦。

夏后氏世室⑧，堂修二七⑨，广四修一。五室，三四步，四三尺。九阶⑩。四旁

注释：①营：丈量。②三门：古代天子都城四面各有三门。③国中：城内。九经：九条南北向的大道。九纬：横贯东西的九条大道。④经涂：亦作经途。南北向的道路。涂，通"途"。轨：车子两轮间的距离。⑤祖：宗庙。社：社坛。⑥面：前，面前。后市：周朝国都的建筑方位，前面向南为朝，后面向北为市，历代因之。⑦夫：面积单位，即百亩。⑧世室：宗庙。夏代称世室，商代称重屋，周代称明堂。⑨修：南北之深。⑩九阶：南面三阶，其余各二阶。

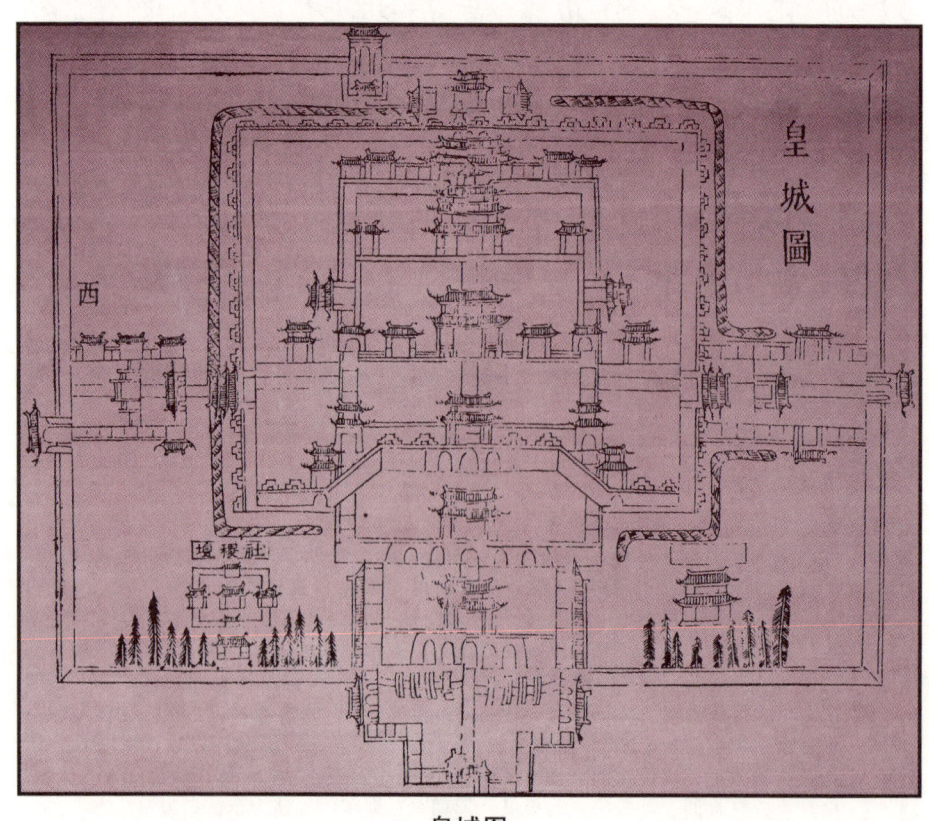

皇城图

两夹①，窗，白盛②。门堂③，三之二；室，三之一。殷人重屋④，堂修七寻，堂崇三尺，四阿⑤，重屋。周人明堂⑥，度九尺之筵⑦，东西九筵，南北七筵，堂崇一筵⑧，五室，凡室二筵。室中度以几⑨，堂上度以筵⑩，宫中度以寻⑪，野度以步⑫，涂(途)度以轨。

注释：①夹：北墙、南墙之间。②白盛：粉饰墙壁使之白的蜃灰。③门堂：门侧之堂。亦以指家。④重屋：重檐之屋。商代天子用以宣明政教的大厅堂。⑤四阿：四周有屋檐。⑥明堂：古代帝王宣明政教的地方。凡朝会、祭祀、庆赏、选士、养老、教学等大典，都在此举行。⑦度：计量长短的标准。⑧崇：高。筵：建筑物长度一丈为筵。⑨几：古人坐时凭依或搁置物件的小桌。⑩堂上：殿堂上，正厅上。⑪宫：古代对房屋、屋室的通称。⑫野：郊外。步：古长度单位。

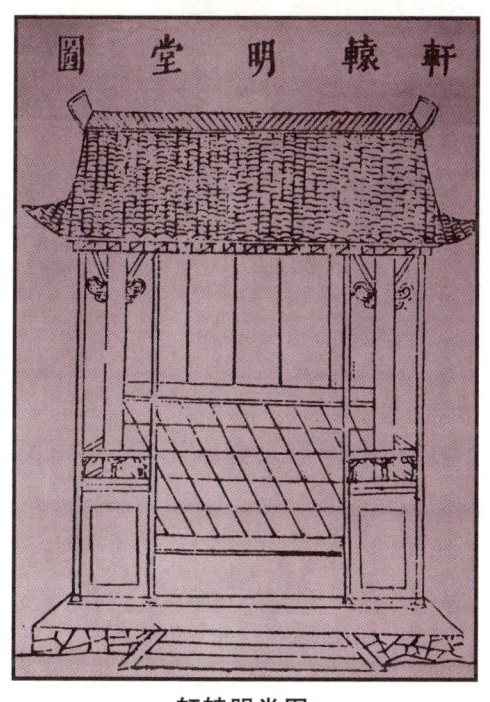

轩辕明堂图 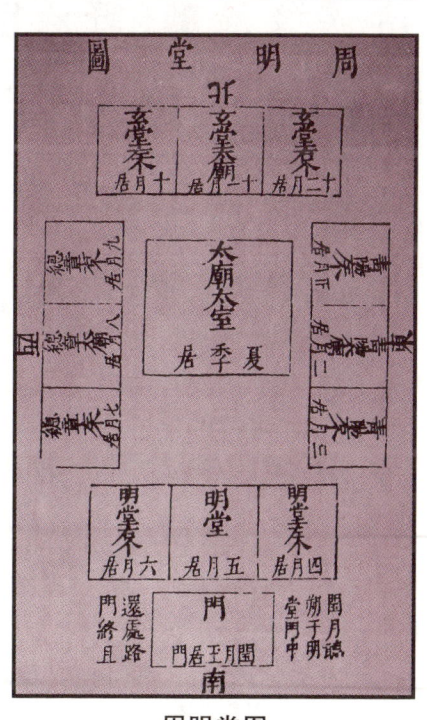　　　周明堂图

庙门容大扃七个①，闱门容小扃三个②，路门不容乘车之五个③，应门二彻三个④。内有九室，九嫔居之⑤。外有九室，九卿朝焉⑥。九分其国以为九分，九卿治之。王宫门阿之制五雉⑦，宫隅之制七雉⑧，城隅之制九雉。经涂（途）九轨⑨，环涂（途）七轨⑩，野涂（途）五轨⑪。门阿之制以为都城之制。宫隅之制以为诸侯之城制。环涂（途）以为诸侯经涂（途），野涂（途）以为都经涂（途）。

匠人为沟洫⑫。耜广五寸⑬，二耜为耦⑭。一耦之伐，广尺，深尺，谓之畎⑮。田首倍之⑯，广二尺，深二尺，谓之遂⑰。九夫为井⑱。井间广四尺，深四尺，谓之沟。方十里为成⑲，成间广八尺，深八尺，谓

注释：①大扃：牛鼎之扃，长三尺。扃，扛鼎的杠子。②闱门：古代宫室、宗庙的旁侧小门。③路门：古代宫室最里层的正门。④应门：正门。彻：即轨，指车轮间的距离。⑤九嫔：宫中女官。也是帝王的妃子。⑥九卿：高级官员。六卿和三孤称为九卿。⑦阿：屋脊。制：古长度单位。雉：长三丈，高一丈。⑧宫隅：宫墙的拐角处。⑨经涂：城中大道。涂，通"途"，下同。⑩环涂：环城道路。⑪野涂：野外道路。⑫沟洫：田间水道。⑬耜：农具。⑭耦：二人并肩而耕。⑮畎：田间小水沟。⑯田首倍之：田头上的沟是畎的两倍。⑰遂：田间排水的小沟。⑱夫：一百亩。⑲成：古代井田区划名。指方圆十里之地。

之洫①。方百里为同②。同间广二寻,深二仞,谓之浍③。专达于川④,各载其名⑤。凡天下之地势,两山之间必有川焉,大川之上必有涂(途)焉。凡沟逆地阞⑥,谓之不行⑦。水属不理孙(逊)⑧,谓之不行。梢沟三

注释:①洫:古代井田制中成和成之间的水道。后泛指田间的小沟。②同:古称土地面积方百里为同。③浍:田间排水道。④达:至。⑤载其名:记载川的名称。⑥逆:违背,拂逆。阞:脉理。⑦不行:指水流不畅通。⑧属:借作"注"。理孙:顺畅,顺通。孙,通"逊"。

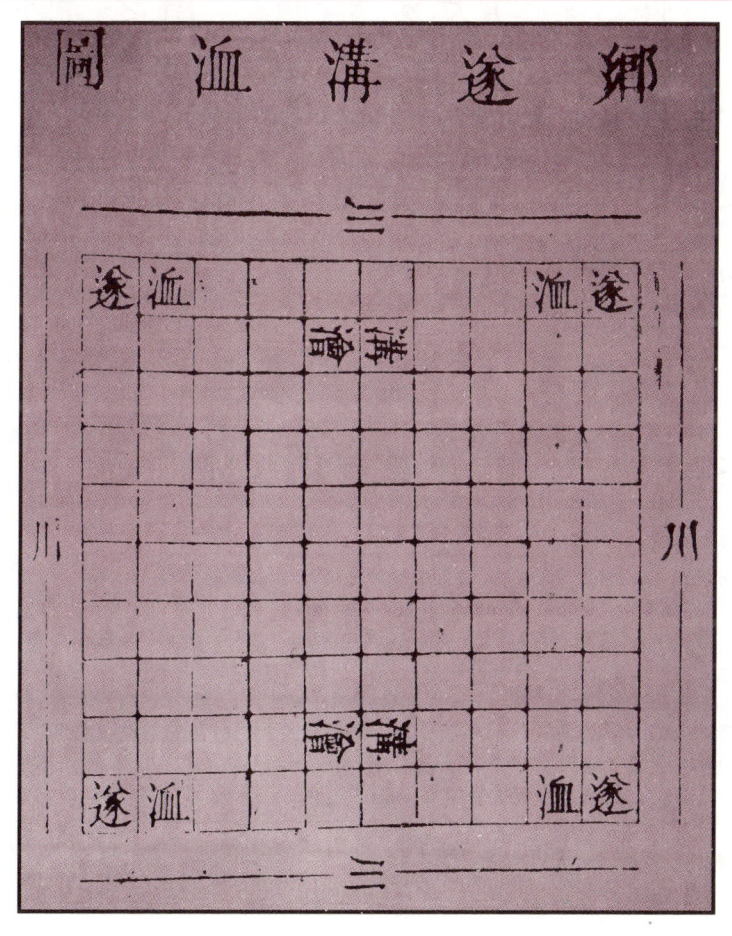

乡遂沟洫图

冬官考工记第六

十里而广倍①。凡行奠水②,磬折以参伍③。欲为渊,则句于矩④。凡沟必因水势,防必因地势⑤。善沟者水漱之⑥,善防者水淫之⑦。凡为防,广与崇方⑧,其稍参分去一⑨。大防外稍⑩。凡沟防,必一日先深之以为式⑪。里为式,然后可以傅众力⑫。

凡任,索约大汲其版⑬,谓之无任⑭。葺屋参分⑮,瓦屋四分。囷⑯、窌⑰、仓、城,逆墙六分⑱。堂涂十有又二分⑲。窦其崇三尺⑳。墙厚三尺,崇三之。

车人之事㉑,半矩谓之宣㉒,一宣有又半谓之欘㉓,一欘有又半谓之柯㉔,一柯有又

注释:①稍沟:在荒地开挖的沟。②奠水:滞留的水。③磬折:泛指人身、物体或自然形态曲折如磬。参伍:或三或五。参,通"叁"。下同。④句:弯曲。矩:画方形或直角的用具。即曲尺。⑤防:堤坝。因:依托,利用,凭借。⑥漱:冲刷。⑦淫:水流缓慢处泥沙淤积,使坝基增厚。⑧崇:高。方:等同,相当。⑨稍:削减,衰减。⑩大防:大堤。⑪深:谓深浅尽数。式:标准。⑫傅:预算。众力:整个工程所需的劳动力。⑬索约:用绳索捆扎。大汲其版:周代版筑城墙,如果系绳过紧,木版就会弯曲(效果不好)。⑭无任:等于不系绳(的效果)。⑮葺屋:用茅草盖的屋顶。参分:高度是水平长度的三分之一。⑯囷:谷仓。⑰窌:地窖。⑱逆墙:城墙上一段较低矮的小墙。⑲堂涂:堂下庭中的路。涂,通"途"。⑳窦:宫中的排水沟。㉑车人:制造运货牛车、农具的工匠。㉒宣:45度角。㉓欘:67.5度角。㉔柯:101.25度角。

半谓之磬折①。

车人为耒②，庛长尺有又一寸③，中直者三尺有又三寸，上句者二尺有又二寸。自其庛，缘其外④，以至于首，以弦其内，六尺有又六寸，与步相中也⑤。坚地欲直庛，柔地欲句庛。直庛则利推⑥，句庛则利发⑦。倨句磬折，谓之中地⑧。

车人为车，柯长三尺⑨，博三寸⑩，厚一寸有又半，五分其长，以其一为之首。毂长半柯⑪，其围一柯有又半。辐长一柯有又半⑫，其博三寸，厚三之一。渠三柯者三⑬。行泽者欲短毂，行山者欲长毂，短毂则利，长毂则安。行泽者反輮⑭，行山者仄輮⑮，反輮则易，仄輮则完⑯。六分其

注释：①磬折：151.9度角。②耒：古代一种可以脚踏的木制翻土农具。③庛：耒下端用以接耜的曲木柄。④缘：物之边缘。⑤中：符合。⑥利推：容易直插（入田中）。⑦利发：容易翻耕（田地）。⑧中地：适合任何土地。⑨柯：斧柄。⑩博：宽。⑪毂：车轮。⑫辐：车轮中凑集于中心毂上的直木。⑬渠：古代指车轮的外圈。三柯者三：由三柯长的木料三段组合成牙。⑭反輮：将圆木一析为二，輮时木心在外圆。輮，揉制。⑮仄輮：木心、木边同向外侧揉。⑯完：完满，妥善。

轮崇，以其一为之牙围①。柏车毂长一柯②，其围二柯，其辐一柯，其渠二柯者三，五分其轮崇，以其一为之牙围。大车崇三柯③，绠寸④，牝服二柯有叁参分柯之二⑤，羊车二柯有叉参分柯之一⑥，柏车二柯。凡为辕⑦，三其轮崇，参分其长，二在前，一在后，以凿其钩⑧，彻广六尺⑨，鬲槅长六尺⑩。

弓人为弓⑪，取六材必以其时⑫。六材既聚⑬，巧者和之⑭。干也者⑮，以为远也。角也者⑯，以为疾也。筋也者⑰，以为深也。胶也者⑱，以为和也。丝也者⑲，以为固也。漆也者⑳，以为受霜露也。凡取干

注释：①牙围：车尺的粗围。牙，车轮辐条的外围部分。②柏车：在山地行走的车。③大车：平地运货车。④绠：古时轮辐近轴处的突出部分。⑤牝服：车厢两侧车帮上的横木。⑥羊车：小车。⑦辕：指车轮的外缘。⑧钩：辕、轴相交处半圆形的槽。⑨彻：道，轨辙。六：当作"八"。⑩鬲：通"槅"。牛轭。⑪弓人：制弓的人。⑫六材：制弓所用的六种材料，即下文所说的干、角、筋、胶、丝、漆。以：凭，根据。⑬聚：具备。⑭和：聚在一起（以制作）。⑮干：弓干。⑯角：牛、羊、鹿等兽类头顶或嘴前突生的坚硬骨状物。一般细长而弯曲，上端较尖，有防御进攻等作用。⑰筋：肌肉，肌腱或附在骨头上的韧带。⑱胶：黏性物质。用动物的皮、角等或树脂制成，亦有人工合成者。⑲丝：蚕丝。⑳漆：用漆树汁制成的涂料。

之道七①，柘为上②，檍次之③，檿桑次之④，橘次之，木瓜次之，荆次之⑤，竹为下。凡相干⑥，欲赤黑而阳声⑦。赤黑则乡心⑧，阳声则远根。凡析干⑨，射远者用势，射深者用直。居干之道⑩，菑栗不迆⑪，则弓不发⑫。

注释：①道：方法。②柘：木名。桑科。落叶灌木或小乔木，叶子卵形或椭圆形，头状花序，果实球形。叶可喂蚕，木质密致坚韧，是贵重的木料，木汁能染赤黄色。③檍：木名。又名木橿、万年木。可作弓材。④檿桑：即山桑。叶可饲蚕。木坚劲，古代多用以制弓和车辕。⑤荆：落叶灌木。种类甚多，如紫荆、牡荆。⑥相：察，看。⑦阳声：指清扬之声。阳，通"扬"。⑧乡心：靠近木心。乡，通"向"。⑨析：劈，剖。⑩居：处理。⑪菑栗：用锯剖开。菑，剖析。栗，剖析，裂开。迆：斜。⑫发：通"拨"，弯曲。

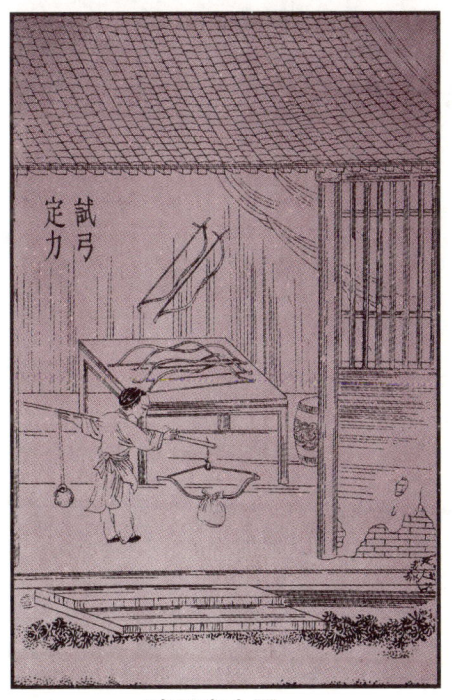

试弓定力图　　　　　端箭图

周礼

凡相角①，秋𣂏者厚②，春𣂏者薄。稚牛之角直而泽③，老牛之角紾而昔错④。疢疾险中⑤，瘠牛之角无泽⑥。角欲青白而丰末⑦。夫角之末，蹙于脑而休煦于气⑧，是故柔。柔故欲其势也。白也者，势之征也⑨。夫角之中，恒当弓之畏隈⑩。畏隈也者必桡⑪，桡故欲其坚也。青也者，坚之征也。夫角之末，远于脑而不休煦于气，是故脆⑫。脆故欲其柔也。丰末也者，柔之征也。角长二尺有又五寸，三色不失理⑬，谓之牛戴牛⑭。

凡相胶，欲朱色而昔错⑮。昔错也者，深瑕而泽⑯，紾而抟廉⑰。鹿胶青白，马胶

注释：①相：看，观察。②𣂏：削减，衰减。③稚牛：小牛。泽：光亮，润泽。④紾而昔：纹理粗乱而无光泽。紾，纹理粗糙。昔，通"错"，交错。⑤疢疾：长年疾病。险中：角中缺陷而不平。⑥瘠牛：瘦弱的牛。⑦丰末：大的末端。⑧蹙：近。休通"煦"。温暖，温热。⑨征：象征。⑩畏：通"隈"。弓箫、弓柎间弯曲的一段。⑪桡：弯曲。⑫脆：脆弱，单薄，容易折断破碎。⑬三色：本白、中青、末丰（即根部白、中段青、角矢丰大）。⑭牛戴牛：牛角的价值相当于一头牛（即牛角价值可另抵一头牛，言好牛角之珍贵）。⑮昔：通"错"。交错。⑯深瑕：胶制成时日久远，上面的裂纹很深。⑰紾而抟廉：纹理错乱，裂纹处有棱角。抟廉，圆润而锐利。

赤白①，牛胶火赤②，鼠胶黑，鱼胶饵③，犀胶黄。凡昵■之类不能方④。凡相筋，欲小简而长⑤，大结而泽。小简而长，大结而泽，则其为兽必剽⑥，以为弓，则岂异于

注释：①赤白：红色与白色。赤，浅朱色。亦泛指红色。②火赤：火红的颜色。③饵：白而微黄。④昵：通"胒"。脂膏。引申为黏、胶合。方：比拟。⑤简：筋条。⑥剽：通"慓"。迅捷。

冬官考工记第六

若射有志图

周礼

其兽。筋欲敝之敝①，漆欲测②，丝欲沈③。得此六材之全④，然后可以为良⑤。

凡为弓，冬析干而春液角⑥，夏治筋，秋合三材⑦。寒奠体⑧，冰析灂⑨。冬析干则易，春液角则合㳄⑩，夏治筋则不烦⑪，秋合三材则合⑫，寒奠体则张不流⑬，冰析灂则审环⑭，春被弦则一年之事。析干必伦⑮，析角无邪⑯，斫目必茶⑰。斫目不茶，则及其大修也⑱，筋代之受病。夫目也者必强，强者在内而摩其筋⑲，夫筋之所由幨⑳，恒由此作㉑。故角三液而干再液㉒。厚其帤则木坚㉓，薄其帤则需㉔，是故厚其液而节其帤㉕。约之不皆约㉖，

注释：①敝之敝：加工至熟透。②测：清。③沈：色如在水中时。④全：无暇病。⑤良：良弓。⑥析：劈，剖。液：浸渍。⑦合：适合，恰当。三材：指胶、丝、漆。⑧奠体：置弓干之材于器械中，使之弯曲成型。⑨灂：漆面裂纹。⑩合：通"㳄"，和柔。⑪烦：乱。⑫合：坚密。⑬流：移。⑭审：定。⑮必伦：顺其理，伦，条理，顺序。⑯无邪：指物体中没有偏差。⑰斫目：砍削木料的节。目，树结。茶：一点一点地砍削。⑱修：久。⑲摩：隐。⑳幨：皱起。㉑作：引起。㉒再：两次。㉓帤：垫在弓中央握手处的木片，以加强弓的强力。㉔需：软弱。㉕节：适，适度。㉖约：帤与弓用胶联结后，再用丝缠紧。

疏数必侔①。斫挚必中②，胶之必均。斫挚不中，胶之不均，则及其大修也，角代之受病③。夫怀胶于内而摩其角，夫角之所由挫④，恒由此作⑤。

注释：①疏数：稀疏和密集。侔：平均。②挚：精致。中：均匀。③受病：受到损伤。④挫：折断。⑤作：引起。

若虞机张图

凡居角①，长者以次需②。恒角而短③，是谓逆桡，引之则纵④，释之则不校[绞]⑤。恒角而达⑥，譬如终绁⑦，非弓之利也。今夫茭解中有变焉⑧，故校[绞]⑨。于挺臂中有柎焉⑩，故剽⑪。恒角而达，引如终绁，非弓之利。挢干欲孰[熟]于火而无赢⑬，挢角欲孰[熟]于火而无燂⑭，引筋欲尽而无伤其力，煮胶欲孰[熟]而水火相得⑮，然则居旱亦不动⑯，居湿亦不动。苟有贱工⑰，必因角干之湿以为之柔。善者在外，动者在内，虽善于外，必动于内⑱，虽善，亦弗可以为良矣。

凡为弓，方其峻而高其柎⑲，长其畏[隈]

注释：①居：治理，处理。角：弓上用来放出矢的部位。②以次：按次序。需：指弓干弯曲的地方。③恒角而短：竟其角，而短于渊干。恒，竟。④纵：缓而无力。⑤释：放。校：通"绞"。快疾，指迅速恢复原样。⑥达：超过长度。⑦绁：弓秘。即竹制的弓檠。弓卸去弦后缚在弓里以防损伤的用具。⑧茭解：弓隈、弓箫相接处。⑨校：通"绞"，疾。⑩挺臂：握手处。挺，直。柎：弓弝两侧贴附的骨片，用以增强弓体的弹力。⑪剽：疾。⑫引：为"譬"字之误。⑬挢：用火烤烘，使物体变形。或挠直为曲，或挠曲为直。⑭孰：通"熟"。赢：熟得过头。⑭燂：烤烂。⑮水火相得：水火恰到好处。⑯旱：干燥处。动：变化。⑰贱工：不高明的工匠。⑱动于内：里面会变形。⑲峻：指弓两端之箫，上隆起而有棱角，使弦绷得很急。柎：弓弝两侧贴柎的骨片，用以增强弓体的弹力。

而薄其敝[1]，宛之无已[2]，应[3]。下柎之弓，末应将兴[4]。为柎而发[5]，必动于閷[6]。弓而羽閷[7]，末应将发。弓有六材焉，维干强之，张如流水。维体防之[8]，引之中参[9]。

注释：[1]畏：通"隈"。弓箫、弓柎间弯曲的一段。敝：弓把。[2]宛：拉弓。无已：不停止。[3]应：应对。谓常用而不就弦也。[4]末：弓箫。兴：动。[5]发：发射。[6]閷：柎、隈相接处。[7]羽：舒缓。[8]防之：防止弓的变形。[9]引之中参：弓在檠中，弦距弓背一尺，拉开时可达三尺。参，通"叁"。

连发弩图

维角掌之①，欲宛而无负弦②。引之如环，释之无失体，如环。材美，工巧，为之时③，谓之参（叁）均④。角不胜干⑤，干不胜筋，谓之参（叁）均。量其力有三均。均者三⑥，谓之九和。九和之弓，角与干权，筋三侔，胶三锊，丝三邸，漆三斛⑦。上工以有馀⑧，下工以不足⑨。

为天子之弓，合九而成规⑩。为诸侯之弓，合七而成规。大夫之弓，合五而成规。士之弓，合三而成规。弓长六尺有（又）六寸，谓之上制⑪，上士服之⑫。弓长六尺有（又）三寸，谓之中制，中士服之。弓长六尺，谓之下制，下士服之。凡为弓，各因其君之躬志虑血气⑬。丰肉而短⑭，宽缓

注释： ①掌：支撑，撑之使正。②宛：曲折，弯曲。负弦：谓不正之弦。③为之时：制作适时。④参：通"叁"。⑤不胜：不碍。⑥均者三：三个三均相加。⑦侔、锊、邸、斛：数量名。锊，一锊重六两又大半两，二十两为三锊。邸，收丝之器。斛，挹漆之器。⑧上工：技艺高超的工匠。⑨下工：指水平不高的工匠。⑩合九而成规：九把弓首尾相连则是一个圆圈，即每把弓的弧度为40度。⑪上制：最长最重的型号。⑫上士：身材高大的士兵。⑬君：用弓之人。躬：形体。志虑血气：性情。⑭丰肉而短：矮胖的使弓人。

以荼①，若是者为之危弓②，危弓为之安矢③。骨直以立④，忿势以奔⑤，若是者为之安弓，安弓为之危矢。其人安，其弓安，其矢安，则莫能以速中⑥，且不深。其人危，其弓危，其矢危，则莫能以愿中。

注释：①宽缓以荼：硬弓配缓箭。荼，舒的假借字。②危弓：硬弓，可使箭快。③安矢：缓箭，即速度较缓的箭。④骨直以立：身体颀长而性格刚毅。⑤忿：同"奋"。奔：疾。⑥速：疾。中：射中。

上槽函十矢图

往体多①，来体寡②，谓之夹、庾之属③，利射侯与弋④。往体寡，来体多，谓之王弓之属⑤，利射革与质⑥。往体来体若一，谓之唐弓之属⑦，利射深。大和无灂⑧，其次筋角皆有灂而深⑨，其次有灂而疏⑩，其次角无灂。合灂若背手文⑪。角环灂⑫，牛筋賁灂⑬，麋筋斥蠖灂⑭。和弓击摩[磨]⑮，覆之而角至⑯，谓之句弓⑰。覆之而干至，谓之侯弓⑱。覆之而筋至，谓之深弓⑲。

注释：①往体：弓两端向外翘。②来体：弓中段向内弯。③夹、庾：夹弓和庾弓。夹弓，古代六弓之一。弓干多曲，射力较弱，宜于近射。庾弓，古代六弓之一，弓力较弱，用于近射。④侯：用兽皮或布做的靶子。弋：系有线的箭。⑤王弓：最强的弓。⑥革：盾甲。质：木椹。⑦唐弓：周代六弓之一。弓力强弱为中等。多用于习射。⑧大和：九和之弓。灂：涂漆。⑨深：灂在筋角中央，两边无灂。⑩疏：稀疏。⑪若背手文：如同人背着手。⑫环灂：用漆涂饰出环状纹理。⑬賁灂：谓弓背用牛筋之漆，如麻籽文。賁，大麻，麻的种子。⑭麋：哺乳动物。毛淡褐色，雄的有角，角像鹿，尾像驴，蹄像牛，颈像骆驼，但从整体来看哪一种动物都不像，也叫"四不像"。斥蠖：即尺蠖。尺蠖蛾的幼虫，体柔软细长，屈伸而行。常用为先屈后伸之喻。⑮和：调试。击：拂拭。摩：通"磨"，把物体磨平滑。⑯覆：审察。至：优良。⑰句弓：弯曲而不能远射的劣质弓。⑱侯弓：古代较射时用以射侯之弓。侯，箭靶。⑲深弓：指角、干、筋皆好，射出的箭速度快、射程远、射入物体深的弓。